教育委員会
の
活性化

元文部科学事務次官　小野元之の直言

小野 元之

悠光堂

推薦の言葉

　世界的に見ても高く評価されているわが国の小学校、中学校、高等学校などの学校教育の基盤は、地域の教育委員会によって支えられています。その教育委員会制度が、約60年ぶりの地教行法の改正で、平成27年から大きく変わりました。教育委員会は行政委員会として残りますが、その代表者となる教育長は、知事や市町村長が議会の同意を得て、直接選ぶこととなり、また知事や市町村長は地域の教育の「大綱」を定め、「総合教育会議」を招集することで、その教育行政への影響力ははるかに大きくなりました。一方でいじめ、校内暴力など緊急時への対応は常勤の教育長の下で速やかに行われることとなりました。

　本書は文部科学省（文部省）においてともに「ゆとり教育」の行き過ぎの是正に努め、大学改革をはじめ教育改革に努力してきた俊英小野元之氏の力作であり、戦前・戦後を通じたわが国の地方教育行政制度を俯瞰しつつ、「教育委員会の活性化」を正面から論じるはじめての書籍です。著者は教育委員会を所管する地方課長を3年勤めたほか現場の教育委員会の経験も豊富で、北九州市の教育長や徳島県教委の管理課長などの経験があります。

　小野氏は文部省と再編後の文部科学省の事務次官を務めていますが、現役時代は前例にとらわれず、常に日本国の将来を考え、誇りと信念をもって自分の意見を表明し、その時々の課題解決に正面から取り組む行政官でした。私が文化庁長官のときは次長として、そして文部科学大臣の時には事務次官として私の文教行政をしっかりと支えてくれた人物であります。正義感が強く、時として走りすぎるきらいもありますが、根はやさしく、広い視野を持つ人物なのです。

　本書は明治以降の地方教育行政の歴史を顧みつつ、戦後の教育委員会制度の変遷をその時々の課題を掘り下げながら、一貫して「教育委員会の活性化」という視点から論述したものであり、教育委員会や学校関係者の方々にぜひ読んでいただきたいと思います。小野氏は今回の大改正は「教育委員会の活性化」から「教育行政の活性化」を目指したものだと述べていますが、今後の地方教育行政は、地域住民の信頼と期待に応え、生き生きとした学校教育を実現するとともに、社会教育やスポーツ、芸術文化の振興のため、新しい制度を活用して教育委員会と知事、市町村長が協力し合って努力していくことが求められています。

　今日、人生百年時代を迎え、極端な少子高齢化が進むわが国において、財政難の中でICT、AIなどの情報化の課題、グローバル化や地方創生など様々な課題に教育委員会も取り組まなければなりません。本書はこのような時代にあって、今後の教育委員会や教育行政の在り方について読者の皆様に何らかの課題解決のヒントを与えてくれるものと期待しています。

元文部科学大臣

遠山　敦子

はしがき

　教育委員会制度は戦後アメリカの制度を参考に構築された地方教育行政制度であるが、制度発足以来、一貫してその活性化が議論されてきた。教育委員会は非常勤の教育委員（レイマン）による合議制の行政委員会であり、そのため責任の主体が不分明である、緊急時の対応や危機管理に問題がある、小規模な教育委員会では専門家が確保できず、独自の専門的判断ができないなどの批判があった。また地方自治体の首長からは教育委員会は首長部局から独立していて行政全体の中で調和がとれないなど、いつの時代にも教育委員会の役割やその行政に対して様々な批判があり、常に「教育委員会の活性化」が求められ、教育委員会不要論や廃止論などもあって厳しく批判されてきた。

　教育委員会制度については、教育再生実行会議の第二次提言等を受けて、約60年ぶりに教育委員会制度の大改正があり、平成27年（2015年）4月から施行されている。

　本書では、明治維新以降の地方教育行政の展開について、その歴史を振り返りながら、「望ましい地方教育行政はどうあるべきか、教育委員会の活性化をどのように推進すべきか」について大きな流れの中で考察することとしている。

　本書は、わが国の教育委員会制度について、最初の部分でパワーポイントの資料により、わかりやすくその概要を説明することとした。読者の皆さんには、まずパワーポイント資料を見ていただきたい。本書の議論の全体像が明らかになるはずである。それに続く本文では、戦前の地方教育行政制度の概要とその問題点を明らかにした上で、戦後昭和23年の教育委員会法の制定と教育委員の公選制の問題点について論述し、昭和31年の地方教育行政の組織及び運営に関する法律（地教行法）の制定に至るまでの経緯を論述している。

　さらに地教行法の制定後の様々な課題について教育委員会の活性化の視点から分析検討を行うとともに、内閣全体で教育改革の課題を議論してきた臨時教育審議会、教育改革国民会議、教育再生会議の議論とそれに伴う制度改革を論述している。最後に教育再生実行会議とそれに続く中教審の議論を受けて平成27年から施行されている地教行法の大改正の内容を分析検討し、新しい教育委員会制度の在り方について私の考え方を述べている。

新しい制度では、教育長に権限が集中することで迅速な決断、危機管理への対応が可能となり、また首長が教育長の任免権、大綱の策定、総合教育会議の招集により教育行政に直接参画することとなった。この大改正は、これまでの「教育委員会の活性化」から「教育行政の活性化」に大きく舵を切ったものだといえよう。

本書は同志社大学大学院社会学研究科に提出した博士論文に若干の加筆、修正を加えたものであるが、いろいろと多忙な中で、なかなか筆の進まない私の状況に対して粘り強く暖かくご指導いただいた同志社大学の八田英二総長、指導教官であった沖田行司先生、社会学部長の山田礼子先生に心から御礼を申し上げたい。

私事であるが、私の尊敬する父小野啓三は教員であり、岡山県の教育委員会勤務が長く最後は7年間教育長として岡山県の教育の発展に尽くしてきた。本書を亡き父に捧げたい。

令和元年6月

小野 元之

目次

推薦の言葉 ……………………………………………… 3

はしがき ………………………………………………… 4

パワーポイント資料「教育委員会の活性化」　　（8）～（35）

はじめに ………………………………………………… 37

序章　問題意識と課題 ………………………………… 39

　第1節　行政委員会としての課題　　　　　　　　41

　第2節　任命制か公選制か　　　　　　　　　　　49

　第3節　レイマンコントロールの理念　　　　　　53

　第4節　政治的中立性の課題（首長と教育委員会との関係）　58

　第5節　教育委員会廃止論について　　　　　　　60

　第6節　教育委員会廃止論の問題点　　　　　　　64

　第7節　新しい教育委員会制度の課題　　　　　　68

第1章　わが国の地方教育行政制度の変遷 ………… 81

　第1節　戦前の地方教育行政制度　　　　　　　　81

　第2節　戦前の地方教育行政制度の問題点　　　　88

第2章　教育委員会制度の創設（教育委員会法の制定）……… 92

　第1節　連合国の占領と占領下の日本の教育　　　92

　第2節　教育委員会法の制定　　　　　　　　　　98

　第3節　教育委員会の全面設置以後　　　　　　　107

第3章	地方教育行政の組織及び運営に関する法律（地教行法）の制定	110
第1節	地教行法に基づく教育委員会制度について	111
第2節	教育長の任命承認制度をめぐる議論について	119
第3節	地教行法制定後60年間の様々な課題について	120

第4章	新しい教育委員会制度について	154
第1節	教育再生実行会議の第二次提言と中教審の議論について	154
第2節	新しい教育委員会制度の創設	160
第3節	新しい教育委員会制度の課題	170
第4節	教育委員会の活性化から教育行政の活性化に	177

参考文献 183

参考資料 185

1	教育改革に関する第二次答申	186
2	教育委員会の活性化について（通知）	189
3	地方分権一括法による教育における団体自治の強化について	193
4	教育改革国民会議の17の提言を受けた地教行法の一部改正の概要	195
5	教育委員会制度の抜本的見直しについて	196
6	教育再生会議の第一次報告等を受けた地教行法の一部改正	198
7	教育再生実行会議第二次提言「教育委員会制度等の在り方について」	200
8	中央教育審議会の教育委員会制度改革のイメージ	201
9	地方教育行政の組織及び運営に関する法律の一部を改正する 法律について（通知）	202
10	新しい教育委員会制度の概要	213
	参考資料一覧	214

教育委員会の活性化

わが国の地方教育行政制度を俯瞰して

令和元年6月1日
小野 元之

戦前の地方教育行政

- 戦前においては、教育に関する事務はもっぱら国の事務とされていた。
- 教員の身分は、官吏として、その任命は、地方長官としての府県知事が行う。

戦前の教育行政の問題点

1. **大日本帝国憲法と教育勅語の問題**
   教育は国の事務・教育行政の中央集権化・勅令主義・官僚主義

2. **教育の中央集権主義**
   天皇絶対主義・教育の国家独占主義・勅令主義・封建的家族制度

3. **教育内容の国定化と国定教科書**
   教育内容の国定化・国家主義的な学校教育・健全な批判精神が育たない

4. **軍国主義・全体主義の台頭・民主主義の抑圧**
   ・国家を唯一の価値の標準とし、国家を超える普遍的政治・道徳を無視する教育
   ・天皇制国家の下で、国家権力による直接的・強行的に全国的な規模で公教育を実施

連合国の占領と占領下の日本の教育

1. **我が国の敗戦と無条件降伏**
   ・ポツダム宣言　日本から軍国主義と極端な国家主義を除去し平和主義を確立
   ・官僚主義と封建思想を一掃し、民主主義の確立と基本的人権の尊重
   ・日本の教育制度の管理に関する覚書の発出

2. **米国教育使節団の来日**
   ・昭和21年3月　第1次米国教育使節団　ジョージ・D・ストダード団長
   　　教育の地方分権、文部省は学校に対し技術的援助、専門的助言を与える
   　　一般投票による選出される教育行政機関の創設を提案
   ・昭和25年8月　第2次米国教育使節団　ウイラード・E・ギヴンス団長
   　　教育委員会の委員は党派によらない投票で選挙
   　　教育委員会が予算に全責任を持ち、財政的に独立すべき

3. **日本側は昭和21年9月　教育刷新委員会**

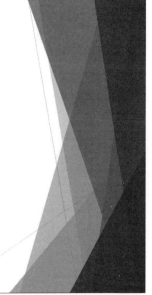

教育刷新委員会の建議

1．第1回建議　昭和21年12月　教育基本法の内容など

教育行政に関すること

・市町村及び府県に公民の選挙による教育委員会を設置し、管内の学校教育及び社会教育をつかさどることとする

・教育委員会はその地方の教育費として必要な金額を府県・市町村の一般財政に計上することを請求できる

2．第9回建議　中央教育行政機構　文化省（仮称）、第12回建議　学芸省など

3．第17回建議　昭和23年4月　教育委員会制度の実施

・教育委員会は議決権と執行権を持つ行政機関とし、教育の専門家たる教育長を選任

・教育委員会の設置は漸進的に実施し、当分の間都道府県、市、特別区に置く

・教育委員会の予算編成及び予算執行の権限を確立する

・教育委員は議会の同意を得て選任した選考委員で3倍の候補者を選び、一般投票で選任

教育委員会法の制定　　昭和23年7月15日公布施行

教育委員会法の概要

1．第1条（この法律の目的）この法律は、教育が不当な支配に服することなく、国民全体に対し直接に責任を負って行われるべきであるという自覚のもとに、公正な民意により、地方の実情に即した教育行政を行うために、教育委員会を設け、教育本来の目的を達成することを目的とする。

2．教育委員は都道府県は7人、地方委員会は5人の委員で構成　委員は地方公共団体の住民が、公職選挙法により選挙するとし、委員の一人は　地方公共団体の議員のうちから議会で選挙する。委員長、副委員長は委員で選挙し任期は1年。

3．教育長は教育委員会が任命、任期4年、教育委員会の指揮監督を受け、教育委員会の処理するすべての教育事務をつかさどる。教育長は教育委員会の行う全ての教育事務について、助言し推薦することができる。教育長は、教育委員会の事務局の事務を総括し、その職員を指揮監督する。

教育委員会法の制定　　　昭和23年7月15日公布施行

教育委員会法の概要

4．都道府県教育委員会の事務局に指導主事を置き、その他事務職員、技術職員を置く。
指導主事は、校長及び教員に助言と指導を与えるが、命令及び監督をしてはならない。

5．教育委員会は、歳入歳出見積もりを作成し、総合調整のため長に送付する。長は
歳出見積もりを減額しようとするときは、あらかじめ意見を求めなければならず、減額した
場合詳細を予算に付記する。

6．教育委員会は、教育事務に関する条例の制定改廃等の原案を長に送付し、長が原案を
修正しようとするときは、あらかじめ教育委員会の意見を求めなければならない。

教育委員の公選制

▶ 教育委員の公選制の本来のねらい

▶ 教育行政の基本方策において、行政官や専門家の独断を排除し、公正な住民の意思を地方教育行政に反映させる（レイマンコントロールの発想）

（公選論）	（公選反対論）
① 教育行政の不偏不党を堅持し、住民の手にこれを確保すべきであり、公選の原則は堅持すべき、理想的立場から住民投票という一線は断固として守る ② 選挙公営制の徹底、小選挙区制にして人柄の分かった人物を選挙するとか、推薦母体からの候補者から選ぶ案、委員の資格に一定の制限を加える案、選挙啓発を一段と徹底する、現行の半数改選を改め選挙費用を節減する案など様々な改善案	① 教委制度への理解度、関心が薄く、棄権率が高く、ためにする野心家が利用 ② 教員組合が組織力を利用して自己の代表者を委員に送り出し、教育委員会をコントロールしようとする傾向がある ③ 選挙費用がかさみ、金のある野心家か、組織力のある者しか当選できない ④ 任命論は現実に即した案であり、議会の同意を得て長が選任する方が良い

教育委員会の全面設置後の課題

昭和27年11月1日　全国すべての市町村に教育委員会を設置

（文部省は全面実施を1年延ばす法案を提出したが、廃案に）

地方制度調査会　「地方制度の改革に関する答申」（昭和28年10月）　←　文部省は反対

・行政委員会一般について、政治的中立性を強く要求されるもの、裁定、審査等準司法的機能を有するものを除き、行政委員会は廃止、専門的知識を必要とするものは諮問機関として存続も可。
・市町村の教育委員会は廃止（府県，五大市は存置）
・教育委員会の委員は定数を5人とし、長が議会の同意を得て選任
・教育委員会の予算・条例の原案送付制度は廃止

中央教育審議会　（昭和28年7月）

教育委員会は制度の問題なしとしないが、当面その基本的な点は従来通り維持すべき

文部省は当面教育委員会の健全な育成に努め、同時に改革の具体的な方策を検討することとした。

地方教育行政の組織及び運営に関する法律（地教行法）の制定　　昭和31年10月1日施行

▶　文部省は、これまでの様々な意見を参考にしながら、教育委員会制度の改革を進めるべく準備してきた。教育委員会制度の当初の理念は生かしながら、わが国の実態に合致した制度改革を行うこととした。

▶　教育委員を公選でなく、長が議会の同意を得る任命制とし、教育の政治的中立性と安定性を確保し、長の一般行政と教育行政との調和を図るため予算案・条例案の二本立て制度を廃止し、国・都道府県・市町村が相互に連携し、相提携する教育行政制度の樹立を図るため、教育長の任命承認制度を導入し、文部大臣の指導助言援助と措置要求の制度を創設した。

▶　地教行法は昭和31年3月閣議決定され、第24回国会に提出された。一部の学者や教職員団体から委員の公選制に固執して強い反対が出され、国会でも激しい議論が交わされたが、原案通り両院を通過、昭和31年3月30日公布され、全面的には昭和31年10月1日から施行された。

地教行法と教育委員会法の比較

	地 教 行 法	教 育 委 員 会 法
委員定数	5人、町村は3人も可	都道府県7人・市町村5人(うち一人は議会選出議員)
委員の選任	長が、議会の同意を得て任命 同一政党所属者の過半数禁止	公選
会議	教育委員会の自主的判断	公開（秘密会も可）
教育長	任用資格なし 都道府県・指定都市は文部大臣の承認を得て 教育委員会が任命 市町村は都道府県教委の承認を得て教委が任命	任用資格あり、教育委員会が任命
事務局	教育委員会が定めるところによる	都道府県教委の事務局には、教育の調査及び統計に関する部課、教育指導に関する部課を置かねばならない
権限	右記の権限は長に移行	教育財産の取得、管理、処分及び教委の所掌事務に関する契約、支出も教委が行う
予算・条例の二本建て制度	なし	あり
小・中学校の校長・教員人事	都道府県（指定都市）教委が任命権者 ただし市町村教委の内申をまって行う	市町村教委が任命権者
措置要求	あり	なし

地教行法の５つの特色（Ｓ31制定時）

１．地方自治の尊重
・憲法の地方自治の尊重
・住民意思の反映

２．教育行政の中立性と安定性の確保
・教育員会は長から独立（行政委員会）
・委員の選任
（同一政党の委員が過半数とならないなど）

３．指導行政の重視
・指導・助言・援助を中心とした非権力的行政が中心
・指導主事・社会教育主事

４．教育行政と一般行政との調和
・長が予算・条例案について教育委員会の意見を聴く

５．国・都道府県・市町村の連携
・教育長の任命承認制度
・県費負担教職員制度

教育委員会制度における中立性、安定性、継続性確保のための仕組み

①首長からの独立制
学校等教育機関の設置管理など教育事務については、教育委員会に単独で事務を執行する権限を付与
⇒首長から独立した権限を持つことで、教育行政の中立性を確保

②合議制
多数決により教育行政の方向性を決定
⇒独任制でなく、合議制にすることにより、教育行政の方針が一個人の価値判断に左右されない

③委員の交代の時期が重ならない
⇒委員の交代の時期を調整して急激に教育行政の方針が変わることを避ける
首長・議員の任期は4年で委員の任命を通じて教育行政の中立性・安定性が脅かされることを防ぐ、

④委員の身分保障
任期中は一定の事由がある場合を除き失職・罷免されない⇒委員の身分保障をして教育行政の安定性を確保

⑤政治的中立性の確保
同一政党所属者を2名までに制限
委員の政治的活動を制限
(政党役員や積極的な政治活動の禁止)

教育委員会制度とレイマンコントロール

▶ レイマンコントロール(layman control)とは、専門家の判断のみによらず、広く地域住民の意向を反映した教育行政を実現するため、教育の専門家や行政官ではない住民が専門的な行政官で構成される事務局を指揮監督する仕組みをいう。(中央教育審議会地方教育行政部会まとめ・H17,1,13)

▶ アメリカで一般行政の地方自治主義を基盤にして生まれ、発展した教育行政制度であり、地域住民の意思を教育政策に反映させるため、住民により選出された教育行政上の「しろうと」で構成される委員会が教育行政を統轄する制度である(ブリタニカ国際百科事典)。
また政治や行政の一部を一般市民にゆだねる方法である。

▶ 教育行政の官僚統制に取って代わるべき仕組みであり、教育を職業としない、地域住民を代表する人々の合議を通して教育行政を行うという考え方であり、「素人統制」というより「住民統制」というべき仕組みである(堀 和郎氏)

▶ 教育委員会法当時は教育委員は公選であり、選挙で住民の全体意思を問うことで素人統制でも住民の教育意思を忖度できるところから、レイマンとプロフェッショナルとの調和、整合性が取れると考えられていた。それが地教行法で委員の任命制と議会承認の制度となった時点で、本当にレイマンコントロールのままで良かったのだろうか？

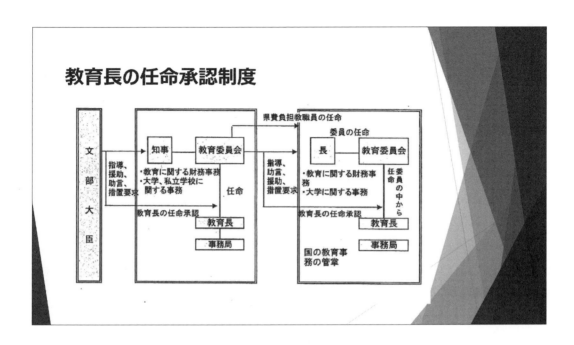

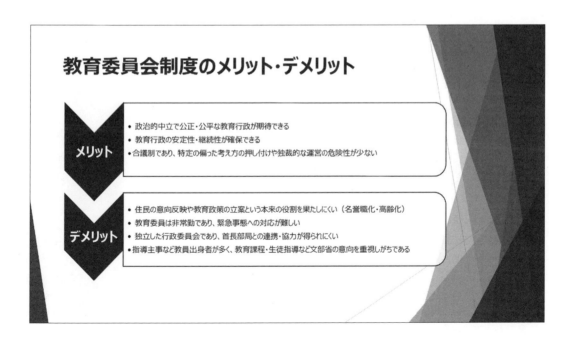

行政委員会としての課題

1. アメリカの行政委員会の制度を戦後の民主化の必要性から地方教育行政制度に取り入れたもの

   ⇒ 我が国に行政委員会制度はなじむのか？

   ⇒ 行政委員会　①職務遂行上、政治的中立性の確保が必要

   　　　　　　　②専門的・技術的判断の必要性

   　　　　　　　③個人の利益保護のため慎重な手続きが必要

   　　　　　　　④対立する利害の調整が必要

2. 教育委員会は①②、公安委員会も①②でこの二つは類似性あり

3. 行政委員会の課題は①責任の所在があいまい、②事務執行が能率的でない、③事務局主導で委員会が形骸化している、④政治的中立性の確保が課題

4. 国レベルでは行政改革の流れの中で半数以上が廃止、地方レベルでもその在り方や役割が疑問視され、度々廃止論が提議されてきた。

臨時教育審議会（S59-62）の議論
⇒教育委員会の使命の遂行と活性化

第2次答申の厳しい指摘（中曽根首相　戦後政治の総決算）

近年の校内暴力、陰湿ないじめ、いわゆる問題教師など一連の教育荒廃への

各教育委員会の対応を見ると、各地域の教育行政に直接責任を持つ「合議制の執行機関」としての自覚と責任感、使命感、教育の地方分権の精神についての理解、主体性に欠け、21世紀への展望と改革への意欲が不足していると言わざるを得ない

次の5点について諸方策を講じ、教育委員会の活性化を図るべき

①教育委員の人選・研修

②教育長の任期制、専任制（市町村）の導入

③苦情処理の責任体制の確立

④適格性を欠く教員への対応

⑤知事部局等との連携

> 教育上の配慮
> ヒラメ体質
> 無責任

> 地教行法制定から30年
> 教育委員会の
> 形骸化が問題

臨教審の答申を受けて
地教行法の改正案を提出（Ｓ63）⇒廃案に

1．市町村の教育長の団体は、市町村教育長を「特別職」に位置付け、当時の助役・
　　収入役などと同格の給与・待遇とし、いわゆる三役並みにしてほしいとの強い要望があった。

　　⇒当時の自治省は財政上問題があり、行政改革に反するとして強く反対

2．当時の文部省が目指していた3点セット（任期制・選任化・特別職）は認められず、
　　中途半端な改革案⇒任期制と専任制（兼任制との選択制）のみ⇒衆議院解散で廃案に

3．臨時教育審議会の答申を受けて、文部省は協力者会議を設けて議論し、教育委員会の
　　活性化に関する教育助成局長通知を発出した。

教育委員会の活性化
　⇒活性化が叫ばれるのは形骸化しているから

形骸化の理由
（制度面）

- 行政委員会だから
- 委員が非常勤だから
- 予算・条例に決定権がない
- 公選制をやめたから
- 首長と離れているから
- 小規模市町村だから

形骸化の理由
（運営面）

- 教育界の事なかれ主義・前例踏襲
- 委員の人選に問題（名士・高齢化）
- 教育長の人選
- 財政難で予算が不足
- 事務局の人材不足・やる気がない

活性化のために

▶ レイマンコントロールとプロフェッショナルリーダーシップの調和
▶ 委員の人選に時間をかけ、研修を充実
▶ 危機管理への対応・責任ある行政
▶ 教育予算の充実を図る
　⇒教育は国家百年の大計
▶ 教育委員会議の充実・多様化
　（研修視察・臨時会・委員協議会など）
▶ 地域住民の期待に応える学校づくり
　（住民の意向の把握と対話）
▶ 首長部局や他の機関との連携協力

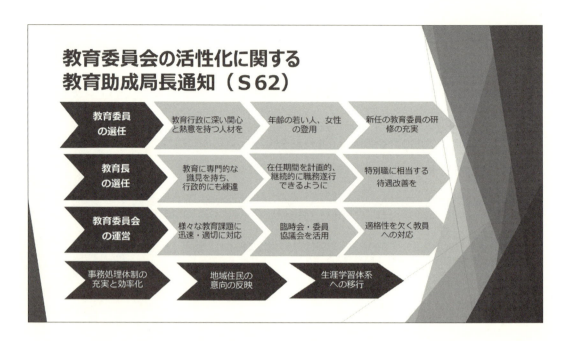

教育委員会の活性化のために

堀 和郎氏
教育委員会を活性化する条件
① 議案審議に十分時間をかける
② 委員選任に時間をかけ、教育識見など資質能力を有する人材を選ぶ
③ 委員の研修機会を確保、持続的に使命感を育成
④ 委員の提案を施策に生かす実績
⑤ 事務局が良質のサポートを続ける
（教育委員会制度再生の条件 堀 和郎・柳林 信彦共著）

大畠菜穂子氏
教育委員会の形骸化の理由
教育委員会は他の行政委員会と比べ教育委員会と教育長の間で影響力の逆転構造が生まれている
① 権限の不足、財政権がない
② 公選制の方が就任意欲の高い人材を選出できる
③ 委員が非常勤で影響力が弱い
④ 教育長に大幅な権限移譲があり、委員の関与する余地が少ない

教育委員の準公選をめぐる動き

もともと公選制だった！

- 昭和54年5月公布　東京都中野区の教育委員準公選条例制定

- 区長が教育委員の任命に先立ち、区民の推薦を受けた立候補者による区民投票を行い、その投票結果を「尊重」して委員の任命を行い区議会に同意を求める。

- 中野区では住民運動が盛り上がり、任命制の下でいろいろ工夫して教育委員をできるだけ住民の意思を反映させた形で選ぶことにより、教育委員会を自分たちに身近なものにしたいとの意見があった。

- 文部省は、①地教行法で定められている区長の専属的な権限である委員候補者の選定権の行使について、条例で法的な制約を加えることは違法である、②区民投票を行うことは任命制を根拠としている地教行法の趣旨に反すると反対。

- 区民投票の投票率は第1回約４３％、第2回約２７％、第3回約２６％、第4回約２４％と回を追うごとに低迷、平成7年中野区で準公選条例が廃止され、その後教育委員を単に推薦する制度が導入された。第3回からは郵便投票方式となり「尊重」が「参考」に変更された。

- この制度が全国に広がらなかったのは、理想論としてはありえても、現実には良識ある市民が、政治的中立を守りながら、一部のお金持ちや組合とも無縁で、本当に自分たちの子供の教育を公平・公正に議論していくための教育委員会を構築していくことが現実には困難だった。

地方分権改革について(H12施行)

- わが国の戦後の発展は、「先進国に追いつき追い越せ」との掛け声の下で、全国的統一性、公平性を重視して我が国の近代化、戦後復興、経済成長を達成するため一定の効果を上げてきた。しかし中央集権型の画一的・普遍的な行政システムに対しては、より地方の独自性、自主性を尊重して、個性的で多様な地方自治を望む声が大きくなってきた。平成7年地方分権推進法が制定され、地方分権推進委員会が設置されて、5回にわたり勧告を出し、平成10年「地方分権推進計画」が閣議決定された。いわゆる地方分権一括法で地方自治法はじめ475件の改正が行われた。

- 機関委任事務の廃止

- 機関委任事務は、地方公共団体の執行機関である知事、市町村長を、国の機関として、これに対して国の事務を委任して執行させる仕組みである。

- 地方分権改革の一環として機関委任事務を廃止し、原則として法定受託事務と自治事務の2つに区分された。

国の関与の廃止・縮減と
教育長の任命承認制度の廃止

▶ **国の関与の廃止・縮減**

① 文部大臣の教育委員会に対する指揮監督権（地教行法55条）の廃止

② 地方公共団体の長及び教育委員会に対する文部大臣の措置要求は地方自治法の一般ルールに沿って行う（52条削除）。

③ 文部大臣又は都道府県教委の指導・助言・援助規定を責務として行う「行うものとする」から、「できる」に改めた。

④ 都道府県教委による基準設定の廃止

⑤ 教育長の任命承認制度の廃止

　教育委員会の実務の要である教育長に適材を確保し、国・都道府県・市町村が連携協力し、責任をもって適材を確保するために地教行法で設けられた制度であった。

　しかし首長からは都道府県の幹部職員である教育長の任命に、なぜ文部大臣の承認が必要なのか、ほかの幹部である総務部長等は知事限りで任命できるのにおかしい等の意見があった。

国・都道府県・市町村の関係

教育改革国民会議の議論（H10-12）

小淵内閣-森内閣

21世紀の日本を担う創造性の高い人材の育成を目指し、
教育の基本にさかのぼって幅広く教育の在り方を議論

教育関係者だけで教育を論じることの問題点
教育的配慮というあいまいな概念、教育関係者にしか
わからない論理・表現

委員自身が答申案を作成
作家や積極的な意見を発信する学者が国民にアピール
本音で議論する

教育界の何が問題なのか

⇒教育委員会の形骸化の原因でもある

教育上の配慮
教育関係者だけで閉ざされ
た社会（タコツボ社会）
学校の常識は世間の非常識

危機管理の欠如
責任感の欠如

自主性・自立性に欠ける
学校・教育委員会
文部省の方ばかり見る
教育委員会（ヒラメ体質）

経済界・政治家の教育委員会
不要論
知事・市長村長の
教育委員会不要論

自信を持てない校長・教員
誰も責任を取らない教育関係者
前例がないことはやらない

教育基本法の改正と教育振興基本計画の策定

- ▶ 教育改革国民会議は戦後タブー視されていた教育基本法の改正を初めて提言
- ▶ 教育振興計画の策定と合わせて提言することで世間の理解を得やすくする

＜教育を変える17の提言＞

- ▶ 一律主義を改め、個性を伸ばす教育システムを導入する
- ▶ 学校は道徳を教えることをためらわない
- ▶ 問題を起こす子どもへの教育をあいまいにしない
- ▶ 地域の信頼に応える学校づくり
- ▶ 学校や教育委員会に組織マネジメントの発想を取り入れる
- ▶ 新しい時代にふさわしい教育基本法を

地域の信頼に応える学校づくり

指導力不足の教員は教壇に立たせない

- その学校に1年限りの先生をなくす
- 指導力不測の教員は、きちんと手続きを踏んだうえで、教員としては免職にし、別途軽微な作業等を行う公務員として採用する法改正を実現（地教行法の改正）

問題を起こす子供の教育をあいまいにしない

- いじめや授業妨害を繰り返し他の子どもの教育を妨げるような子供は別のところで教育する
- 出席停止の要件・手続きを明確化したうえで活用する（学校教育法の第35条の改正）

教育改革国民会議の17の提言を受けた地教行法の改正（H13）

1　知事、市町村長は教育委員の選任に当たり年齢、性別、職業等のバランスに配慮するとともに、児童生徒の保護者が含まれるよう努めなければならないこととした。
2　教育委員会議は原則公開することとした。
3　教育委員会の職務権限に教育行政に関する相談業務を追加し、教育相談担当職員を指定し公表することとした。
4　指導が不適切な教員を教員としては免職し、引き続き都道府県の職員として採用することができることとした。
5　市町村教育委員会は県費負担教職員の任免等の内申を都道府県教育委員会に行うときに、校長の意見を付することとした。

コミュニティスクール（学校運営協議会）
平成16年9月施行（地教行法47条の6）

1　コミュニティスクール
　・地域住民や保護者のニーズを学校運営に反映させるための会議
　・市町村教育委員会が設置（努力義務）
　・委員→保護者代表・地域住民、校長、教職員、学識経験者、関係機関職員などから教育委員会が任命
2　コミュニティスクールの主な役割
　①校長が作成する学校運営の基本方針を承認する
　②学校運営について、教育委員会又は校長に意見を述べることができる
　③教職員の任用について教育委員会に意見を述べることができる

教育再生会議の議論（第1次安倍内閣）（H18）

▶ 第一次安倍内閣（Ｈ１８）

▶ 21世紀の日本にふさわしい教育体制を構築し、教育の再生を図っていくため、教育の基本にさかのぼった改革を推進していくため教育育再生会議を設置

▶ 会議は安倍総理、官房長官、文部科学大臣のほか17名の有識者議員で構成

▶ 私も有識者委員として教育再生会議に参画、第一分科会の副主査を務める。

▶ 安倍総理は「美しい国日本」をつくるため教育再生に力を入れる

▶ マスコミも教育再生会議に期待と注目

▶ 官邸主導で委員を人選

▶ いわゆる教育関係団体出身の委員はいない

▶ 中教審や文部科学省とは一線を画す

安倍総理
教育の再生を目指す

教育再生会議の提言と教育3法の改正

▶ いじめ問題への緊急提言(H18年11月)

▶ 「いじめはどの学校にも必ずある」「いじめは犯罪であり、絶対に許されない」「いじめられている子どもの人権を守る」いじめや校内暴力を繰り返す子供には、断固として出席停止の措置を取る（初等中等教育局長通知）

教育公務員特例法の一部改正

▶ 指導が不適切な教員の人事管理の厳格化

▶ 任命権者は、教育や医学の専門家や保護者（専門家等という）の意見を聴いて、「指導が不適切な教員」の認定を行う。任命権者は指導が不適切な教員に対し、研修を実施。

▶ この研修終了時に専門家等の意見を聴いて、指導の改善状況の認定を行う。

▶ なお指導が不適切であると認定した場合、免職その他の措置を講ずる。

地教行法の一部改正（H19）

教育委員会の責任体制の明確化
- 地方教育行政の基本理念の明確化
- 教育委員会が自ら管理執行すべき事項を明確化
- 教育委員の責務の明確化・数の弾力化、保護者選任の義務化
- 教育委員会の自己点検評価

教育委員会の所掌事務
- スポーツ・文化に関する事務の弾力化
- 私学に関する事務についての援助・助言
- 市町村教委への指導主事の設置の努力義務等

国の責任の果たし方
- 法令違反等の文部科学大臣の是正・改善の指示
- 文部科学大臣の是正の要求と長・議会への通知

学校教育法と教育職員免許法の改正

1. 学校の組織運営体制・指導体制の確立のため
   ⇒副校長・主幹教諭・指導教諭を設置

2. 学校の自己点検評価と地域への情報提供

3. 教員免許について10年ごとの免許更新制を導入

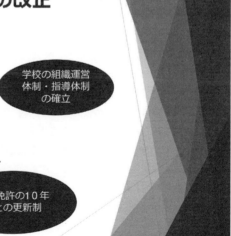

- 学校の組織運営体制・指導体制の確立
- 教員免許の10年ごとの更新制

大阪府・市の教育基本条例問題

教育委員会は何をしているのか！

1. 2008年、大阪府知事の橋下　徹氏は、全国学力調査において大阪府の公立小・中学校の成績が全国で最下位クラスであることから、教育委員会の責任を追及。学力テストの市町村別の結果を公表すべきと主張

2. 教育委員会が適切に民意を反映していない⇒教育委員会不要論を展開

3. 2011年大阪府知事・市長ダブル選挙で教育基本条例を公約にして当選

4. 当初の基本条例案は　①知事と教委が協議して教育目標を設定する、②府立学校の前校長を公募する、③学力テストの学校別結果を公表する、④保護者らの学校協議会が校長、教員を評価する、⑤2年連続で最低の評価を受けた教員は分限免職とするなど。

5. 条例案は、最終的には修正され、地教行法と抵触する部分は変更され可決した。

教育委員会無用論・廃止論について

1. **創設当初からの廃止論・不要論**
   - 地方制度調査会答申　S28　府県及び五大市の教育委員会は存続するが、市町村は廃止

2. **地方分権改革に伴う、首長たちの教育委員会批判**
   - 地方制度調査会　H17　教育委員会を必置でなく選択制に

3. **大阪府・市の首長の教育委員会批判**

4. **志木市長などの教育委員会廃止論**　構造改革特区で教育委員会の必置規制を外す

5. **後述する教育再生実行会議の第2次提言、中教審のA案**

   執行機関である行政委員会としての教育委員会を廃止し、特別の附属機関などとすべき

6. **新藤宗幸氏の教育委員会廃止論**

   文部科学省・都道府県・市町村教委のタテ系列の支配を廃止し、首長の元で「学校委員会」を置き、地域レベルでの教育の共同統治（ガバナンス）のしっかりした仕組みを作るべき

新藤宗幸氏の教育委員会廃止論

文部科学省
⇒都道府県教委
⇒ 市町村教委
⇒学校のタテの
行政系列の
指導・助言・援助

- 都道府県教育長協議会と文部科学省の官僚との共同作業として教育政策を立案⇒タテの行政系列⇒地方分権・地方自治についての洞察に欠ける
- 自治体の主人公である住民が、地域社会の在り方を決める直接民主主義的な学校づくりを目指すべき⇒学校委員会を自治体における先端とすべき

教育行政の
一般行政からの
独立論

- 教育行政は指導、助言、援助が中心で、行政らしからぬ行政だとして一見ソフトな教育行政を演出するが疑問だ。教育行政が一般行政から独立しているとの認識も疑問だ。
- 政治的中立性を主張するが、文部科学省は議院内閣制で大臣は与党の政治家が多く、政治的に中立とは言えないのではないか。

新藤氏の議論に欠けているもの

- ▶ 地域レベルで「学校委員会」をつくるというが、誰をメンバーにして、どのように運営するのか。
- ▶ 教育委員会は選挙で選ばれた首長が議会同意を得て委員を任命するが、それより小規模な学校委員会の委員について、公正・公平に選任する担保があるのか。
- ▶ 学校委員会に学校の教育課程（カリキュラム）を決める専門家がいるのか。また教員の人事をこの委員会で決められるのか。
- ▶ 学校委員会で地域の教育行政を決めて、失敗した場合だれが責任を取れるのか。学校教育は一度きりで、失敗すれば児童生徒にとって取り返しのつかないこととなる。
- ▶ 教育課程行政や指導行政、基準の設定などは文部科学省で大学教授や教育の専門家が中央教育審議会などで多くの専門家が時間をかけて議論して定めており、このような専門家を小規模な学校委員会で集めることは無理だ。
- ▶ 新藤氏の議論で決定的に欠けているのは、教育課題の複雑さと教育行政の専門性についての認識不足であり、現実性がない架空の議論に過ぎないのではないか。

地方教育行政制度の変遷（H27大改正までの主な制度改正）

教育委員会制度創設（昭和23年）
○教育の地方分権　○教育行政への民意の反映（教育委員公選制）
・全ての市町村に教育委員会を設置（昭和27年）

教育委員公選制等見直し（昭和31年）
○教育委員の公選制廃止（任命制の導入）⇒ 教育委員会に党派的対立が持ち込まれる弊害を解消
○教育長の任命承認制度の導入　⇒ 教育長の任命にあたって、国や都道府県教委が承認
○教育委員会による予算案・条例案の議会提案権の廃止　⇒ 一般行政との調和

教育における「団体自治」を強化（平成11年法改正）
○教育長の任命承認制度の廃止　⇒ 地方の責任による教育長の任命
○市町村立学校に関する都道府県の基準設定権の廃止　⇒ 地方の主体性の尊重

教育における「住民自治」を強化（平成13年法改正）
○教育委員の構成の多様化　⇒ 地域の多様な意向の反映
　（委員の年齢、性別、職業等に著しい偏りが生じないよう配慮すること、保護者が含まれるよう努めることを規定。）
○教育委員会会議の原則公開　⇒ 教育行政の説明責任を果たす

学校運営協議会（平成16年法改正）
○学校運営協議会を設置可能に　⇒ 地域住民、保護者等が学校運営に参画可能に
　学校運営協議会の権限：①学校運営の基本方針の承認
　　　　　　　　　　　　②学校運営について教育委員会または校長に意見
　　　　　　　　　　　　③教職員の任用について、教育委員会に意見

国、教育委員会の責任を明確化（平成19年法改正）
○教育委員会の責任体制の明確化　○教育委員会の体制の充実
○教育における地方分権の推進　○教育における国の責任の果たし方　○私立学校に関する教育行政

地域の意向を反映した主体的な教育行政の推進

地方公共団体の責任の拡大（地方分権）

教育再生実行会議の第二次提言

1．地方教育行政の権限と責任を明確にし、全国どこでも責任ある体制を築く
- 首長が議会の同意を得て任免する教育長が、教育行政の責任者とする。
- 教育委員会は執行機関でなく、教育長の行う教育事務のチェック機関となり、教育の基本方針や教育内容に関わる事項等の審議を行う
- 地方教育行政や学校運営に地域住民の意向を適切に反映する
- 行政委員会としての教育委員会は廃止。教育行政は首長部局の一分野として取り扱う。詳細は中教審の審議にゆだねる。

2．この案の問題点
- 首長の権限が大きくなりすぎ、教育の政治的中立性が侵されるおそれ
- 戦後60年続いた教育委員会制度を根幹から改めるもので不安や反対が多い
- 提言でも、なお書きで合議制の執行機関として教育委員会を残すことも

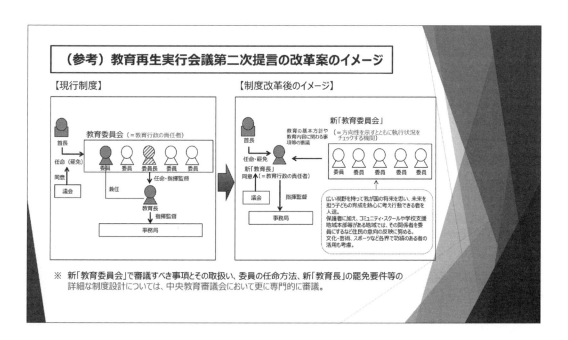

中央教育審議会の制度改革案と別案

制度改革案（A案）

1. 教育委員会を執行機関でなく、特別な附属機関とする。
   ① 教育委員会は政治的中立性、継続性、安定性の確保、地域の教育のあるべき姿や教育の基本方針をじっくり審議する機関とする
   ② 教育委員は一歩離れた立場から教育長の事務執行をチェック
2. 教育長は首長の定める大綱的な方針に基づき教育事務を執行。大綱的な方針は教育委員会の議を経るものとする。

別案（B案）

1. 教育委員会を執行機関として残し、教育長をその補助機関とする。教育長は委員のうちから首長が議会の同意を得て任免し、教育事務の責任者となる。
2. 教育委員会は教育長に対し日常的な指示は行わない。
3. 首長は教育条件の整備について教育委員会と協議して決定する。

H26年地教行法改正法案提出までの議論の流れ

✓ **教育再生実行会議**
第二次提言「教育委員会制度等の在り方について」（平成25年4月15日）

✓ **中央教育審議会**
平成25年4月25日諮問
答申「今後の地方教育行政の在り方について」（平成25年12月13日）

✓ **自民党・文部科学部会「教育委員会改革に関する小委員会」**
（平成26年1月9日設置、2月18日取りまとめ）

✓ **「与党教育委員会改革に関するワーキングチーム」**
（平成26年2月4日設置、3月13日取りまとめ）

地方教育行政の組織及び運営に関する法律の一部改正(H27施行)

▶ 中教審の答申後、与党である自由民主党に教育委員会改革小委員会が設けられ熱心な議論が行われた。また同じ与党である公明党でも議論があり、与党協議が行われ、最終的に与党の教育委員会改革に関するワーキングチームで平成26年3月合意が成立し、政府はこの合意を基本として政府案を作成し、国会に改正法案を提出した。同法案は平成26年6月13日可決成立した。

1. 教育委員会を引き続き執行機関としつつ、その代表者を新教育長とし、首長が議会の同意を得て任免することとした。新教育長は従来の教育委員長の職務と教育長の職務を併せ持つもので、新教育長は教育委員会を代表し、教育委員会の会務を総理する。

2. 教育行政についての首長の影響力はこれまでより強まり、首長は教育、学術、文化の振興に関する総合的な施策の大綱(大綱)を策定する。また首長は総合教育会議を招集し、総合教育会議において首長と教育委員会が十分な意思疎通を図り教育行政の大綱や教育の条件整備など重点施策、緊急事態への対応などの重要事項を協議・調整する。

新教育委員会制度（H27施行）のポイント（1）

▶ **1 新教育長は従来の教育委員長と教育長を一本化**
- 教育委員会の会務を総理し、教育委員会を代表 任期3年
  （会議の主宰者、具体的な事務執行の責任者、事務局の指揮監督）
- 第一義的な教育行政の責任者が教育長であることが明確に
- 緊急時にも、常勤の教育長が教育委員会会議の招集のタイミングを判断
- 首長が教育長を直接任命（議会同意を得て）することで首長の任命責任が明確化

（教育長のリーダーシップが重要）

▶ **2 教育長へのチェック機能の強化と教育委員会議の透明化**
- 教育長の判断による教育委員への迅速な情報提供や会議の招集の実現
- 教育委員によるチェック機能の強化のため
  →委員会規則により、教育長に委任した事務の管理執行状況の報告義務
  →教育委員の定数3分の1以上からの会議の招集の請求
- 会議の透明化のため、原則として会議の議事録を作成・公表

（教育委員会の審議の活性化）

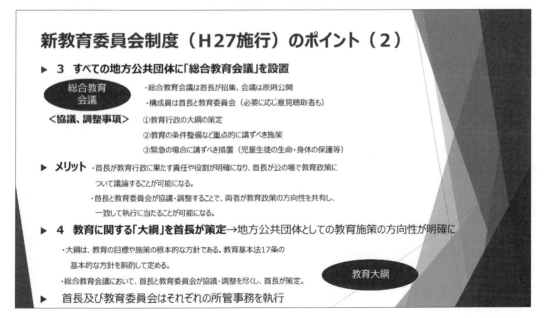

新教育委員会制度（H27施行）のポイント（2）

▶ **3 すべての地方公共団体に「総合教育会議」を設置**

（総合教育会議）
- 総合教育会議は首長が招集、会議は原則公開
- 構成員は首長と教育委員会（必要に応じ意見聴取者も）

＜協議、調整事項＞
① 教育行政の大綱の策定
② 教育の条件整備など重点的に講ずべき施策
③ 緊急の場合に講ずべき措置（児童生徒の生命・身体の保護等）

▶ **メリット**
- 首長が教育行政に果たす責任や役割が明確になり、首長が公の場で教育政策について議論することが可能になる。
- 首長と教育委員会が協議・調整することで、両者が教育政策の方向性を共有し、一致して執行に当たることが可能になる。

▶ **4 教育に関する「大綱」を首長が策定**→地方公共団体としての教育施策の方向性が明確に
- 大綱は、教育の目標や施策の根本的な方針である。教育基本法17条の基本的な方針を斟酌して定める。
- 総合教育会議において、首長と教育委員会が協議・調整を尽くし、首長が策定。

（教育大綱）

▶ **首長及び教育委員会はそれぞれの所管事務を執行**

総合教育会議の成果事例（１）
（H29文部科学省調査）

１．予算措置の実績

★ 総合教育会議において、ＩＣＴの模擬授業を行ったことで、首長部局との予算協議がスムーズに行われた結果、３か年で小中学校にタブレットとデジタル教科書が導入された。

★ ＡＬＴの確保と英語教員の資質能力向上について意見交換したことで、ＡＬＴの段階的な増員と海外派遣研修の予算確保に繋がった。

２．業務執行の加速化

★ 総合教育会議が設置されたことで、確実に施策決定のスピードが上がった。

★ 市長や教育委員が学級規模の重要性に関する肌感覚や緊急事項の情報に早く接するようになり、行政として一体感・スピード感をもって進めれるようになった。

総合教育会議の成果事例（２）
（H29文部科学省調査）

３．部局間連携の進捗

★ 教育委員会だけでは対応が困難なことについて、毎回協議題として提案しており、総合教育会議を通じて問題の共有化が図られたことはこれまでにない取組。

★市役所全体に総合教育会議が浸透してきたと感じており、「この案件は総合教育会議に出そう」という認識が広がっている。

４．教育委員の役割

★ 総合教育会議において、教育委員が日頃から関心を持っている教育課題が協議題として取り上げられ、教育委員会会議だけでは果たせなかった機能が補完された。

★ 市長と直接話すことや、予算事項について議論できることが教育委員の意識を高くしている。

連携の強化により得られた
具体的な行政上の成果事例(文科省調査)

- ◆ 少人数指導等学力向上について議論することにより、指導主事等の人的体制が充実
- ◆ 外国語教育を議論することにより、ＡＬＴの増員や外国語指導員の人的体制が充実
- ◆ 全国学力・学習状況調査と関連付け、子供の学力等を経年的に把握するための独自の調査を実施するなどの学力向上の施策の充実
- ◆ 校長による裁量予算の創設など各学校の創意工夫を支援
- ◆ 子育て全般について議論することで、福祉部局と連携した保育所や認定こども園での就学前教育や障害児保育等が充実
- ◆ 子供の貧困や虐待の早期発見やいじめを予防するため、教育委員会のスクールソーシャルワーカーと首長部局の生活福祉、児童福祉、母子・父子家庭支援員の連携体制の充実
- ◆ いじめや不登校等の教育課題を議論することで、スクールソーシャルワーカー配置拡充のための予算が増加
- ◆ 放課後対策について総合的に議論することで、福祉部局との連携が進み、地域の放課後活動が充実

○実施時期　平成29年9月（平成29年9月1日現在の状況）
○調査対象　全都道府県、指定都市（67）、市町村教育委員会（1,718）

連携の強化により得られた
具体的な行政上の成果事例(文科省調査)

- ◆ 私学・大学担当部局と連携した高校生の県内大学等への進学の促進
- ◆ 産業労働の担当部局との連携した高校生の県内就職促進のための施策や商工労働の担当部局と連携した県内産業を支える人材育成・若者の地元定着の促進
- ◆ 首長部局と連携した学校における危機管理体制の構築及び災害が発生した場合における首長部局と教育委員会との連携及び方針やマニュアルの策定
- ◆ スポーツについて健康増進の観点から議論することで、生活習慣予防や寝たきり防止等についての取組の充実や介護予防事業との連携の推進、指導者不足の解消
- ◆ 総合教育会議における「ふるさと教育・キャリア教育」を議題とすることで、首長部局と連携した実践的な教育カリキュラムの策定
- ◆ 地域の財産（自然、歴史、人物）と市民力を活用した学校づくり・地域づくりの推進
- ◆ 首長部局の地域支援施策と連携したコミュニティ・スクールの導入促進
- ◆ 小規模校の統廃合・小中一貫教育校の推進
- ◆ 教育委員会が所管していた文化・スポーツに関する事務の首長部局への移管
  （地教行法第23条に基づくもの）

○実施時期　平成29年9月（平成29年9月1日現在の状況）
○調査対象　全都道府県、指定都市（67）、市町村教育委員会（1,718）

新しい教育委員会制度と レイマンコントロールの変貌

プロフェッショナルリーダーシップ	レイマンコントロール
1．教育長は教育や教育行政の専門家であり、教育委員会のトップとしてプロフェッショナルリーダーシップを発揮	1．レイマンコントロールとは、専門家のみの判断でなく、広く地域住民の意向を反映した教育行政を実現するため、基本的に教育の専門家や行政官ではない住民の意向を反映させるためのシステムである。
2．教育長は教育委員会の会務を総理し教育委員会を代表（レイマンコントロールと言えるのか？）	2．従来は教育委員会は教育長の上司として指揮監督権があったが、新制度では教育長の任免権は首長にあり、もはや教育委員会は教育長の上司ではない。
3．教育長の役割は極めて大きく優秀な人材が必要	3．ただし教育長は合議制の教育委員会の意思決定に反する事務執行を行うことはできない。
4．教育長の任期は3年、首長・教育委員の任期は4年	4．教育委員会の教育長に対する監督権限を強化するため、①教育委員が定数の三分の1以上で、会議の招集を教育長に請求できる、②教育長は委任事務の執行状況を委員会に報告しなければならないこととした。

新しい教育委員会制度の課題

1．教育委員会が教育長の行う教育行政の事後追認機関になってしまい、教育委員会の形骸化が進むおそれ

⇒ 教育長の行う教育行政をどのようにチェックできるか ⇒ レイマンである教育委員のチェック機能を高めていくべき

⇒ ①情報公開を徹底、

②教育長の説明責任は極めて大きい

③教育委員の選任において委員の多様化、保護者・コミュニティスクール関係者など前向きで意欲のある人材を選任すべき、

④教育委員会議を活性化させ学校現場視察、住民の意向調査、委員協議会や臨時会など議論の場を増やす、

⑤事務局のサポート機能を強化、⑥研修の機会を充実させる⑦教育委員会の自己点検評価の推進など

⑧教育委員会の外部評価制度や個々の教育委員の活動状況の公表などの検討

新しい教育委員会制度の課題

2．教育長が独裁的な運営に走る恐れ

⇒①情報公開と説明責任を明確化

②定期的に教育長から教育行政の進捗状況や抱負を説明させる、

③教育行政の外部評価制度を検討する、

④議会における質問・調査機能との連携を図る、

⑤任免権者である首長と協議する場（総合教育会議など）を活用するなど

3．首長の教育行政への介入が強くなりすぎる恐れ ⇒ 政治的中立性をどのようにして守るか

⇒①首長選挙が教育行政のチェックの場でもあることをＰＲ、

②首長が教育行政への介入でなく、教育行政へのよき理解者となるよう住民運動を強める、

③議会が首長の教育行政への貢献度や大綱の策定、総合教育会議での首長の対応等を

チェックしていく必要がある

教育委員会の活性化から
　　　教育行政の活性化に

父母の信頼
に応える
教育行政

新しい教育委員会制度で地域住民の期待に応える教育行政を実現⇒単なる教育委員会の
活性化でなく教育行政の活性化を

⇒新教育長で迅速な決断、危機管理への対応が可能に

⇒首長が教育長の任免権、大綱の策定、総合教育会議の招集で教育行政に直接参画

1．父母の信頼に応える学校教育の実現⇒学校教育情報の大幅な公開

・いじめ・校内暴力をなくし、学力向上とスポーツ・芸術文化活動を活発に行い、児童生徒の
人格形成に努める

・指導力不足の教員や授業を妨害する生徒のいない、安心して学べる学校づくり

2．新しい時代を力強く生き抜く人材の育成⇒教育は国家百年の大計

・人生百年時代に向けた生涯学習社会で充実した人生を送っていくための基礎を養う

・国際化、情報化、ＡＩ、SDGsなど社会の大きな変化に対応できる教育行政の推進

はじめに

　教育委員会制度は戦後アメリカの制度を参考に構築された地方教育行政制度であるが、制度発足以来、一貫してその活性化が議論されてきた。その所以は、教育委員会が非常勤の教育委員（レイマン）による合議体の行政委員会であり、合議制であるだけに責任の主体が不分明ではないか、非常勤の教育委員による合議体であるが故に緊急時の対応が遅れて危機管理に問題があるのではないか、地方自治体の首長側からは教育行政だけが首長部局から独立していて地方行政全体の中で調和がとれていないのではないかとの意見や、逆に教育の政治的中立性を重視する立場からは、地方自治体の首長との関係で政治的中立性が守られているといえるのか、さらに小規模な教育委員会については教育や教育行政の専門家が確保できず、独自の専門的判断を行うことができるのかなど、いつの時代にも教育委員会の役割や教育行政に対して様々な批判があり、常に「教育委員会の活性化」が求められ、教育委員会が地域住民の期待に応えて真にふさわしい教育行政を行ってきているといえるのかなど、厳しく批判され議論されてきた。

　私は現在、学校法人城西大学で理事、理事長特別補佐、大学院センター所長、城西国際大学特任教授として、城西大学の再生と大学改革に努力しているところであるが、平成16年度から平成26年度までは同志社大学社会学部教育文化学科の大学院で11年間、「教育文化学総合研究」において教育行政に関連する講義を担当させて頂いた。また文部省において教育委員会を所管する地方課長として3年間、出向していた徳島県教育委員会では管理課長として2年間、政令指定都市である北九州市において3年間教育委員会教育長として勤務させていただいた経験を有している。本書では、当時直接教育委員会行政を担当させて頂いてきた私の経験を背景として、「教育委員会の活性化」について考察を行ったものである。また、その後文部省（現文部科学省）においては大臣官房審議官（教育助成局担当）として1年、大臣官房長として3年、文部事務次官として6ヶ月、省庁再編後の文部科学事務次官として約2年間、教育行政を総括する立場から仕事をさせて頂いた。さらに、第1次安倍内閣では教育再生会議の委員として1年間、教育再生の課題等に取り組んできた。その関係から、私は、いつの時代においても教育委員会に関して多大の関心を抱いてきたし、文部省（文部科学省）の行政官としても教育委員会のあるべき姿ついて常に思いを抱いていた。その意味で、教育委員会のあるべき姿を展望することや教育委員会の活性化を推進することは、私にとってライフワークの一つでもあり、ぜひともこのテーマで私なりの考え方を論文としてまとめたいと考えた次第である。

　第2次安倍内閣においては、平成25年（2013年）4月に教育再生実行会議で第二次提言として教育委員会制度の抜本的改革が打ち出された。中央教育審議会では、この提言を

受けて、新しい制度設計のための議論がなされ、平成25年12月「今後の地方教育行政の在り方について」答申が出された。これらを受けて与党である自民党及び公明党において引き続き議論がなされ、最終的にこれを受けて政府から平成26年4月、第186回国会に「地方教育行政の組織及び運営に関する法律の一部を改正する法律案」が提出された。同年の通常国会では、この地教行法の一部改正法案が審議され、平成26年6月13日可決成立した。この新しい改正法案は平成27年（2015年）4月1日から施行されている。後述するように、この改正法は約60年ぶりの大改正であり、これまでの地方教育行政制度を大きく変えるものであるといえよう。

　本書では、明治維新以降の地方教育行政の展開について、その歴史を振り返りながら、「望ましい地方教育行政はどうあるべきか、教育委員会の活性化をどのように推進すべきか」について大きな流れの中で考察することとした。なお戦前の教育行政の概要については、主として文部科学省（文部省）所蔵の文献資料に基づいて考察を行った。（**注１**　学制百年史及び**注２**　参考）また、戦後の地方教育行政の在り方等については、私が所属していた文部省及び文部科学省の教育委員会制度を担当する部局（以前は初等中等教育局「地方課」、教育助成局「地方課」、現在の初等中等教育局「初等中等教育企画課」）で職員のバイブル的に利用されてきた、大先輩である木田宏氏による名著「逐条解説　地方教育行政の組織及び運営に関する法律（第一法規）」（**注３**）の記述に依拠しつつ考察を行ってきた。ここに亡き木田宏先輩に深甚の感謝を捧げたい。

（**注１**）学制百年史（文部省　帝国地方行政学会）
（**注２**）「明治以降教育制度発達史」全13巻　芳文閣
（**注３**）木田宏著　逐条解説　地方教育行政の組織及び運営に関する法律　第一法規　第3次新訂、第4次新訂など

序章　問題意識と課題

　教育委員会制度は、第二次世界大戦後、戦前の極端に国家主義的な教育行政制度を抜本的に改め、わが国の教育の民主化を図るとともに、教育行政の地方分権化を図るため、アメリカの教育委員会制度を参考にして昭和23年（1948年）に制定された「教育委員会法」によって構築された地方教育行政制度である。第二次世界大戦の敗戦により日本は連合国の占領下に置かれたが、連合国は昭和20年（1945年）10月「日本の教育制度の管理に関する覚書」を発出し教育の根本方針として軍国主義と極端な国家主義を排除し、民主主義の導入と平和主義を確立し、基本的人権の保障を求めた。また専門家の目で見て理想的な教育制度を樹立するため米国教育使節団の派遣を要請し、昭和21年（1946年）3月に第一次教育使節団が来日し、昭和25年（1950年）8月に第二次使節団が来日した。これらの使節団の報告書では初等および中等学校の教育行政では教育の民主化のため、官僚的で中央集権的な考え方を排除し地方分権的な発想を取り入れ、自由な選挙によって選ばれる教育委員からなり、財政的にも独立した教育委員会制度の創設を勧告している。日本側も米国教育使節団に協力すべく「教育刷新委員会」を設置し、昭和21年12月第1回の建議において教育の根本理念、教育基本法の内容等について建議を行ったが、地方の教育行政組織についても地方教育委員会の設置を提言している。政府は新しい地方自治制度との構想との調整を図りつつ、立法準備を進めていたが、昭和23年4月に第17回の建議があり、教育委員会制度の実施について基本的な方向性について具体的な提言が行われた。政府はこれらを受けて教育委員会法案を検討し国会に提出した。ここにおいて、新しい地方教育行政制度である教育委員会制度の基本的方向性が示されたのである。教育委員会法は昭和23年（1948年）7月に公布施行され、第1回の教育委員の選挙が行われた。短い期間に全国的に教育委員会を設置することは困難を極める作業であったが、昭和23年11月から全国の都道府県・五大市で教育委員会が設置され、その後昭和27年（1952年）11月までに全国の市町村に全面的に設置されることとなった。教育委員会法は都道府県および市町村に教育事務を担当する責任機関として知事、市町村長から独立した教育委員会を置くものであり、当該教育委員会は地域の学校等の施設の設置管理のすべての責任を負う行政委員会であった。すなわち学校施設の物的管理とともに教職員等の人的管理、学校の運営管理のすべての責任を負うものである。従来の国中心の地方教育行政とは著しく異なった、地方自治の趣旨を最大限に取り入れた制度であった。地方自治の理念には、地方公共団体が主体的に事務処理の責任を持つという団体自治の理念とともに、住民の民意を行政に反映させるという住民自治の考え方があるが、教育委員会制度はこの2つの理念を取り入れた新しい制度であったのである。

当初の「教育委員会制度」は教育委員が公選で選ばれる制度であったが、公選制については一定の民意が反映できるものの、選挙に多額の経費がかかり、立候補者が限られてしまうなどの問題点もあり、昭和31年（1956年）に地方教育行政の組織及び運営に関する法律が制定され、首長による任命制に切り替えられることとなった。

　このように教育委員会制度は戦後、アメリカの制度を参考にして日本に導入された制度であり、教育行政において地方自治の考え方を取り入れ、地方自治を尊重する建前で成り立っている制度である。もちろん市町村については、その規模が小さいところもあり、そのような市町村の教育委員会に学校などの教育機関の物的管理、人的管理および運営管理のすべてを執行できるのかといった疑問は当初から存在していた。また教育委員は非常勤であり、地方教育行政の専門家でないいわゆるレイマンであって、そのレイマンである教育委員により構成された行政委員会であるため、いつの時代にも、教育委員会が「わが国の地方教育行政制度として地域住民の期待に応えて真にふさわしい教育行政を行ってきているか」すなわち「教育委員会の活性化」が図られているかどうかが、常に議論されてきた。危機管理などの緊急時の対応が十分できるのかとか、学校の教育内容など教育課程の専門的な事項に教育委員会が十分対応できるのか、広域的な教職員の人事交流や社会教育・スポーツ・文化などの専門的事項に本当に教育委員会が十分な企画力や指導力を発揮できるのかなど様々な観点から市町村の教育委員会については問題点が指摘されてきた。戦後70年以上にわたって「教育委員会の活性化」が常に求められてきたのである。この点について、教育委員会制度のどこに問題があるのか、教育委員会をどう改善すれば良いのか、どうすれば活性化が図られるのかなどについて、次の7点に絞って議論を深めていきたい。またその中で平成27年（2015年）から大きく変わった新しい教育委員会制度の課題についても展望してみたい。

　　第1節　行政委員会としての課題

　　第2節　任命制か公選制か

　　第3節　レイマンコントロールの理念

　　第4節　政治的中立性の課題（首長と教育委員会との関係）

　　第5節　教育委員会廃止論について

　　第6節　教育委員会廃止論の問題点

　　第7節　新しい教育委員会制度の課題

第1節　行政委員会としての課題

§ 第1　行政委員会としての教育委員会

　日本の行政委員会の多くは戦後アメリカから移入された制度であるが、行政委員会には国レベルのものと地方レベルのものがある。国レベルの行政委員会は内閣府設置法、国家行政組織法によりその基本が定められており（**注1**　塩野宏　行政法Ⅲ行政組織法P73、大畠菜穂子　戦後日本の教育委員会　P46・47参照）、地方レベルの行政委員会は地方自治法でその基準が定められているが、現在、地方自治法第180条の5では11の行政委員会が掲げられている。（**注2**　大畠菜穂子　前掲書　P52・53参照）

　塩野宏氏によれば、敗戦直後から、アメリカの占領政策に基づいて、個別法令に基づき中央、地方を通じて数多くの委員会という共通の名称を持つ合議制機関が設置され、国家意思の決定そのものを担当する行政機関として登場した（**注3**　塩野宏　行政法ⅢP73）とされる。そして塩野氏は「戦後、委員会制度が導入された当初には、行政の民主化（官僚制を打破するという意味での）が強く意識されたこと（この点は地方公共団体に置かれた委員会に特に顕著である）がうかがわれる」という。（**注4**　塩野宏　前掲書P74）また、塩野氏によれば、国レベルの内閣府設置法及び国家行政組織法において設置された行政委員会は、行政の民主化というよりは、職務遂行における政治的中立性の確保（国家公安委員会）、専門技術的判断の必要（公正取引委員会、原子力規制委員会）、複数当事者の利害調整（中央労働委員会、公害等調整委員会）、準司法的手続（行政審判手続）の必要（公安審査委員会）といった各種の面から、その設置根拠を説明することができるとしている。（**注5**　塩野宏　前掲書　P74・75）

　地方レベルの行政委員会は地方自治法が基準法となってそれぞれの行政委員会の設置が定められている。主な地方レベルの行政委員会の根拠法は地方自治法（選挙管理委員会、監査委員）、地方公務員法（人事委員会、公平委員会）、警察法（公安委員会）、労働組合法（労働委員会）、収用委員会（土地収用法）、地方教育行政の組織及び運営に関する法律（教育委員会）などとなっている。地方レベルの行政委員会の主な特徴としては、①数人の構成員からなる合議制の機関であり、②委員の構成について一定の配慮が行われるとともに、委員の身分が保障されている、③権限行使について首長から独立性を有し、自らの判断と責任において事務を執行すること、④規則制定権を有するほか、審判、裁定等を行う権限を有するものもある。

　教育委員会は地方公共団体におかれる行政委員会の一つである。一般に地方レベルの行政委員会は、地方公共団体の執行機関として、公選制による首長のほか、特定の目的を持って、公選による首長から独立して（一般の行政機構から独立して）、行政の管理・執行を

行うものであり、執行機関多元主義の考え方から、首長への権力の集中を排除し、行政運営の公正妥当を期するとともに、住民の参加による機関により行政の民主化を確保するねらいがある。具体的に地方レベルの行政委員会の役割を分類すれば、一般的に（１）職務遂行における政治的中立性の確保、（２）専門的・技術的判断の必要性、（３）個人の利益保護のための慎重な手続による事務の遂行、（４）対立する利害を調整するための利益代表の参加による行政執行などがあげられる。（注６　高橋寛人　危機に立つ教育委員会P41、塩野宏　前掲書　P75など）また、これらの複数の設置根拠は必ずしも相互に排斥しないものであり、教育委員会は、（１）の政治的中立性の確保及び、（２）の専門的・技術的行政の遂行を主なねらいとして運営されるものである。ちなみに政治的中立性を確保することを主な目的とする行政委員会の例としては、教育委員会の他に公安委員会、選挙管理委員会などがあげられる。同じく中立的運営を確保することを目的とする行政委員会の例としては、公平、公正な行政を確保することを目的とするものとして、人事委員会・公平委員会、監査委員などがあげられる。（注７　高橋寛人　前掲書　P41）他に、利害関係の調整を目的とする地方労働委員会や農業委員会があり、審判手続等の慎重さを確保することを目的とする収用委員会や固定資産評価審査委員会などがある。塩野宏氏によれば、こうした委員会は戦後改革の中で数多く設立されたが、独立後の行政改革の流れの中で、多くのものが廃止され、多くのものは諮問機関や審査機関としての審議会へと改組されるか、端的に廃止されるかという経過をたどった（注８　塩野宏　前掲書　P76・77）とされる。この原因について塩野氏は日本国憲法の下で、アメリカから導入された行政委員会制度の定着度は著しく浅いものがあり、わが国における行政委員会制度の導入は、アメリカでは想定されていない行政の民主化としてとらえられたこと、行政委員会制度は、日本では広大な行政事務の処理方式の一つという位置づけを持つという意味で、社会的経済的必要性により歴史的に誕生したアメリカと異なり、歴史離れした、政策的存在であることに注目すべきであるとする。（注９　塩野宏　前掲書　P77）

　前述したように、行政委員会の制度は、戦後、占領下においてＧＨＱが、日本が再び軍国主義国家にならないために、日本の政治制度・社会システムを民主化するため、アメリカの制度を参考にして導入されたものである。しかし、そもそもアメリカの行政では、19世紀の半ばから、素人による政治と行政を主張するジャクソニアン民主主義の考え方があり、行政は素人によってもできるし、その方が良いと考えられてきた経緯がある。（注10　村松岐夫　行政学教科書　P176）アメリカでは、公務員も公選された首長が自由に任用して良いとされていた。専門的官僚制度を形成してきたプロシャやフランスの制度とは異なり、その点ではアメリカでは公務員制度の整備が遅れていたと言わざるを得ない。そして、アメリカでは猟官制度の弊害が出てきて、行政の専門性の要求に応じることが出

来ず、またそのためボス体制という堕落した行政システムに陥ってしまうという問題も出てきており、公務員制度の改革が求められてきている。私見であるが、教育委員会制度の問題点は、一つにはアメリカの行政委員会制度を戦後の民主化の必要性から地方教育行政制度として取り入れたものの、歴史的、社会的条件が日本とアメリカでは大きく異なっており、教育委員の公選制を巡って歴史的に厳しい対立があったこと、もう一つは教育委員会制度におけるレイマンコントロールの発想は、そもそもこの「行政は素人でもできる」というアメリカ的な発想がドイツやフランスの公務員制度を下にしてできているわが国の行政制度にうまくマッチングしていなかったことなどから来ているように思われる。

§第2　公安委員会との類似性

　戦後の日本では、警察行政も公安委員会という行政委員会制度を取り入れている。戦前の警察の問題点は内務大臣による全国的統制であり、戦前の警察は地方長官すなわち府県知事の指揮監督下にあり、当時の知事は内務大臣の任命であった。高橋寛人氏は前述した「危機に立つ教育委員会」（**注11**　前掲書　P43以下）において教育委員会と公安委員会の制度を比較して検討している。同書によれば戦前のシステムでは、警察の場合、内務省警保局の方針に従って、府県知事を通じて国の方針が厳しく伝えられてきた。その弊害から、GHQは特別高等警察の解体、行政警察の他省庁への移譲、自治体警察の新設などの方針を示すと共に、公安委員会制度の新設を求めた。同様に教育についても、戦前は、明治21年の「市制及町村制」並びに23年の「府県制」、「郡制」の制定によって、戦前における地方自治制度の基本が制定され、同時に「地方官官制」も改正され戦前における地方行政制度の基本が確立されることとなった。これに伴い、教育についても明治23年10月「地方学事通則」が定められ、また「小学校令」が定められて、戦前におけるわが国の地方教育行政の基本的制度設計がなされた。この地方学事通則と小学校令によって、教育は市町村の事務でなく国の事務であることが明確に定められ、教育行政に関する文部大臣・地方長官・郡長・市町村長等の権限と責任が具体的に規定されたのである。すなわち教育については、地方長官は国の機関として、主務大臣である文部大臣の指揮監督を受けてそれぞれの管轄区域内における教育行政を担ったのである。戦前の教育行政は中央集権的・官僚支配的であったが、第一次米国教育使節団報告書はこの内務省地方官吏の管理行政を廃し、中央集権、国家統制の弊害をなくすため教育の地方分権化と市町村及び都道府県の住民を広く教育行政に参画させるため住民の一般投票により選出された教育行政機関の創設を求めたのである。もともと米国における教育委員会の始まりは、アメリカでヨーロッパから移住した人々が、自分たちの子供の教育は自分たちで行うしかないとしてタウン・ミーティング（町民会）で方針を決めてきたことに由来するものである。（**注12**　中谷彪　アメ

—43—

リカ教育行政学研究序説　P28）　同じように、警察行政についても、移住した人々が農業や牧畜を行っていて、ならず者や窃盗グループに襲われたとき、銃の扱いの上手な人が保安官として活躍したが、これらの保安官も町内会の防犯担当者であり、町内会の防犯部会が公安委員会にあたるとされている。（注13　前掲書　P44）

　警察法も戦後何度か改正されており、当初自治体警察が置かれ、公安委員会が置かれたが、当初から委員は首長が議会の同意を得て任命するという任命制をとっていた。また公安委員会では、委員の要件が「任命前5年間に警察又は検察の職務を行う職業的公務員の前歴のない者」とされ、基本的に警察・検察職員の前歴を不可とする、厳格なレイマンコントロール（素人統制）の考え方に立っている。政治的中立性についても教育委員会同様、委員の過半数が同一政党に所属しないこと、委員が毎年1，2人交代することで継続性に配慮するなど、教育委員会に類似している。ただし、公安委員会は委員が議会議員の被選挙権を有することが求められている点で、教育委員会と異なっている。委員の常勤化についても、かつて議論があったが、常勤化すると適任者を得ることが困難であるということで非常勤のままである。（教育委員の常勤化については、かつて一部では議論があったが行政改革に逆行するということから実現していない。）かつて公安委員会の委員も、警察事務の専門家ではない社会各層の有識者から選任されていて、幅広い視野と高い識見に基づいて大局的な見地から、あるいは国民的立場から警察を監督していくことで、警察運営の適正化を図ることが任務として期待されているとされている。（注14　高橋寛人　前掲書　P66）

§ 第3　行政委員会見直しの動き

　高橋寛人氏が指摘するように、行政委員会制度に関しては昭和26年（1951年）8月の政令改正諮問委員会の行政制度の改革に関する答申で次のように批判されている。「行政委員会制度は、行政機構民主化の一環として重要な意味を持ったことは否定しえないが、もともと、アメリカにおけると異なり、わが国の社会経済の実際が必ずしもこれを要求するものでなく、組織としては、徒に膨大化し、能動的に行政目的を追求する事務については責任の明確化を欠き、能率的な事務処理の目的を達し難いから、原則としてこれを廃止すること。但し、公正中立な立場において慎重な判断を必要とする受動的な事務を主とするものについては、これを整理簡素化して存置するものとすること」（参考　高橋寛人　前掲書　P67）この批判はその後の昭和28年（1953年）10月地方制度調査会の答申においても引き続き指摘されており、地制調の答申でも行政委員会の廃止・簡素化が主張されている。このことから、戦後アメリカの行政委員会制度がわが国に導入されたが、一般的にはわが国においてはなかなかうまく制度として定着しなかったと言わざるを得ないもの

序章　問題意識と課題

である。(注15　大畠菜穂子　戦後日本の教育委員会　P13　国レベルでは行政委員会は半数以上がその後廃止されている。)

　地方公共団体におかれる行政委員会について見ていくと、行政委員会の主な役割を考察した場合、(3)の個人の利益保護のための慎重な手続による事務の遂行及び(4)の相対立する利害調整のため利益代表の参加による行政執行を目的とする行政委員会は公平・公正な利害調整や違法・不当な行為のチェック、当事者間の紛争処理、公平な第三者としての価格の設定などを行う委員会である。教育委員会や公安委員会などのように教育行政、公安行政などの地方公共団体の行政のうち特定の分野について政策立案機能を有する行政委員会は限られている。教育委員会と公安委員会は前述した行政委員会の主な4つの機能・役割のうち(1)の政治的中立性の確保と(2)専門的・技術的行政の遂行を担っているとされるが、他の行政委員会でこの二つの機能を持つ委員会は、選挙管理委員会と監査委員である。ただ選挙管理委員会と監査委員には政策立案の機能はあまり要求されていない。行政委員会のシステム自体が、わが国の行政においてその特長を活かして当該分野の行政に生き生きと定着して言えるとかどうか疑問なしとはしないのである。(注16　大畠菜穂子　前掲書)

　さらに、地方公共団体の一体的な行政を確保する仕組みとして、地方自治法では138条の3において、地方公共団体の執行機関は、長の所轄の下に、明確な範囲の所掌事務と権限を有する機関によって系統的に構成し、相互の連絡を図り、一体として行政機能を発揮するようにしなければならないこととされている。

§第4　行政委員会としての課題

　行政委員会としての教育委員会や公安委員会に対しては幾つかの批判がなされている。第一は「責任の所在が曖昧である」という点である。特に教育委員会に対しては、いじめ事件への対応で教育委員会がきちんと責任ある対応ができていないとして、平成26年(2014年)の地教行法の改正に至ったという経緯がある。「教育」という精神性の高い課題について良識ある複数の委員の合議により結論を導くシステムは一人の特定の個人の意見のみで結論を出すシステムより、より適切な結論が導かれる可能性が高いと思われるが、その分一人ひとりの教育委員の責任の所在が曖昧になりがちである。また第二は「事務の執行が能率的でない」という点である。これも複数の非常勤の教育委員の合議であるため、会議日程の調整に手間取った結果、教育委員会議で結論を出すのに時間がかかったりしがちである。(注17　大畠菜穂子　前掲書)

　この責任の所在が曖昧であるという批判については、平成26年の地方教育行政の組織及び運営に関する法律の一部改正により教育長は教育委員会の会務を総理し、教育委員会

—45—

を代表することとされ、法律上明確となった。従来は代表者である非常勤の教育委員長と、具体的な事務執行を行う常勤の教育長のどちらが責任者なのかわかりにくいという指摘があった。改正法では、「教育委員会の会務を総理」することとされているが、この規定は、従来の教育委員長の職責であった「教育委員会の会議を主宰する」ことと、従来の教育長の職務である「教育委員会の権限に属するすべての事務をつかさどる」こと及び「事務局の事務を統括し、所属の職員を指揮監督する」ことを意味し、また「教育委員会を代表する」ことは従来の教育委員長の職務と同義である（**注18　逐条解説　第四次改訂　P155**）とされる。この点で新しい教育長は従来の教育委員長と教育長を一本化した重要な職責を持つものであり、責任の所在はきわめて明確になったものである。さらに、教育長は常勤であり、事務の執行が能率的に行えることとなった。

　さらに従来から指摘されていた、第三の問題点である「事務局主導で委員会が形骸化している」という批判について考えて見たい。教育委員会は非常勤の委員の合議制であるため専門家である常勤の教育長の意見に追随するケースが多くなり、教育委員の会議そのものが形骸化しているのではないかという批判である。この点は仮にそのような事態があったにしても、良識ある市民の代表である教育委員が複数いて、合議制であるがゆえに、一人の思いつきや気まぐれで物事が決定されるのでなく、慎重に議論を重ね、間違いのない結論が導かれる可能性が高いことはメリットであろう。また複数の委員の任期をずらして選任されているので、一度に全員が変わることがなく、委員会として継続性を担保できるし、教育のように政策の一貫性や継続性が求められる分野においては行政委員会である教育委員会のメリットは大きいものがあると考えられる。一方で常勤の教育の専門家である教育長に権限が集中することとなったため、教育委員会議が形骸化してしまう危険性はあると言わざるを得ない。この点から新しい教育委員会制度においては、教育長と事務局が一体となって頻繁に個別の教育委員に対して情報・資料の提供を行い、また、教育委員会議をできるだけ開催して共通理解を求めていく努力が必要になってくるであろう。

　第四に政治的中立性の確保の問題については、新しい教育委員会制度においてより真剣に議論していく必要があると考えられる。従来でも教育委員は選挙で選ばれた首長が議会の同意を得て任命するものであり、完全に政治的に中立だとは言えない面があった。首長が自分の考え方に真っ向から反対する人を教育委員に選ぶことは考えられないし、教育委員や公安委員について地域割りで選ぶ慣習があったり、校長や警察官の再就職の場であったり、選挙の論功行賞など名誉職化しているなどの批判も存在していた。しかし、だからといって行政委員会である教育委員会を廃止して、首長部局の一部である教育部や教育局にしてしまうという教育委員会無用論や教育委員会廃止論に直ちに賛成することはできない。（教育委員会廃止論については後述する。）教育行政は一般行政から独立して行われる

ことが必要であり、教育委員会は行政委員会として首長部局の一般行政から独立して政治的中立を維持していく必要があると私は考えている。一方で新しい教育委員会制度は首長と教育委員会との連携が強化され、首長が教育長を議会同意の上で直接任免することとなった。また首長は総合教育会議を設置し、その招集権を持つ。さらに首長は、総合教育会議において、教育委員会と協議し、教育基本法第17条に規定する基本的な方針を斟酌して、教育の振興に関する施策の大綱を策定することとされた。これらの点から、首長が教育委員会に対して実質的な影響力を行使しやすくなったことは事実である。すなわち新制度では、首長も教育行政に主体的に関与できるものであり、大綱の策定や総合教育会議において教育条件の整備など重点的に講ずべき施策や緊急の場合に講ずべき措置などについて協議・調整が行われることとなり、首長の意見が通りやすくなったことも事実であろう。しかしながら学校教育は次代の社会の形成者を育成する営みであり、学校では真理・真実をきちんと教えなければならないし、次世代の人間形成の基本である教育については、多数決で物事を決定する政治とは一定の距離を置くべきであり、学校教育の場で、児童生徒が自ら主体的に判断できる能力を育成していく必要がある。選挙の結果に左右される政治家はどうしても短期的な結果を求めがちであるが、教育はまさに百年の大計であって、目先の利益や政治の動向に左右されてはならない。この点からも、総合教育会議の場において、首長は十分教育長や教育委員の見識ある個別の意見に謙虚に耳を傾け、教育委員会の立場を尊重していく姿勢が大切になってくるものと思われる。

（注1）塩野宏氏は、国レベルの行政委員会について、敗戦直後からアメリカの占領政策に基づいて、個別法令に基づき数多くの委員会という共通の名称を持つ合議制機関が設置され、国家意思の決定そのものを担当する行政機関として登場したとする。（塩野宏　行政法Ⅲ　行政組織法　P73）また大畠菜穂子氏はその著書「戦後日本の教育委員会」においてP46及びP47で一覧表を作成している。国レベルの行政委員会について、国家行政組織法第3条第2項は行政組織のために置かれる国の行政機関は、省、委員会及び庁とし、その設置及び廃止は、別に法律の定めるところによるとし、同条第4項で委員会及び庁について国の行政機関として置かれるものは別表第1に定められている。（別表1参照）なお、国レベルの行政委員会は戦後行政機構の象徴的な改革として注目を集めてきたが、その後の行政改革等の流れの中で半数以上のものが廃止されている。

（注2）一方で地方レベルの行政委員会については、全面的に廃止されたものはないが、（大畠　前掲書P52・53（参照））教育委員会、公安委員会などその役割が疑問視され、度々廃止すべきだとの議論が起こっている。

（注3）明治以来行政官庁は単独制を通常とし、行政官庁組織の基本を定めた各省官制にも合議制機関に関する規定はなかった。ただ明治憲法下においても合議制の行政機関はあり、収用審査会・海員審判所・行政裁判所などその権限が裁判所に類似した機関は合議制であった。

（注4）東京大学社会科学研究所編・行政委員会　P5、塩野宏「行政委員会制度について」2004　塩野　行政概念の諸相　P457以下

（注5）塩野氏は国レベルの行政委員会については、内閣からの独立性が問題になるものであり、憲法上

行政権が内閣に属することとされていることから、内閣の指揮監督の下に置かないこととして独立性を認めることの実質的正当化根拠が求められるとする。

（注6）大畠菜穂子　戦後日本の教育委員会では、地方レベルの行政委員会について、一覧表を作成し、主な所掌事務、委員の数・任命方法・勤務形態、委員長の任命方法・権限、事務局・職員の設置規定、事務局長の任命権者等について詳細に示している。（P52・53）

（注7）地方レベルの行政委員会の中でもその所掌事務の範囲が大きく、事務局職員も数が多いのは教育委員会と公安委員会であろう。その意味で高橋寛人氏の比較考察は教育委員会を考える上で参考になる。

（注8）大畠菜穂子氏の指摘によれば、日本の行政委員会の制度は戦後行政機構の象徴的な改革として注目を集めたが、その特徴は第一に合議体を行政庁としている点と第二に内閣や首長から独立して権限を行使するところにあるとされる。行政委員会制度の導入が、独任制を基本としてきた日本の行政法に対して、合議制行政庁の拡大と独立性の強化をもたらしたとする（大畠菜穂子　前掲書　P13）が、戦後改革を通じて今日まで存続してきた行政委員会は国レベルでは半数以上が廃止されている。一方で地方レベルの行政委員会は全面的な廃止になったものはなく、2015年現在11の行政委員会が設置されている。ただし、地方レベルでも教育委員会、公安委員会、農業委員会などたびたびそのあり方が問題とされ廃止論が提議されてきた。行政機構から独立した合議制の行政委員会の存在意義が広く認められているのは準司法的機能を持つものに限定されているともいえるとする。（大畠　前掲書　P14）

（注9）塩野氏は、行政委員会は日本の行政制度における標準的、代表的制度ではなく、妥当する範囲の比較的狭い特殊の制度として扱われ、異分子の存在にとどまってきたとする。行政委員会を既存の学問体系に組み入れようとする行政法学の試みは必ずしも成功していないとする。（塩野　行政委員会制度について—日本における定着度—2004 行政概念の諸相）

（注10）ただしこの制度は現代の複雑な行政システムに求められる高度の専門性の要請や将来を俯瞰して長期的な政策を立案していくべき行政の先見性の要求に対応できないと考えられる。

（注11）高橋寛人氏は教育委員会制度も公安委員会制度も、戦後GHQの指示に従って作られた制度であり、両者は実に数多くの類似点をもっていることを明らかにしている。

（注12）タウン・ミーティングについて、同書では、「ニューイングランド地方の植民地では、初め民衆は彼らの子供たちを家庭で教育していた。やがて小学校からグラマー・スクール、大学に至るまで公立の学校がつくられ、民衆に平等に開放された。また。当時、学校の建設や修理、学校施設の整備、教科書の採用、教育内容の編成、校長や一般教員の人事や報酬等は、民衆自身の手で、その地域の必要に即して決められる仕組みになっていた。町民会（Town　Meeting）が、アメリカにおける教育の地方統制の最初の形態であった。」とする。

（注13）教育委員の常勤化　公安委員の常勤化については、「警察刷新に関する緊急提言」（2000年7月）において、「都道府県公安委員会について、法律上委員は非常勤とされているが、地方の実情によって、適任者の確保が可能であるかとの問題を考慮の上、常勤とすることができるようにすることが適当である」とされていたが、常勤化は2000年の警察法改正案には盛り込まれていない。その理由は常勤化した場合、現在職を持っている人や企業経営などをしている人を公安委員に選任することが困難となり、適任者を得にくくなるとされている。教育委員についても、仮に常勤化すれば同様の問題があり、また都道府県や市町村の財政上の負担も大きく、行政改革の趣旨に反することもあって、常勤化は困難であると考えられる。

（注14）教育委員も公安委員も、非常勤であることなどから「責任が不明確であり、非効率である」という批判がなされてきた。合議制であることから、この2つの批判がなされているが、1951年8月の政令改正諮問委員会の「行政制度の改革に関する答申」では行政委員会について、責任の明確化を欠き、

能率的な事務処理の目的を達しがたいから、原則としてこれを廃止あるいは整理簡素化すべきだとしている。

（注15）国レベルでは行政委員会は半数以上がその後、廃止されているが、地方レベルでは公安委員会も教育委員会も幾度かの制度改正を経て存続してきている。

（注16）教育委員会はその長い歴史の中で常に「活性化」が求められ続けている。教育委員会の活性化については私も当時の文部省教育助成局地方課長として常に考えてきたところである。

（注17）注14と同旨。

（注18）新しい「教育長」の職務は、従来の教育委員長の職務と従来の教育長の職務をあわせた職務となっている。

第2節　任命制か公選制か

§ 第1　教育委員公選の状況

　教育委員会制度については、戦後日本の教育をどのように改革すべきかを検討するため、昭和21年（1946年）マッカーサーの招きでアメリカから米国教育使節団が来日している。この米国教育使節団は第一次報告書を提出し、その中で教育行政の改革方策として、教育委員会制度の導入を提言した。すなわち、各都道府県に「政治的に独立した、住民の選挙により選出された市民の代表によって構成される教育委員会あるいは機関の設置を勧告する。この機関は、法令に従い、都道府県内の公立学校の全般的な管理にあたるべきである。」として教育委員会制度の導入を提言した。また市町村にも同様に、住民の選挙で教育委員を選び、教育委員会が公立学校の管理運営を行うよう勧告したのである。文部省は、使節団報告書の勧告に基づいて教育委員会法案を作成し、昭和23年（1948年）7月この法案は成立した。

　教育委員の公選制に基づく教育委員の選挙については、投票率が低いことが問題とされてきた。昭和23年（1948年）10月の第1回教育委員選挙の都道府県の投票率は全国平均で56.5％であり、これは当時の他の選挙と比べてかなり低い投票率であった。また昭和25年（1950年）11月に第2回の教育委員選挙が行われたが、投票率は都道府県52.8％、五大市27％、既設市町村47.2％、新設市53％であった。教育委員会の全面設置は昭和27年（1952年）11月とされていたが、各方面から全面設置に危惧の声が出されていて、文部省も全面設置を昭和28年（1953年）に延期する法案を提出したが、衆議院の委員会で否決され、さらに全国知事会、全国市長会など多くの団体から全面設置に反対する声明や要望が出されていた。文部省は全面設置の延期の法案を準備していたが、昭和27年（1952年）8月衆議院の解散により法案を提出できず、同年11月全面設置の時期を迎えてしまったため、そのまま同年10月第3回の教育委員選挙が行われることとなった。都道府県の教育委員の投票率は59.8％で、当時の他の選挙と比べると低いままであった。また無投

票当選の県や市町村もかなりの数に上った。さらに次の教育委員選挙は半数改選のため昭和29年（1954年）の予定であったが、公職選挙法の改正で半数改選制が廃止されたため、昭和29年（1954年）の教育委員選挙は実施されないこととなった。(注1　高橋寛人　前掲書　P52) このような状況の中で、昭和26年（1951）年9月地方行政調査委員会の勧告、11月の政令改正諮問委員会の答申では、教育委員の選挙をやめて地方公共団体の長が議会の同意を得て選任することに改めるよう提言が行われた。また教育委員選挙の投票率が低いことや無投票当選が多いことなどから文部省以外の省庁関係の様々な機関や団体からは、教育委員会そのものの不要論も出されていた。

§ 第2　教育委員公選制の問題点

　前述したように、当初の教育委員会法は教育委員を選挙で選ぶことが定められていた。住民の選挙によって選ばれる公選制度は民主主義の基本であり、地域の教育行政の責任を負っている教育委員会の委員を地域住民の選挙で選ぶこととするのは、本来の趣旨にかなうものであるとも言えよう。

　アメリカの教育委員会は、約300年以上前のニューイングランドにおける町民会（Town Meeting）に起源を発しており、教育委員会の主な機能は、住民の教育意思に基づいて教育政策を策定することであった。(注2　中谷彪　アメリカ教育行政学研究序説　P245) そのねらいは地域社会の教育要求や住民の教育意思を公正な立場で代弁する人を教育委員に選任することである。アメリカ独立の精神でもある、「自分たちの子供の教育は自分たちで責任を持って決める」という考え方である。中谷氏も述べているように「教育委員会は公共の利益という立場で教育政策を策定する」住民の代表者によって構成されなければならない。と同時に教育委員会はある特定のグループや階級の人々に独占されて良いはずはないとも主張している。アメリカの著名な教育社会学者であるG．S．カウンツは1920年と1927年にアメリカの教育委員会の社会的構成を調査している。それによれば、郡教育委員は民衆投票、町民会での選挙など選挙によるものが69%、大陪審、郡裁判所、州知事等による任命・選任が31%、市教育委員会の委員は一般選挙、各区による選挙、町民会の選挙が84.8%、市長、市議会、首長などによる任命・選抜が15.2%、州教育委員会の教育委員は住民、州議会などによる選挙が11.5%、州知事、州教育長による任命が65.7%、職権上の全委員が22.8%となっていて、州教育委員は任命制が多く、郡・市教育委員は選挙が多いという結果になっていた。(注3　中谷　前掲書　P227・228)

　わが国の旧教育委員会法による教育委員の選挙については次のような問題点が指摘されている。①選挙が実質的に政党を基盤に行われ、それが教育委員会の運営に持ち込まれた、②大きな資金力を持った者や強力な支持母体を持った者が当選しやすかった、③大き

な組織力を有する団体が組織力を利用して教育委員を送り込み、教育行政をコントロールしようとする傾向が伺えたなどである。教育委員の選挙の投票率が他の首長などの選挙と比べて投票率が低く、無投票当選も多かったことも問題点とされている。昭和23年（1948年）の第1回の選挙では、教職員組合によって支援された結果全体の3分の1が教員から選ばれる結果となった。（**注4　文部省　学制百年史　P707**）

　教育委員の公選制の問題点は、選挙が地域社会の教育要求や住民の教育意思を直接聞くという意味で一見民主的で合理的な制度であるが、一方で教育委員会制度は選挙で選ばれる首長から一定の距離を置いて、教育の政治的中立を守るための制度でもあることから、真に公正で公平な形で住民の教育要求や教育意思をどのようにくみ上げるかが重要な意味を持つ。そのため、教職員組合のような組織が、その組織力を利用して自分たちの主義主張を教育行政に反映させようとしたり、自分たちの待遇や労働条件の改善を求めて教育委員を送り出そうとする動きがあるとすれば問題であると言わざるを得ない。戦後、教育政策をめぐっては政府・文部省と日教組の長い対立の歴史が繰り返されてきたが、その対立がそのまま教育委員の選挙で地域ごとの対立に反映されてきたとすれば、それは誠に不幸な歴史と言わざるを得ない。教職員団体のような大きな組織力を持った団体が組織力を行使して教育委員を送り込み、教育行政をコントロールしようとしたとすれば、問題だと言わざるを得ないのである。教育委員会は教職員の人事・給与を決定する権限を持つため、教職員組合は自分たちの人事や給与を有利に取り扱わせるよう教育委員会に働きかけをすることが考えられる。その意味で教職員組合は教育委員会に自分たちの考えに同調する委員を送り込みたいのである。また企業や地域で活躍してきた有力なお金持ちが、選挙でお金を使って自分の経歴に教育委員歴を加えて、名誉職として、地域の名士としての地位をさらに向上させるため教育委員に立候補することも考えられなくはない。

　また、公選制の場合、選挙はいくら教育の政治的中立を唱えても、実質的に政党を基盤に行われることとなってしまうため、その結果、教育委員会の運営に政党の主張が持ち込まれることとなってしまう可能性は否定できない。

　教育委員会の公選制は、戦後アメリカの教育委員会を参考にして導入されたシステムであったため、憲法、教育基本法と並んで戦後の民主主義教育の根幹を担うものであるとして公選制にこだわる根強い意見がある。旧教育委員会法の第1条（この法律の目的）では「この法律は、教育が不当な支配に服することなく、国民全体に対し直接に責任を負って行われるべきであるという自覚のもとに公正な民意により、地方の実情に即した教育行政を行うために、教育委員会を設け、教育本来の目的を達成することを目的とする。」と定められていた。この前段の規定は旧教育基本法第10条の規定と同趣旨であり、旧教育基本法第10条の規定が定められた時点で、公選制の教育委員会が予定されていたのだとす

る有力な説がある。(注5　辻田力・田中二郎監修　教育基本法の解説　P99、兼子仁「教育委員準公選条例は合法である」)

　任命制の場合、住民の教育要求や教育意思がないがしろにされ、公正な民意が教育行政に反映されないのではないかとの批判がある。その場合でも、住民の選挙で選ばれた首長が教育委員を選び、住民の選挙で選ばれた議会の承認を得ることで、相当程度民意を反映できるのではないか。投票率が低く、それ故ある特定のグループや階級の人々に独占される恐れがあったり、政治的中立性が守られなくなる危険性をおかしてまで、どうしても公選制を導入する必要があるかどうかは議論のあるところであろう。前述したカウンツの調査では、公選制をとるにしても、その教育委員会は、社会において恵まれた地位を占めている人々から大部分構成されているという事実があるとし、教育委員は「大部分、より一層恵まれた経済的社会的階級からの出身である。彼らはまた、並外れた教育的機会を享受してきた人々である」と述べ、「われわれの社会の支配的な階級が、教育委員会を支配している」と結論づけている。(注6　中谷　前掲書　P243)

　教育委員の公選制に関しては、1980年代に東京都中野区で実施された教育委員の準公選制の問題がある。これに関しては第3章第3節第5（P131）で述べることとしたい。

（注1）教育委員選挙は投票率が低く、無投票当選が多いことが大問題になった。特に当時の他の選挙に比べても投票率が低かったのである。
（注2）アメリカの伝統によれば、教育委員は教育の専門的な些事に介入するというよりも、まず地域社会の教育要求や住民の教育意思を公正な立場で代弁する人が望ましいのである。
（注3）それによれば、州教育委員の選任は州知事任命が約63％であり、住民による選挙が約6％、市教育委員は一般選挙が約72％となっている。
（注4）第1回の教育委員選挙は、教育委員会制度について別の意味でもその後の批判を生む結果となったものである。当時、新学制実施に伴う施設整備と教員の給与費確保が教育財政上の緊急問題であったが、これらは地方公共団体のみでは処理しきれない課題であり、行政上自立性を持つべき教育委員会もこの緊迫した重大な財政問題を自主的に処理するには限界があった。
（注5）旧教育基本法第10条において「教育は、不当な支配に服することなく、国民全体に対し直接に責任をもって行われるべきものである」とされていたが、ここで同書は「直接に」とは国民の意思と教育が直結していうことであり、国民の意思が教育と直結するためには、現実的な一般政治上の意思とは別に国民の教育に対する意思が表明され、それが教育の上に反映するような組織が建てられる必要があると思うとし、米国において行われる教育委員会制度は、わが国においても採用する価値があるとしている。(辻田力、田中二郎監修　教育基本法の解説　国立書院　P99)
（注6）この点は、従来のわが国の教育委員が大学教授，医師、会社役員など比較的に社会的地位の高いとされる人物が数多く選任されてきていたことと関連するように思われる。

第3節　レイマンコントロールの理念

§ 第1　レイマンコントロール

　レイマンコントロールとは、直訳すれば「しろうと管理」である。ブリタニカ国際百科事典（小項目辞典）によれば、アメリカで一般行政の地方自治主義を基盤にして生まれ、発展した教育行政制度であり、地域（学区）住民の意思を教育政策に反映させるため、住民より選出された（教育委員行政上の）「しろうと」で構成される委員会が教育行政を統轄する制度であるとされる。また政治や行政の一部を一般市民に委ねる方法であるとされる。

　中央教育審議会の地方教育行政部会のまとめ（H17.1.13）では、レイマンコントロール（layman control）とは、専門家の判断のみによらず、広く地域住民の意向を反映した教育行政を実現するため、教育の専門家や行政官ではない住民が専門的な行政官で構成される事務局を指揮監督する仕組みをいうとされている。

　前述したように、アメリカの教育委員会は、約300年前のニューイングランドにおける町民会（タウン・ミーティング）に起源を持つ。すなわち教育委員会の主要な機能は住民の教育意思に基づいて教育政策を策定することにある（**注1　中谷彪　アメリカ教育行政学研究序説　P245**）とされる。アメリカの著名な教育行政学者、教育社会学者であるG.S. カウンツは、教育委員会は公の利益という立場で教育政策を策定する住民の代表者達によって構成されなければならないとする（中谷　同書）。すなわち教育委員会はある特定のグループや階級の人たちによって独占されてはならないのである。アメリカの伝統によれば、教育委員会制度は教育の素人である教育委員と、教育の専門家である教育長との密接なチームワークによって公教育を運営していくところに妙味があると指摘している。（**注2　中谷　前掲書**）

　堀和郎氏は指摘する。レイマンコントロールは教育行政を専門家でない教育の素人に委ねると言うことでは決してない。教育委員の要件として「教育識見」が求められるのは（地教行法4条）、教育委員の役割が、教育という専門職業に就いていない、民間人の、地域に生きる、地域の生活者としての眼で、地域の教育ニーズを確かめつつ、教育行政をモニターして、地域の教育利益を実現することを期待されているからだ（**注3　堀和郎・柳林信彦　「教育委員会制度再生の条件」筑波大学出版会　P175**）とする。堀氏は教育行政のレイマンコントロールとは、「教育行政の官僚統制」に取って代わるべき仕組み、教育行政の主体における「官」から「民」への移行を意味するものであり、教育を職業としない、地域住民を代表する人々の合議を通して教育行政を行うという考えであり、「素人統制」というよりも「住民統制」と言うべき仕組みであり、文字通り、教育行政における「草

の根民主主義」の表れに他ならないとする。また、教育委員が非常勤であるのは、地域で日々生活する「民間人」として、住民を代表して住民ならではの目線で、教職という専門家の目には見えにくいものを捉える視点で、地域の教育思想を確認し実現する責務を負っているのだと主張する。そして、教育委員に求められる高い識見とは、単なる教養ではなく、地域の教育への情熱や関心に基づく地域の教育ニーズの発掘や政策的アイディアの提供を含むものだとする。そして「住民代表」としての複数の教育委員から構成される教育委員会の「合議」＝教育委員会議によって、自治体教育行政の意思決定が行われる仕組みをとっているのだとする。もっとも、この議論を貫くとすれば、教育委員には住所要件を課すべきであろうが、現行法は当該地方公共団体の長と同じく、地教行法では住所要件を課していない。

　堀氏は続けて、レイマンコントロールの鍵としての合議制を活かすためには、教育委員が一堂に会する教育委員会議が、地域の教育問題を提起し、その解決に関する政策的アイディアを議論し合うフォーラムでなければならないとする。教委会議が単に事務局から提案された政策案を形式的に承認するだけの存在になってはならないとし、教委会議が政策フォーラムとして機能するためには、教育委員の人選が重要であるとする。教育委員の選任が慎重に行われている教育委員会ほど、その会議が活発に行われている傾向があると前述した調査にも表れている。そして教育委員にふさわしい人材が地域に発掘できるためには、地域が一定程度「市民社会として成熟」している必要があると主張する。レイマンコントロールの原理が機能するためには、その土台として地域社会の「社会・文化的特質」が重要な意味を持つという。さらに教委会議が政策フォーラムとして機能するためには、教育委員会に許容される政策裁量がある程度存在することが必要であり、政策の自由選択がなければ、活発な政策的論議が誘発されることはないであろう。

§第2　レイマンコントロールとプロフェッショナルリーダーシップ

　合議体としての教育委員会によるレイマンコントロール（素人統制）と教育長のプロフェッショナルリーダーシップ（専門的指導）との整合をどう図るかに関しては、様々な研究がある。（注4　澤利夫　教育委員会制度におけるレイマンコントロールの実態）戦後発足当初のわが国の教育委員会は公選制の教育委員で成り立っており、選挙で住民の全体意思を問うことで素人統制でも住民の意思を忖度できることから、レイマンとプロフェッショナルとの調和、整合性がとれると考えられていたであろう。それが地教行法で教育委員の任命制と議会承認の制度となった時点で、本当にレイマンコントロールのままで良かったのであろうか。議会承認を必要とするから、首長は教育委員を学識経験のある有力者、人格識見の優れた人物、医師、大学教授、企業の経営者、校長経験者などそれぞ

れの世界で活躍してきた著名な人材を選び、議会承認の際に問題を指摘されない世間的に信用できる人を候補に挙げる必要があったのである。そのことが、必然的に、レイマンとはいえそれぞれの世界で活躍してきた有力な人材すなわちある程度年配の落ち着いた信用出来る人たちを選ぶ必要から教育委員が高齢化してしまうこととなったのではないか。逆に安全な落ち着いた人物でそれぞれの分野で活躍している人材であることから、多忙であり、教育委員の仕事だけに専念出来ず、教育委員会の危機管理が不十分で 活性化出来ない要因にもなっているのではないか。レイマンコントロールは教育委員の選挙とセットで考えられた議論であり、その考え方を任命制の教育委員にも適用してきたため、教育委員会が常に活性化を求められなければならなくなってきた要因となっているのではないかと私は考える。少子高齢化が進み、家庭の教育力や地域の教育力が低下してきている状況の中で、教育問題が複雑化してきている今日、果たしてレイマンコントロールの発想を21世紀の現代においてそのまま引き継いで良いのだろうか。

　この点に関しては、私は従来から、教育委員会の活性化のためには、直接義務教育段階の子供を持つ父母を教育委員に加えることが有効であると考えていた。教育改革国民会議においては、私は文部省の官房長として、委員の先生方に対して、今現在直接自分自身の子供の教育に直面して考え、相談し、悩み、行動している現役の父母を教育委員に加えるべきことを提案したことがあるが、同会議においてはこの考え方が認められ、地教行法の改正により義務教育段階の児童生徒を持つ父母を教育委員に一人加えることについて努力義務規定を置くことが実現したのである。

　第一次安倍内閣の教育再生会議では、私は有識者委員として第一分科会の副主査をさせていただいていたが、この考え方をさらに一歩進めて、現役の父母を加えることを義務規定にすべきと提案したのである。ちなみにカウンツの調査で1920年代の米国では、教育委員の半数は保護者でなければならないという思想があったとされており、そのことがレイマンコントロールの源泉となっていたという。(**注5**　澤利夫　前掲論文)

　教育委員会制度の在り方を審議してきた中央教育審議会の教育制度分科会の第8回地方教育制度部会（平成26年（2014年））に提出された文部科学省の資料では、レイマンコントロールについて次のような意見が出されている。

○レイマンコントロールは、専門家だけの判断に偏することなく、住民のニーズを適切に施策に反映させる仕組みである。

○レイマンコントロールには緊張感を持たせるという役割がある。裁判員制度と同じで、専門家だけだと偏った方向へ行くという考え方が、レイマンコントロールに道を開いている。

○レイマンは重要なコンセプトである。これまで素人という意味合いが強かったが、むし

ろ予断や偏見を排して事柄に望む人たちと考えるべき。

○レイマンは素人でなく、一般常識人と捉えるべき。一般常識人たる国民の代表が、教育について意見を言う機会を大事にしないと、特定の人間だけで教育が動いてしまうことになる。

○教育の問題は、誰もが真剣に考えることができるものであり、教育委員は大局的な判断をなすことができる。議論が伯仲することはあるが、それによって事務が停滞することはない。

○レイマンコントロールの本来の趣旨は、選挙によるイデオロギーのブレを防ぐことにある。しかし、審議会の設置などでそれは防げる。形式的なレイマンコントロールによって、イデオロギーのブレを防ぐというのは時代錯誤（ではないか）。

§第3　教育委員が非常勤であること

　教育委員会の活性化が求められる場合に、教育委員が非常勤であることが問題だとする意見がある。地教行法第12条第2項で教育委員は非常勤とすると定められている。教育委員会の活性化が求められるとき、教育委員が非常勤であることが教育委員会の能率が悪い、緊急時に迅速な対応ができない、会議が非効率であるなどの原因であるとされることが多い。地方レベルの行政委員会では委員は非常勤である場合が多い。大畑菜穂子氏の調査した一覧表によると常勤の委員は人事委員会（委員は常勤可）、監査委員（常勤可、都道府県・人口25万人以上の市は1名常勤）、労働委員会（公益委員は2名常勤可）、収用委員会（政令で定める都道府県は常勤可）であるとされている。（教育委員会の教育長は常勤である。）この行政委員会の委員を常勤にするか、非常勤にするかについては、当該行政委員会の委員が議論し判断すべき案件の事務量がどの程度あるかがメルクマールとされているように思える。常勤が可とされている委員会は、例えば人事委員会の処理案件がどのくらいあるか、収用委員会であれば収用委員会で審議すべき案件がどのくらいあるかによって、必要な場合常勤とされているのであろう。文部科学省の教育委員会の開催状況に関する資料（平成29年度（2017年度））によれば都道府県・指定都市の教育委員会では、平均年間29.2回（18〜29回46.3%、30回以上43.3%、12〜17回9.0%、1〜11回1.5%）となっており、1回あたりの開催時間は平均1.5時間となっていた。市町村では平均15.1回（12〜17回69.3%、18〜29回16.1%、30回以上2.3%、1〜11回12.3%となっており、1回あたりの開催時間の平均は1.4時間となっている。

　臨時教育審議会の議論の後で、教育委員会の活性化が求められていた際に、教育委員会を真に活性化させるためにどのような方途が必要かを真剣に考えたことがある。私が文部省地方課長の頃である。やはり、非常勤の委員だから地域の教育行政に責任を負うと言っ

ても限度がある。いっそ教育委員を常勤にして常時教育委員会事務局に常駐することとしてはどうか？　これならば悪質ないじめ事件や校内暴力事件が起きたときにでもすぐに教育委員会で対応できるのではないかと。しかし、当然のことながら教育委員を常勤にすると膨大な予算が必要となる。全国の教育委員の数は平成23年度（2011年度）で都道府県232人、市町村7,275人（教育長たる委員を除く）であり、これを常勤化することは行政改革の趣旨に逆行するものであり、とてもできない。また、教育委員は医師、大学教員、会社役員、農林漁業者、商店経営など様々な職業を持っている人が多く都道府県で88％、市町村で65％の教育委員が別の職業に従事されており、常勤で教育委員の職務に専念することを求めることは困難であり、無理と言わざるを得ない。非常勤であるからこそ教育委員になってもらえるのであって、常勤化すると大学教授や医師、企業の経営者など別に職業を持っている人たち（いわゆる有識者）は教育委員に来てもらえなくなるであろう。また、前述した教育委員会の開催状況からも、常勤とするほどの事務量はないのである。現実には非常勤であるからこそ教育委員にふさわしい学識、経験のある優秀な人材が確保できていると言わざるを得ない。

（注1）ニューロン　J.H.Newlon は「教育委員会はアメリカ教育において決定的な要素である」（「社会政策と教育行政」高木太郎、中谷彪　明治図書　P88）とし、またカウンツは「合衆国における公教育の基本的特徴は、教育委員会によって決定づけられる」とする。いずれも教育委員会の性格を端的に表している。
（注2）この考え方は、わが国の教育委員会制度において従来から取り入れられてきたところであろう。
（注3）堀氏は教育委員に求められる高い教育識見とは、単なる教養ではなく、地域の教育への情熱や関心に基づく地域の教育ニーズの発掘や政策的アイディアの提供を含むものだとする。
（注4）教育委員会議を活性化させるためには、教育委員の人選が重要である。堀氏の調査でも教育委員の人選が慎重に行われている教育委員会ほどその会議が活発に行われている傾向があるとされている。ただし地域にそれだけの人材が見つけられるかどうかも重要であり、地域の人材の中から未来の教育委員を育成するシステムも重要であろう。また私は文部省の地方課長時代に新任の教育委員の研修を実施することとしたが、このような研修もその役割が大きい。
（注5）教育長のプロフェッショナルリーダーシップに関しては、私自身北九州市の教育長として3年間勤務した経験がある。教育長として高い志を持ち、改革に取り組む積極的な姿勢を持つとともに問題解決のための危機管理能力と長期的な視点で地域の教育の発展に取り組む意欲と姿勢が大切だと思う。また首長との間に本音で相談できる人間関係を築き、常時連絡調整を行うとともに、財政当局への教育予算について理解を求める折衝能力や強い姿勢、議会の議員との間で良好な関係を築き教育政策や予算に理解を求めることが重要である。また学校の校長や教員に対して困難な課題から逃げず、目標を明確に示すとともに、常に暖かいメッセージを投げかけ、校長先生達が安心して教育長や教育委員会を信頼して学校の校務に専念できるようにすることが重要だと思う。

第4節 政治的中立性の課題（首長と教育委員会との関係）

§ 第1 旧教育委員会法における予算案、条例案の二本立て制度の廃止

　戦後、新憲法の制定により、地方行政は地方自治の本旨に則って行われるべきことが示され、これを受けて都道府県、市町村の地方行政制度にも大きな改革が行われた。旧教育委員会法は、教育行政の自主性と安定性を図るため、教育、学術、文化に関する事務を、原則として大学及び私立学校に関するものを除き、教育委員会の権限としていた。（注1木田　前掲書　第四次新訂版　P189・190）また予算案、条例案についてもいわゆる二本立て制度を設けて、教育委員会の独立性、自主性を保障しようとしていた。すなわち、教育委員会に教育行政にかかわる条例案、予算案の作成と原案の議会への提出権が認められていたのであり、首長が原案に異論がある場合、修正の理由を明示して議案を提出しなければならなかったのである。教育委員会が独立の機関として、教育行政を自主的に行うことが望ましいのであり、教育委員会に条例案、予算案の作成、議会への提出権があることは、教育行政の独立性を強調する立場からは望ましいことである。しかし一方でこの独立性、自主性を強調しすぎると現実の行政において摩擦が生じてしまう。首長の行う行政は教育だけでなく厚生・労働、農林水産、商工・経済など幅広い分野にまたがっており、地方公共団体の行政としてはこれらの各分野の行政運営に必要な調整を図っていく必要がある。旧教育委員会法時代には、一部の地方公共団体において長と教育委員会との間に紛争が生じるなどの問題が起きていた。このため地教行法においては教育行政と一般行政との調和を図ることとし、長の職務権限について調整を加え、教育委員会は教育本来に関する事務を担任することとし、教育財産の取得・処分、契約の締結、予算の執行は長の職務権限とした。地教行法はこの点において首長の権限を強化したものといえよう。

§ 第2 教育委員の公選制と任命制

　地教行法では、教育における政治的中立性を確保するため、教育委員の公選制を廃止し首長が議会の同意を得て任命する制度に改めた。教育委員会制度は住民の手による教育の実現にあるのだから、公選制は維持されるべきだとの意見もある一方で、多額の費用がかかる割に投票率がきわめて低い、教育委員にふさわしくない人が立候補している、むしろ任命制の方がふさわしい人を得られる、住民の理解も不十分で混乱がめだつなど様々な意見があった。前述したように教育委員の直接公選制は①選挙が実質的に政党を基盤に行われ、それが教育委員会の運営に持ち込まれる恐れがある、②大きな組織力を持つ団体が政治力や組織力を利用して教育委員を送り込み、教育行政をコントロールしようとした、③教育委員会は選挙で選ばれる首長から一定の距離を置いて、教育の政治的中立性を守るた

めの制度であり、教育委員の直接公選制は政治的中立性と矛盾するなどの理由から公選制を批判する意見も多かったのである。

§ 第3　教育行政の一般行政からの独立

戦前の教育行政の反省点から、戦後の教育改革の過程で強調され、地教行法の制定過程で議論されたのは教育行政の一般行政からの分離・独立の議論であった。**(注2　新藤宗幸　教育委員会とは　P159 など)** 教育基本法の掲げる基本理念を実現していくためには、戦前のように内務省の行政の一部としての地方教育行政であってはならないのであって、教育委員会は、地方公共団体の処理する事務のうち、教育、学術、文化に関するものを、知事や市町村長の指揮・監督を受けないで独自に管理執行するものであり、戦前のように知事や市町村長の配下の一部局で教育事務が処理されていたのと面目を一新したのだという主張がなされていた。この教育行政の一般行政からの分離・独立は教育委員会制度を支える論理でもあった。**(注3　新藤　前掲書　P160)**「教育」という将来を担う子供たちの人間形成に大きな役割を持つ精神的・文化的な活動に特有の行政を、首長のもとでの建設、土木、福祉、農林水産行政などとは異なる特有の行政としてとらえ、首長が直接、教育行政を行うことへの批判ないし危惧として主張されてきたのである。教育行政は選挙で選ばれた首長が自らの経験や信念のみでこの精神的・文化的な行政を決定してしまうのでなく、教育委員会のような行政委員会において、人格的にも高潔で知識水準も高い、複数の教育委員の常識的な判断を尊重しつつ行われるべきだとの考え方がその背景にあるのだと私は考える。**(注4　佐藤修司　教育委員会論の争点　「教育」2013 年 4 月号)**

§ 第4　政治的中立性について

教育委員会制度が首長部局から独立していることで、教育行政の政治的中立性が守られているという主張について、新藤宗幸氏は、中央教育行政組織を無視した議論だとする。新藤氏は「教育行政の政治的中立性」＝教育委員会制度による保障と密接不可分に論じられており、一方で、文部科学省は議院内閣制をとるわが国において、政治家たる文部科学大臣がトップであることが多く、与党の政治家である文部科学大臣のもとでの「教育行政の政治的中立性」はフィクションでしかないとする。「教育の政治的中立性」の確保の議論は、独任制の首長のもとに教育行政をおくならば、首長の政治的意思によって教育が左右され、「教育の政治的中立性」が保障されない、従って「教育の政治的中立性」は教育委員会によってのみ確保されるのだと主張されているが、この背景には「教育行政の一般行政からの分離・独立」の議論が教育学者のあいだにドグマのように生き続けているからではないかとする。

もとより教育の「政治的中立性」の議論の核心は教育基本法第14条の学校教育における政治的中立性の議論であろう。新藤氏は突き詰めて言えば、政治的中立性を確保することは、教員人事への政党政治と首長の介入、および教科書内容と採択への政治の介入を排除することだとする。

（注1）文部大臣の諮問機関であった教育委員会制度協議会は昭和26年10月に答申を出し、教育委員会の設置単位として、個々の市町村にまで教育委員会の設置を義務づけることは教育行政の民主化や地方分権化には貢献するが、市町村、特に町村が教育行政の単位としては狭小すぎるため、かえって行政の非効率化をもたらし、教育そのものの振興さえも阻害するとして、市町村に教育委員会を設置することは任意とするという結論を出している。
（注2）内閣総理大臣の諮問機関である地方制度調査会は、昭和28年10月答申を出し、府県及び五大市の教育委員会は現行通り存置するが、市町村の教育委員会は廃止するものとするとしている。
（注3）新藤氏は教育行政の一般行政からの独立の議論は、戦後初期の文部省が存立の危機にあったとして、地方教育行政をめぐる内務省との権限争いを正当化する論理として打ち出されたものであったという。また、教育行政学者が首長の下での教育行政への批判ないし危惧として教育行政の一般行政からの独立が主張されているとする。
（注4）佐藤氏は教育の地方分権は首長直属の教育行政でも十分できるが、住民の教育意思が福祉や建設等の他の意思とは区分されて集約されるためには教育委員会制度が必要となるとしている。

第5節　教育委員会廃止論について

§ 第1　創設当初からの教育委員会不要論

　教育委員会廃止論又は不要論については、教育委員会制度創設の時点から議論があり、すでに昭和25年12月22日地方行政調査委員会議は行政事務再配分に関する第一次勧告の中で、市町村教育委員会は、市は必置とし、町村は任意とする旨の方針を打ち出していた。（注1　木田　前掲書　第四次新訂版　P654）さらに昭和26年文部大臣の諮問に応じて教育委員会制度について議論した教育委員会制度協議会において、教育委員会の設置単位をどうするかという議論において、個々の市町村に教育委員会の設置を義務づけることはかえって行政の非能率化をもたらし、教育そのものの振興さえも阻害するという意見もあり、一律に教育委員会を必置とすることは市町村の能力に大きな差異がある現状では無理を伴い適当でないとして、五大市以外の市及び町村においては教育委員会の設置は任意とするという答申（昭和26年10月31日）が出されていた。中央教育審議会においても義務教育に関する答申（昭和28年7月25日）において、教育委員会の設置単位を弱小市町村にまで設置義務を負わせることは無理と考えるとし、教育委員会不設置の町村については諮問機関のようなものを置くこととしている。また、昭和28年10月16日の地方制度調査会において「教育事務の配分に関する事項」の中で、府県及び五大市の教育委員

—60—

会は現行通り存続するものとするとされたが、市町村の教育委員会は廃止するものとするという答申が出されていた。(**注2** 木田 前掲書 第四次新訂版 P657·664) これらは、いずれも財政規模や人事組織の面で、小規模な町村に教育委員会の設置を義務づけることは無理があるとういう考え方によるものであった。

§ 第2 地方分権改革に伴う首長たちの教育委員会批判

第一次地方分権改革において機関委任事務の廃止など首長・行政委員会と各省大臣の法制度上の関係を対等な関係に改める改革の中で、教育委員会の必置規制をはずすべきではないかとの議論がなされている。地方制度調査会は平成17年(2005年)12月答申で自治体レベルの行政委員会について、「社会経済状況が大きく変化している中で、制度創設時と同様の必要性がすべての機関について存続しているとはいえない」として教育委員会の設置を選択制とすべきことを答申した。全国市長会、全国町村会などからも教育委員会の設置を選択制にすべきだとの要望が平成18年(2006年)6月に首相に出された。規制改革・民間開放推進会議からも教育委員会の必置規制を撤廃し、首長の責任の下で教育行政を行うことを地方自治体の選択にゆだねるべきであるとの意見が出されていた。(**注3** 新藤宗幸 教育委員会 岩波書店 P21～26)

§ 第3 大阪市の橋下市長の教育委員会批判

大阪市の橋下市長は教育委員会の独立性という名目の下で政治が教育行政から極度に遠ざけられておりきわめて問題だとして、市長主導による教育振興基本計画の策定、公募制による校長の任用、学校協議会による学校の評価と公表、指導力不足の教員の免職などの関係条例を制定させた。橋下氏の考えは首長が教育行政から「疎外」されるのでなく、首長が教育の達成目標を示し、開かれた学校を目指して、人事を含めて首長の方針が教育行政に反映されるよう求めるものであった。

§ 第4 かつて民主党が提出した「地方教育行政の適正な運営の確保に関する法律案」(平成26年(2014年))

この法案の骨子は、教育委員会を廃止し、教育事務は首長に移管することとし、各地方自治体に「教育監査委員会」を設置して、教育の実施状況を評価・監視するものである。また学校ごとに学校理事会を設置し、保護者、校長、教員等で構成し、学校運営の重要事項を協議することとする。さらに関連して県費負担教職員制度を廃止し、公立学校の教員の任命は首長が行うものとし、文部科学大臣・都道府県による市町村への指導・援助・助言を廃止するというものであった。要するに教育委員会制度を廃止して首長がすべての教

育行政を行うこととし、教育監査委員会で事後の監査・評価を行う案であった。

§第5　新藤宗幸氏の教育委員会廃止論

　新藤宗幸氏は現在の教育委員会制度は、民衆統制（レイマンコントロール）を制度化した教育委員会ではあるが、実態は「民衆統制」を「隠れ蓑」とした中央から地方教育委員会にいたる事務局支配だとして、子供たちを主人公とした直接参加民主主義としての学校づくりが大切であるとする。（**注4**　新藤前掲書　P186以下）　そのための組織として首長の下に「学校委員会」をおき、これを自治体における教育行政の「先端」として決定権を持つ組織として、地域レベルにおける教育の共同統治（ガバナンス）のしっかりした仕組みを作ることだとする。現在は、文部科学省を頂点として都道府県教育委員会事務局、市町村教育委員会事務局にいたるタテの行政系列が強固につくられており、このタテの行政系列を廃止した上で、内閣からの独立性の高い行政委員会としての中央教育委員会をつくりそこでナショナルミニマムとしての教育内容の骨子を定めることとし、「学校委員会」が首長の下で教育を地域住民の手に取り戻すため「教育アドバイザー会議」などを活用して自分たちのナショナルスタンダードをつくるのだという。

§第6　埼玉県志木市長などの教育委員会廃止論

　教育行政が子供たちの視点を離れ、供給者の理論になっているのではないか。教育委員会制度が形骸化している、構造改革特別区域（特区）で教育委員会の必置規制をはずし、各地域で教育委員会を設置すべきかどうかを決められるようにすべきだとして、教育委員会を設置するなら、しっかりと機能する制度にすべきだと主張した。教育委員会は非常勤の委員による合議制で責任の所在が不明確で、スピード感に欠けるし、文部科学省の指導・助言・援助で細かいところまで口を出すのは問題だと主張。市の負担で全国に先駆けて25人学級を実施し、不登校の子供たちのために臨時教員を派遣するなど市長として教育改革に取り組んだ。（**注5**　穂坂邦夫　教育委員会廃止論）

§第7　教育再生実行会議の第二次提言の制度改革案

　第二次提言では、地方教育行政の権限と責任を明確にし、全国どこでも責任ある体制を築くこととし、首長が議会の同意を得て任免を行う教育長を地方公共団体の教育行政の責任者とする。教育委員会はその性格を改め、行政委員会としての執行機関でなく、地域の教育のあるべき姿や基本方針などについて審議する機関とし、教育長に対し大きな方向性を示すとともに、教育長による教育事務の執行状況に対するチェックを行う機関とする。また、政治的中立の確保のため、特に、教育長が教育の基本方針や教育内容に関わる事項

を決定する際には、教育委員会で審議することとする。

§第8　中央教育審議会の制度改革案Ａ案

　Ａ案は教育委員会を従来の執行機関として位置づけるのでなく、「特別な附属機関」として位置づけ、教育委員会は一歩離れた立場から教育長の事務執行をチェックできるようにして、教育委員会の審議事項を、特に政治的中立性、継続性・安定性の確保、地域住民の意向の反映が必要とされる事項に限定する。首長は「教育についての大綱的な方針」を教育委員会の議を経て策定するとともに、議会の同意を得て教育長を直接任免するものとする。この場合「教育長」は首長の補助機関となる。

　この案は行政委員会であり、執行機関としての教育委員会を廃止し、特別な附属機関として教育委員会を位置づける案である。

　以上述べてきた第1から第8までの見解は、教育委員会の不要論や廃止論、行政委員会・執行機関としての教育委員会を廃止する案であり、これらについて考察してみたい。

　教育委員会の廃止論又は改廃論はいずれも、教育委員会が執行機関である合議制の行政委員会として、その活動が不活発であり、責任の所在が不明確であり、緊急事態に対応できず、首長サイドからは政治的中立性の観点から介入できないため隔靴掻痒の感があり、地域住民の教育に真に責任を負っているとは思えない、また文部科学省や都道府県教育委員会からのタテ系列の指導助言があるため、地域独自の教育政策を打ち出せないでいるといった批判である。特に独任性で地域住民の直接選挙で選ばれた首長にとってみれば、地方行政の一分野である教育行政だけが、なぜ政治的中立の名の下に首長の総合調整の範囲にあるにもかかわらず直接教育行政に関与できず、蚊帳の外に置かれなければならないのかといった不満が渦巻いていたのである。国の行政では文部科学行政は議院内閣制の下で与党の政治家が文部科学大臣を務めることが多く、中央の行政は完全に政治から距離を置いているわけではない。それなのに何故、地方公共団体の教育行政だけが政治的中立性を常に求められるのかという疑問でもある。もちろん国会議員による議院内閣制の下での国政の一部である教育行政と、地方公共団体の首長による地域行政の一部である地方教育行政とは質的にも量的にも大きな違いがあり、政治的中立性が問題とされる可能性は地方行政の方が大きいことは容易に推察できるのであるが、それにしても教育委員会はもっと生き生きと地方の実態を活かし、父母や地域住民の期待に応えて積極的な教育行政を行ってくれないものかと嘆く首長は多いのである。首長たちの教育委員会廃止論の中には、自分は首長の時にこのような特色ある行政を行ってきた、マスコミに次々と独自の教育政策を打ち出し、アイディアにあふれる優秀な首長として努力してきたといった首長個人の自慢話的な発想で教育委員会を批判する意見も多かった。

教育再生実行会議の第二次提言でも指摘しているように、教育委員会の活性化を求める場合に、意欲に満ちた優秀な教育長がいて、様々なアイディアを駆使してすばらしい教育行政を実施していれば従来の制度でも教育委員会の活性化は実現できるのである。しかし全国のすべての市町村の教育委員会の教育長にすべてそれだけの人材を確保することができるのかとなると、やはり制度的な改革が必要であると考えざるを得ない。

（注1）勧告では、市は人口3万人以上であり、全国平均で小学校児童が4,110人以上、中学校生徒1,950人以上で教員数160人を有するので市には教育委員会の設置を義務付けても無理ではないとするが、町村は規模財政能力及び人事組織において千差万別であり教育委員会の設置を一律に義務づけることは無理があるとしている。

（注2）地方制度調査会は昭和28年（1953年）10月16日の答申でも市町村の教育委員会は廃止するものとするとしている。

（注3）全国市長会は平成13年（2001）年2月に「学校教育と地域社会の連携強化に関する意見—分権型教育の推進と教育委員会の役割の見直し」と題する意見を政府に提出している。ここでは地方分権改革の進展を前提として、地域社会の発想が生かされる教育システムをつくるために教育内容や教職員人事に対する首長のリーダーシップの強化を述べるとともに、教育委員会制度の見直しを提起している。

（注4）新藤氏は市民の手による教育の基礎条件として、基礎自治体を第一義的な責任主体とする教育行政制度を創設し、全国的な制度と調和を図るべきだとし、名実ともに地域に密着した行政システムとすべきだとする。

（注5）穂坂元埼玉県志木市長は、教育委員会制度が形骸化しており、文部科学省の指導・助言・援助で細かいところまで口を出すのは問題だとして、市の負担で全国に先駆けて25人学級を実施するなど教育改革に取り組んだとされる。ただし、志木市の独自の教育行政の成果がどのように検証されているのか私には不明である。

第6節　教育委員会廃止論の問題点

教育委員会を行政委員会としての執行機関でなく「特別な附属機関」等として教育長の行政をチェックする役割に限定することとした場合の問題点について考えて見たい。

§ 第1　政治的中立が守られるかどうか

教育委員会は教育長の行った教育行政の事後的なチェック機関となり、教育行政の政治的中立性を確保するための歯止め的な役割を担うに過ぎず、教育長に対する指揮監督権及び指揮監督責任は以前より弱められた形でしか残らない。その意味で、政治的中立性が守られにくくなると考えられる。

§第2 新藤宗幸氏の教育委員会廃止論

　新藤宗幸氏は教育委員会廃止論を提言しているが、その根底に地教行法以後、文部科学省—都道府県教育委員会—市町村教育委員会—学校という形でのタテの行政系列が指導・助言・援助・勧告という形で強固に形作られており、教育長の任命承認制度の廃止や機関委任事務の廃止などの地方分権改革が行われたにもかかわらず、このタテの行政系列こそが問題だとする。その上で新藤氏は教育行政学者が首長のもとの教育行政への批判ないし危惧として教育行政の独立論が強調されているとする。(**注1**　新藤宗幸　教育委員会 P160 など）新藤氏は「教育行政の一般行政からの分離・独立」が教育委員会制度を支える論理となっていったとして、この論理に欠落しているのは自治・分権のあり方や地方政府（自治体）の行政組織についての洞察ではないだろうかと主張している。また、中央教育行政組織を無視した教育委員会論がまかり通っているという。地方教育行政においては政治的中立性が重要だとするが、国の行政においては議院内閣制をとるわが国において、文部科学大臣は与党の国会議員であることがほとんどであり、国の行政は政権与党の政策と無縁ではありえない。仮に以前民主党が提案していた法案のように、文部科学省を廃止して中央教育委員会をその代わりに設置したとしても、中央教育委員会の行う教育行政は政権与党の政策と相反することにはならないであろう。

　新藤氏はタテの行政系列の指導・助言・援助が都道府県教育長協議会などと文部科学省官僚組織との間で緊密な関係が築かれてきており、これこそが問題だとする。都道府県教育長協議会などの教育関係団体が文部科学省官僚機構とのあいだに緊密な関係を築き、「指導・助言・援助」を教育行政の核心におく文部科学省は、特定の政策を立案し強制力を持って地方教育委員会に執行させる権限を持たないので、地教行法の「措置要求」や「大臣の指示」を濫発することは問題があるため、都道府県の教育長たちとの共同作業として政策を立案し、それを教育委員会の責任で実施させることこそ、文部科学省を頂点とした教育行政の特徴であるとする。(**注2**　新藤　前掲書　P154 など）　新藤氏はこの「共同統治ルール」で文部科学省は教育長協議会を有力な「媒介者」として位置づけ、一見ソフトな教育行政を演出しているのだとする。タテの行政系列は上意下達の堅い組織でなく、それゆえに明確な像をつかみにくいのだとする。新藤氏は教育行政学の研究者について平原春好氏や木田宏氏が「教育行政は行政らしからぬ行政」であるとして、指導・助言・援助を中心とした行政であり、天下り的、権力的行政でなく、精神的権威に裏打ちされた、教育現場の必要と要請に即して行われるサービス行政であり、援助行政であるとしている点について、はたして「行政らしからぬ行政」といえるのかと反論している。さらに教育行政の一般行政からの分離・独立の議論が教育委員会制度を支える論理となってきたとする。

また教育行政の「専門性」あるいは「専門家」による閉鎖的な教育行政がつくられていて、「教育の地方分権」、「教育における政治的中立性」を金科玉条として教育委員会制度を守れという議論があるが、タテの行政系列の頂点に位置するのは政権＝文部科学省そのものであり、中央教育行政組織を無視した教育委員会論がまかり通っているとする。新藤氏はその議論の中で、タテの行政系列を批判しており、自治体の「主人公」である住民が、地域社会のありかたを自ら決めることのできる政治・行政システムをつくるべきだとしており、直接参加民主主義としての学校づくりを目指すべきだとする。そして教育委員会に代わる組織として「学校委員会」を自治体における教育行政の「先端」として決定権をもった組織にすべきだと主張する。

　新藤氏の議論で決定的に欠けているのは現実の教育行政の複雑さと教育行政の専門性についての認識の不足であろう。新藤氏が例に挙げている「指導力不足の教員」、「教員の評価システム」、「全国学力テスト」、「国旗・国歌の指導」、「学区の自由化による学校選択制」、「教員人事権を市町村に」といった複雑で困難な問題への対応が一市町村レベルの教育委員会の知識・経験や識見のみで対応できるであろうか。タテの行政系列というが、文部科学省には中央教育審議会はじめ教育分野の専門家の意見をきいて教育政策を検討する審議会や協力者会議が多数あり、日本全体の英知を集めて議論し教育政策の望ましい方向性を検討している。その中には文部科学省の事務次官や局長・課長などの職員だけでなく大学の研究者、都道府県の教育長や課長、指導主事、校長はじめ専門分野の教員などまさに専門家の意見を集約して徹底して議論し結論を出しているのであり、各都道府県レベルでも同じような委員会や検討会議を開いている。その専門性を無視して、地域レベルで学校委員会をつくって「先端」として決定権を持った組織を作るというのは全く不可能ではないだろうか。「学校委員会」に誰をメンバーとして、どのような形で委員を選ぶのかも明らかでない。教育委員会は選挙で選ばれた首長が委員を任命し、議会の同意を得て選任されるが、新藤氏が主張するこの「学校委員会」の委員について、その選任を公正・公平に行うためのシステムがあるのだろうか。現在の市町村レベルでの教育委員ですら、適任者を選ぶのは困難を極めているのに、もっと小さい学校レベルの地域住民の中に本当に適任者がいるのだろうか。また本当に学校委員会が教育内容のスタンダードを決めたり、学校の人事を決定したりできるだけの人材を集められるのか、きわめて疑問である。公平性や公正性をどうやって担保しようというのか。地域の教育行政に失敗した場合、誰が責任をとるのかも不明である。学校委員会が教育委員会制度を廃止するに足る合理的根拠を持つとはとても考えられないのである。

序章　問題意識と課題

§ 第3　執行機関としての教育委員会を廃止して審議会や教育監査委員会とする案について

　地方分権の拡大にともない地方公共団体の首長の権限は拡大されてきている。わが国では国家行政組織は議院内閣制をとっていて、内閣総理大臣は国会の支持がなければ行政権限を行使できないが、地方行政においては長と議会がそれぞれ住民の直接公選によって選ばれる二元代表制をとっている。日本の地方行政においては、執行機関の多元主義がとられており、複数の執行機関に事務を分掌させ、職務上独立してそれぞれの判断と責任によって行政事務を処理させることで、首長への権限の集中を避けるシステムとされている。戦後の地方自治の考え方として、民主主義を推進していくために、首長から独立した行政委員会制度が導入され、複数の委員による民主的な合議制の機関が設けられ、首長への権力の集中を排除し、行政運営の公正妥当を期することとされたのである。(**注3**　高橋寛人　地方分権改革に伴う首長権限拡大と教育委員会の意義　日本教育行政学会研究推進委員会編　P91 など)

　執行機関としての教育委員会を廃止し、審議会的な機関としたり、事後的な教育監査委員会とする考え方については、児童生徒にとって学校教育は一度限りのものであり、仮に地方の教育行政が重大な過ちを犯した場合、取り返しがつかないこととなる危険性があると言わざるを得ない。監査委員会的に事後チェックをして修正すれば、被害は甚大なものにならないといえるだろうか。また、執行機関でなくなれば、たとえば審議会的な役割となれば、審議会では首長の補助機関としての教育長に対して合議制の機関としての教育委員会としての意見を述べても、その意見を採用するかどうかは最終的には首長の補助機関としての教育長が決定すべきこととなり、審議会の意見が採用されない場合が出てこよう。さらに事後チェックとしての教育監査委員会の役割であれば、仮に教育長の判断を覆した場合であっても、学校現場では児童生徒を巻き込んですでに事態は進行しているわけで、後から取り戻せない損害や被害が出てくることがあり得る。一度児童生徒に授業で教えたとすれば、後からあの件は間違っていたから取り消すといっても取り消せない事態が出てくるであろう。

　また、教育委員会が執行機関としての性格を持たないこととすれば、教育委員会が最終的な責任を負わなくてもよいこととなり、首長や首長の補助機関たる教育長の立場が強くなり、結果的に首長の影響力が大きくなってしまう危険性がある。そのことで、政治的中立性が保たれなくなってしまう危険性があると言わざるを得ないのではないか。

(**注1**) 新藤氏は教育の一般行政からの分離・独立論に当初から欠落していたのは、自治・分権の在り方

—67—

や自治体の行政組織についての洞察だとする。新藤氏は教育行政の「専門性」や、あるいは「専門家」による閉鎖的な教育行政がつくられているというが，果たしてそのように断言できるのだろうか。日の丸・君が代の強制による教育の荒廃が進んでいると彼は主張するが、国旗・国歌法が成立したいま、卒業式などにおいて公立学校の教員が国旗の掲揚・国歌の斉唱に学校の職務として協力すべきは当然であろう。職務命令に従わない教職員が懲戒処分となるのは当然であり、このことは教員個人の思想・信条の自由とは全く関係がないのである。学校の行事において国旗を掲揚し、国家を斉唱すべきだと言っているだけで、義務として個人の自宅に国旗を掲げよなどとは、誰も言っていない。国際化の進む中で、他国の国旗・国歌に敬意を払うのは当然であり、自国の国旗・国歌に敬意を払わない人が、他国の国旗・国歌に敬意を払うようになるだろうか。

（注2）新藤氏は都道府県教育長協議会と文部科学省の官僚機構との間に緊密な関係を築き、都道府県の教育長たちとの共同作業として政策を立案し、それを教育委員会の責任で実施させることこそ，文部科学省を頂点とした教育行政の特徴だとして批判する。都道府県教育長協議会をタテの行政系列の核心だとして批判しているが、文部科学省の局長など官僚たちと都道府県の教育長が最近の教育上の諸課題について、形式論だけでなく腹を割って話し合う組織がこの協議会であり、私も担当の地方課長として現場の具体的な悩みや課題について話し合ってきたが、いろんな話し合いは双方にとって有効であったと思う。率直な都道府県側の意見を聴くことができたし、新藤氏の指摘するような「隠れ蓑」のような存在ではないと私は考えている。

（注3）首長は地方公共団体の中で幅広い所掌事務と権限を持っており、仕事量も極めて多い。仮に教育委員会を廃止して、教育委員会の事務もすべて首長が行うこととなれば、多忙すぎて正常な業務執行ができるであろうか。いじめ問題などが起きた場合、第一義的に首長がすぐに対応するには忙しすぎるのではないか。もちろん、現状でも、教育委員会がしっかり対応できていなかったりした場合、首長が指導や指示をすることは必要であるが。

　また学校教育においては真理や真実を教えなければならないが、真理は多数決では決められない。思想・信条を形成する「教育」を政治で決めてはならないであろう。政治家である首長の権限や所掌事務から、「教育」に関する事項が除かれていたことには、それなりの意味があったというべきであろう。

第7節　新しい教育委員会制度の課題

§ 第1　新しい教育委員会制度の概要

　平成27年4月1日から施行された新しい地教行法による教育委員会制度について考察し、その特長及び課題について考えてみたい。文部科学省の初等中等教育局長による改正法の施行通知によれば、大きく変わった点は次の4点である。

○1　新「教育長」について

（1）新教育長の職務及び服務

　今回の改正では、教育委員会を引き続き執行機関としつつ、その代表者である従来の教育委員長と従来の事務の統括者としての教育長を一本化して新「教育長」を置くこととし、迅速な危機管理体制の構築を図るとともに、教育行政の第一義的な責任者を新「教育長」として責任体制を明確化した。教育長は教育委員会の会務を総理し、教育委員会を代表す

る（法13条１項）。新「教育長」は常勤とし、勤務時間および職務上の注意力すべてを職務の遂行のために用い、当該地方公共団体がなすべき責を有する職務にのみ従事しなければならないこととした。

（２）教育長の任命等

　新教育長は教育行政に識見を有するもののうちから議会の同意を得て首長が任命する（**注１**　改正地方教育行政法　新教育委員会制度のポイント　P15）ものであり、特別職の身分を有し、任期は３年である。新「教育長」は執行機関である教育委員会の補助機関でなく教育委員会の構成員であり、代表者である。任期３年とされたのは首長の任期が４年であり、首長の任期中に一回は自ら教育長を任命できることとし、また教育長の権限が大きくなることを踏まえ、教育委員より任期を短くして委員によるチェック機能と議会同意によるチェック機能を強化するとともに、計画性を持って教育行政を実施するためにはある程度の期間が必要であるため任期３年（**注２**　前掲書　P17）とされたのである。教育委員会による教育長への監督権は法律上の規定はないが、教育委員会は引き続き合議体の執行機関であるため、教育長は教育委員会の意思決定に基づき事務をつかさどるとともに教育委員会を代表する立場であるため教育委員会の意思決定に反する事務執行を行うことはできないとされている。教育長は教育委員会の許可を受けなければ兼職・兼業等ができないし、教育長の代理はあらかじめ指名する教育委員が行うこととされている。

○２　教育委員会について

（１）教育委員会の組織等

　教育委員会は教育長及び教育委員をもって組織するものであり、会議は教育長が招集し、会議の議事は過半数で決し、可否同数の場合は教育長の決するところによる。教育長は定数の３分の１以上の委員から会議に付議すべき事案を示して会議の招集を求められた場合、遅滞なく会議を招集しなければならない。また教育長は、教育委員会規則で定めるところにより、教育委員会から委任された事務又は臨時に代理した事務の管理執行状況を教育委員会に報告しなければならない。教育長は会議終了後、遅滞なく議事録を作成し、これを公表するよう努めなければならない。教育長及び委員は、その職務の遂行に当たっては、法１条の２に規定する基本理念及び大綱に則して、かつ、児童生徒の教育を受ける権利の保障に万全を期して教育行政の運営が行われるよう意を用いなければならない。

（２）委員による教育長に対するチェック機能の強化と会議の透明化

　改正後も教育委員会は合議制の執行機関であるため、その意思決定は教育委員会会議により多数決で決せられるものであり、委員の役割は引き続き重要である。委員の側からの教育委員会会議の招集の請求や教育長に委任した事項の執行状況の報告の規定は、委員による教育長の事務執行に対するチェック機能を強化する観点から、設けられたものだとさ

れている。従って、教育長による報告のあり方については、報告の時期や対象となる事項を、委員のチェック機能が発揮できるように適切に定める必要がある。また、会議の透明化を図るため、努力義務であるが、原則として議事録を作成し、ホームページ等を活用して議事録を公表することが求められている。（**注3**　教育長に対する教育委員会の指揮監督権について　前掲書　P30）

（3）自己点検・評価の活用

　教育委員会が、効果的な教育行政の推進を図り、地域住民への説明責任を果たす必要があることから、平成20年度から、教育委員会は毎年、自己点検・評価を行いその結果を議会に提出し、公表することが義務づけられている。また自己点検・評価の客観性を高めるため学識経験者などの知見の活用を図るものとされている。

○3　**大綱の策定について**

（1）首長が定める大綱（教育、学術、文化の振興に関する総合的な大綱）

　地方公共団体の長は、教育基本法第17条第1項に規定する基本的な方針を参酌し、その地域の実情に応じ、当該地方公共団体の教育、学術及び文化の振興に関する総合的な施策の大綱（**注4**　前掲書　P79）を定めるものとした。首長が大綱を定め、又はこれを変更しようとするときはあらかじめ「総合教育会議」において協議するものとし、首長が大綱を定め、又は変更したときは遅滞なく公表しなければならないこととされている。

　大綱の記載事項は、通知によれば、学校の統廃合、学校の耐震化、少人数学級の推進、総合的な放課後対策、幼稚園・保育所・認定こども園を通じた幼児教育・保育の充実等、予算・条例など首長の権限である事項についての目標や根本となる方針が考えられるとしている。また教育基本法第17条第2項に規定する地域の教育振興基本計画が定められている場合、総合教育会議で協議・調整し、この計画をもって大綱に代えることができるとされている。また地教行法第1条の3第4項では、大綱を首長が定めることから、確認的に、首長の大綱の策定権限は、教育委員会の本来の権限である教育委員会の所管に属する事務についてまで首長に管理執行する権限を与えたものではないと規定している。さらに通知では首長と教育委員会が調整して大綱に記載した事項については、双方に大綱の尊重義務がかかるが、首長が教育委員会と調整がついていない事項を記載しても、教育委員会には尊重義務はかからず、教育委員会が判断するべきものだとしている。いずれにしても、大綱の策定に当たっては総合教育会議において、首長と教育委員会が、十分に協議・調整を尽くすことが肝要であるとされている。

○4　**総合教育会議について**

（1）総合教育会議の設置

　総合教育会議は首長が設置（**注5**　前掲書　P55）し、首長と教育委員会により構成さ

れる。会議は首長が招集するが、教育委員会も協議する必要があると思料するときは、招集を求めることができる。総合教育会議においては、①大綱の策定に関する協議、②教育を行うための諸条件の整備その他の地域の実情に応じた教育・学術・文化の振興を図るため重点的に講ずべき施策についての協議、③児童・生徒の生命・身体に現に被害が生じ、又はまさに被害が生ずる恐れがあると見込まれる場合等の緊急の場合に講ずべき措置についての協議、④これらに関する構成員の事務の調整を行うこととしている。

　総合教育会議は、この会議を設置することで教育予算の編成・執行や条例提案など教育行政について重要な権限を持つ首長と教育委員会が十分な意思疎通を図り、地域の教育の課題やあるべき姿を共有して、よりいっそう民意を反映した教育行政の推進を図るものである。会議の位置づけは首長と教育委員会という対等な執行機関同士の協議・調整の場であり、地方自治法上の附属機関にはあたらないとされる。首長と教育委員会は総合教育会議で協議・調整し、合意した方針の下に、それぞれが所管する事務を執行するものである。

　教育委員会が構成員なので、教育委員会は原則として教育長及び全教育委員の出席が基本であるが、緊急の場合等では首長と教育長のみで開くことも不可能ではない。その場合必要に応じ、総合教育会議ではいったん態度を保留して、教育委員会で再度検討して、改めて首長と協議・調整を行うこともあり得るであろう。通知では、「調整」とは教育委員会の権限に関する事務について、予算の編成・執行や条例提案、大学、私立学校、児童福祉、青少年健全育成などの首長の権限に属する事務との調和を図ることを意味し、「協議」とは、調整を要しない場合も含め、自由な意見交換として幅広く行われるものを意味するものだとされている。

（２）会議の運営

　会議は、個人の秘密保持または会議の公正が害される恐れがある場合などを除き、原則公開とし、首長は議事録を作成し、公表する努力義務を負っている。また必要な場合、学識経験者から意見を聴取することができる。具体的な協議題としては、通知で①学校等の施設の整備、教職員の定数等の教育条件整備に関する施策など首長と教育委員会が調整することが必要な事項、②幼稚園・保育所・認定こども園を通じた幼児教育・保育のあり方やその連携、③青少年健全育成と生徒指導の連携、居所不明の児童生徒への対応、福祉部局と連携した総合的な放課後対策、子育て支援など首長と教育委員会の事務の連携が必要な事項などがあげられている。さらに④いじめ問題で児童生徒の自殺などが発生した場合、⑤通学路での交通事故死などで再発防止の必要がある場合、⑥災害の発生で校舎の倒壊などの被害が発生し、防災担当部局と連携する場合、⑦災害発生後、児童生徒が避難先で授業を受ける体制や生活支援体制を構築するなど福祉担当部局と連携する場合などがあげられている。ただし、教育委員会の所管する事項の重要事項のすべてを総合教育会議で協議・

調整するという趣旨ではなく、また、教科書採択、個別の教職員人事等、特に政治的中立性の要請が高い事項は、協議題とすべきではない。協議・調整した結果合意した事項については、首長、教育委員会双方が尊重義務を負う。会議の事務局は首長部局に置くことが原則であろう。また協議の結果や大綱について、民意を代表する議会に対する説明を通じて、住民への説明責任や議会によるチェック機能が果たされることは重要である。

§ 第2　新しい教育委員会制度で教育行政はどう変わるか

新しい教育委員会制度について、地教行法の改正とそれに伴う文部科学省の通知を中心に検討してきたが、制度改正で具体的にどのように変化していくのか、またそれがどんな問題をはらんでいるのか、次の諸点について私なりに検討してみたい。

課題1　教育委員会の役割はどう変わるのか

　　2　首長の影響力がこれまでより強くなりすぎないか

　　3　政治的中立性は守られるか

　　4　教育長の独裁で教育委員会は弱体化するのではないか

　　5　教育委員会の活性化は図られるか

課題1　教育委員会の役割はどう変わるのか

（1）公正な地域住民の民意の反映のために教育委員会は重要な役割を持つ

教育委員会は合議制の執行機関として存続することとなり、その職務権限も変更はないため、地教行法で定められた改正法21条の職務権限の定めに従い、学校その他の教育機関の設置管理、教職員人事、幼児・児童・生徒の就学・入学・転学・退学、学校の教育課程・学習指導・生徒指導、教科書の取り扱い、校地・校舎等の施設・設備の整備、教職員の研修、幼児・児童・生徒の保健・安全・厚生・福利、教育の調査・統計、社会教育、スポーツ、文化財の保護などの法律で定められた事務を、従来通りに自らの判断と責任で決定・執行していくこととされている。首長の影響力が強まることは間違いないが、教育委員会の基本的な機能には変更がなく、レイマンコントロールの機能は大きく変更されたというべきであるが、教育委員会の役割は基本的に維持されたため、公教育の本来的な機能が阻害されるようなことは無いと考えてよいであろう。ただし新教育長の権限は強くなり、教育委員会の新教育長に対するチェック機能は弱体化したと言わざるを得ない。専門家である新教育長の直接的な任免権は首長に移り、教育委員会には新教育長の任免権は無く、新教育長の事務執行の点検・評価を行うのみである。指導監督権は規定されておらず、非常勤のレイマンの教育委員が常勤の専門家である新教育長を指導監督するのは、かなり難しい面

があるであろう。しかも教育長は事務局をしっかりと把握しており、情報量が圧倒的に違うため、事実上、教育委員会会議が教育長の事務執行の追認機関になりかねない危険性がある。その意味では、今後ますます教育委員の研修をきっちり行い、バランス感覚のある教育委員が合議制のメリットを活かして地域住民の様々な意見を反映させながら、教育行政の中立性、安定性、継続性、公平性などに配慮していく必要があるであろう。

（２）緊急事態への迅速な対応ができるようになり、住民への説明責任も果たせる

　これまでの教育委員会は非常勤の教育委員長が責任者であり、いじめ、校内暴力などの発生に対して緊急に責任ある対応ができず、住民や社会から批判されていた。今回の改正で教育委員会のトップに常勤の教育長が座り、教育委員会会議も教育長が招集するため、緊急事態にスピーディーに対応することが可能となった。また選挙で選ばれた首長が総合教育会議を自ら招集して教育長及び教育委員会と協議するため、首長も教育行政に対して自らの考えを示すことができ、住民に対して説明責任を果たすことができることとなった。

　従来は、首長は教育のことは非常勤の委員の集合体である教育委員会にまかせることとしていたため、教育について首長はあまり口を出すべきで無いとの考え方が多かった。しかし、今回の改正で首長は教育長の任命、大綱の策定、総合教育会議での協議・調整を通じて教育行政に関与できることとなり、首長サイドからも教育長、教育委員会に対して影響力を行使しやすくなったのである。また選挙で選ばれた首長が教育行政に関与しやすくなったため、選挙民である地域住民に対して説明責任を果たしやすくなったと言えるであろう。

（３）懸念される教育委員会の弱体化と教育委員会会議の形骸化

　一方で、教育委員会が教育長の任免権を持たず、また新教育長が会議を主宰して教育委員会をまとめると同時に、教育委員会事務局の指揮監督を行うこととなり、従来以上に教育委員会が教育長以下事務局の決定したことを追認するだけの、合議制執行機関としての機能が形骸化してしまう危険性がある。従来は、教育委員会は委員の中から教育長を選出し、教育長の上司として教育長及び教育長をトップとする事務局の職務執行を指揮監督するとともに、教育長は委員会のすべての会議に出席し、教育委員に対して指導助言を与えていた。従来は委員会と教育長をトップとする事務局は指揮監督と指導助言という形で委員会と事務局が相互にチェックし合う形がとられていたが、新教育長が両者のトップとなることで、従来の委員会と事務局のバランスは大きく変わることとなった。今回の法改正で教育長が教育委員会の会務を総理することとなり、委員会は教育長の上司ではなくなったのである。もちろん新教育長は教育委員会の基本的方針を無視して業務を執行することはできないが、新教育長の仕事の仕方によっては、教育委員の意見にあまり耳を傾けず、事務局を指揮監督して教育行政の実務をどんどん進めていくことが不可能ではなくなった

のである。教育委員会会議がこれまで以上に形骸化してしまう可能性があると言わざるを得ない。教育委員が保護者や地域住民の代表として、積極的に教育委員会の議論に参画し、保護者や地域住民の意向を十分聞いて主体的に学習し、権限が強化された首長や新教育長と対等に議論を進めていくことが求められているのである。このためには教育委員の学習の機会を増やし、研修をしっかり実施するとともに、首長や新教育長に対抗できる知性と教養を備えた人材を教育委員に選任していくことが重要となってくるのである。

（４）「教育委員会の活性化」から「教育行政の活性化へ」

　戦後、いつの次代も教育委員会の活性化は地方教育行政の最大の課題であった。いじめや校内暴力、災害の発生などにおいて、教育委員会はつねに迅速な対応と責任ある行政の実施が求められてきた。今回の法改正で、首長による教育長の直接任命と大綱の策定、総合教育会議の主宰により、首長が教育行政に与える影響力は大幅に拡大された。また新教育長が教育委員会の会務を総理し、従来の教育長と教育委員長の職務を併せ持つ常勤の職員となったため、教育行政の意思決定を迅速に進めることが可能となった。そして教育行政を迅速に推進し、住民に対しても説明責任をきっちり果たしていくことが可能となった。

　一方で、教育委員会の弱体化や教育委員会の形骸化が進んでしまう危険性もはらんでいる。

　思うにいままで文部科学省においても教育委員会の活性化は重要な課題であったが、それは教育委員会を活性化させることで、地方公共団体における教育行政を迅速かつ適切に推進していくためのキャッチフレーズであったのである。すなわち、教育委員会の活性化は地域の特色を活かしながら、生き生きとした教育行政が速やかに、適切に行われるための合い言葉であった。会議の議論だけが活性化しても大きな意味はないのであって、その結果としての地方における「教育行政の活性化」がねらいであったというべきであろう。

　その意味では、今回の法改正によって、教育委員会会議の形骸化が進んでしまう危険性はあるが（「教育委員会会議の活性化」はできないかもしれないが）、明らかに「教育行政の活性化」は従来以上に実現できる可能性は高いのである。私は今回の法改正は「教育委員会の活性化」から「教育行政の活性化」に方向性を転換したものだと受け止めている。

課題2　首長の影響力がこれまでより強くなりすぎないか

（１）首長と教育委員会の所掌事務自体は従来と変わらない

　今回の改正でも、首長の職務権限と教育委員会の職務権限自体には大きな変化はない（法第21条及び第22条）。すなわち首長は①大学に関すること、②幼保連携型認定こども園に関すること、③私立学校に関すること、④教育財産の取得・処分、⑤契約の締結、⑥予算の執行が権限であり、教育委員会は①学校その他の教育機関の設置・管理、②教育財産の管理、③教職員の人事、研修、④児童生徒等の就学、入学、退学等、⑤学校の組織編

序章　問題意識と課題

成、教育課程、学習指導、生徒指導など、⑥教科書の取り扱い、⑦校地、校舎の施設整備、⑧児童生徒の保健、安全、厚生・福利、学校給食、環境衛生、⑨社会教育、スポーツ、文化財保護、⑩調査・統計・法人、広報・教育行政相談などである。またスポーツ、文化に関しては条例で首長の所管とすることができることとされている。

（2）しかし、首長は「教育長を直接任命する」、「教育大綱を策定する」、「総合教育会議を主宰する」こととされ、教育行政についての首長の影響力は非常に大きくなった

　教育長の役割も大きくなり、その教育長を首長が直接任命することで、首長は自分の考え方に近い人物を教育長につけることができ、教育行政に首長の影響力が反映されやすくなったことは事実である。従来も教育委員任命の際に、教育長となるべき人物を念頭に置いて教育委員を選任していたであろうが、直接任命できることでより影響力を行使しやすくなったといえる。また、首長が教育大綱を定め、公表することになるため、首長は教育の目標や根本となる方針を自分で策定できることとなった。大綱は教育委員会と協議して定めることとされているが、教育委員会でなく首長が大綱を定めることで、首長は自分の考え方や主張を大綱に反映させやすくなったことは事実であろう。協議の結果調整ができて大綱に記載された事項は首長、教育委員会ともに尊重義務がかかることとなる。調整できなかった事項でも、首長は大綱に記載することはできるので、その部分は教育委員会に尊重義務はかからないが、一般的には、首長が大綱に記載したことで教育委員会にも結果として一定の影響力を持つこととなってしまう事態がありうるのではないか。大綱の策定を通じて首長の考え方や意向が教育行政に反映されやすくなったと言わざるを得ない。教育委員会が反対しても、首長の意向によっては、大綱に首長の所管外の記載や、教育委員会の考え方と異なる事項が盛り込まれることも予想され、事柄によっては首長の側に自制を求めるべき場合も出てくるかもしれない。ただ、教育委員会が本来管理・執行すべき事務の権限を首長に与えるものでないことは、地教行法に規定されており（第1条の3第4項）、教育委員会と調整できなかった事項を首長が大綱に記載しても意味がないとされている。首長が総合教育会議を主宰することで、首長と教育委員会が協議する場が公式に設けられることとなり、首長と教育委員会が意思の疎通を図り、教育行政の課題や教育のあるべき姿を議論することが可能となって、地域の教育の振興にとっては望ましい場面も出てくるであろう。総合教育会議は最終決定権限を持つ機関ではないが、自由な意見交換ができ、協議が整わない場合には首長、教育委員会ともに、それぞれの事項について本来権限を持つ側が最終的な決定を行うこととなる。ただ、調整がつかない場合でも、首長が独断で方針を公表してしまうような事態も予想され、トラブルとなってしまう場合もあり得るであろう。総合教育会議の会議内容は原則として公開すべきこととされており、その意味で首長の側も自制すべき点は自制し、教育委員会の考え方を良く聞いて慎重に行動すべ

—75—

きであろう。

　一方で、従来ともすれば首長の側には、教育のことは教育委員会に任せるべきだとして、教育に関して首長の側が遠慮して、地域の重要な課題であり、予算、条例などで首長の側にも重い責任があったにもかかわらず、直接的な関与を避けてきた実態があった。学力テストの公開問題やいじめ、校内暴力など緊急な対応や判断が必要であったにもかかわらず、対応を教育委員会まかせにしていて、首長の側にも隔靴掻痒の感があり、「教育委員会は何をしているのか」と気をもんでいた首長も少なくない。地域の行政の責任者として速やかな判断を行い、地方公共団体として執るべき措置を実行すべきなのに、教育委員会は非常勤の教育委員の集まりなので、時間がかかり、地域住民の批判を浴びる事態も少なくなかった。この点では、今回の法改正で、教育長の直接任命、教育大綱の策定、総合教育会議の主宰を首長が行うことで、地域の教育問題の解決に向けて強力なリーダーシップを発揮できることとなった。日本の地方自治は「首長主義」とよばれていて、首長に権限が集中していることが特徴だとされているが（注6　教育委員会改革5つのポイント　村上祐介編著　島田圭悟　P91）、こうした状況の中で、首長にさらに教育行政についても大きな影響力が付加されたことは事実である。

　教育長の任命、教育大綱の策定や総合教育会議の主宰について、首長の影響力が強くなりすぎて教育行政が混乱に陥らないようにするためには、手続きのルールを明確にし、会議内容を公開して地域住民の理解を得る機会を増やすとともに、議会のチェック機能が十分働くように制度設計をしていく必要があるであろう。特に権限を持つ首長の側に教育問題についての深い理解と自制の気持ちを大切にする心構えが必要である。長い歴史を持つ教育委員会制度の良い面であった、政治的中立性、継続性、安定性を守るという考え方を引き続き維持できるよう首長の側に理解を求めていく必要がある。

課題3　政治的中立性は守られるか

　今回の改革では、教育行政の「責任の明確化」を図るため、首長に教育長の直接任命、教育大綱の策定、総合教育会議の主宰の権限を与えて、教育行政に首長の影響力を強化することとした。一方でレイマンである非常勤の教育委員の会議体としての教育委員会を合議制の執行機関として残し、教育の政治的中立性や教育行政の継続性・安定性を確保することとした。首長に教育行政の権限を集中させると教育行政の責任の明確化は図られるが、一方で教育の政治的中立性・継続性・安定性は維持されなくなってしまう危険性がある。

　平成26年（2014年）の教育再生実行会議の第二次提言及び平成26年12月の中央教育審議会の答申においても教育行政における「責任の明確化」と「教育の政治的中立性・継続性・安定性の維持」が重要であるとされていた。（注7　村上祐介　教育委員会改革5つのポイント　P58）村上氏も指摘するように、そもそも「責任の明確化」と「教育行政

—76—

の政治的中立性・継続性・安定性」は相矛盾する要素があり、本質的に両立しがたい側面がある。責任を明確化させるためには、選挙で選ばれた首長に権限を集中させ、首長の責任で教育問題の解決を図ることが有益であろうが、一方政治的に選挙で選ばれた政治家は「政治的中立性・継続性・安定性」より自分の主義・主張を行政に反映させようとするため、前任者とは異なった政策や方針を打ち出したがるため、政治的中立性・継続性・安定性は犠牲になってしまうであろう。今回の改正は執行機関としての教育委員会を存続させることで「政治的中立性・継続性・安定性」を図るとともに、「責任の明確化」を図るため新教育長を教育委員会の代表者とし、教育長が教育行政の責任者であることを明確にしたといえる。また教育長を首長の直接任命とし、任期を3年とすることで、首長が在任中1度は教育長を任命できることとし、首長の意向をより速やかに教育行政に反映できるようにした。また首長が教育大綱を策定し、総合教育会議を首長が主宰することで首長の意向がより明確に教育行政に反映できることとして、教育行政に対する首長の権限を強めることとして、より「責任の明確化」を図ることとした。一方で教育長の任期を3年とすることでは、教育行政の「継続性・安定性」は若干の制約を受けることとなったと考える。新しい教育委員会制度は、現実を踏まえた上で「責任の明確化」を図るとともに「政治的中立性・継続性・安定性」を図ることを目指した、相矛盾する要素の両立を図ったしくみとして評価できるのではないかと私は考える。ただし、教育委員会制度は存続したものの、運用によっては首長と教育長の意向を追認するだけの機関になってしまう危険性をはらんでおり、また首長が政治主導を主張して教育現場を混乱させてしまう危険性もあるのではないか。これからは首長選挙が教育行政にも大きな影響を与える可能性があることを住民はしっかり認識していかなければならない。また教育委員会による教育長への指揮監督権限は削除されたこともあり、（ただし一般的監督権は教育委員会にもあるが（注8　大畠菜穂子　戦後日本の教育委員会　P2443以下）、教育長の独走を防止するためには、教育委員一人一人が住民の代表としての意識を高め、教育政策を勉強してしっかりした意見を言えるように、研修の機会を増やすなどの施策を充実させていく必要があるであろう。教育委員会が単なる首長や教育長の施策の追認機関となってしまってはならないことを肝に銘じておくべきである。

課題4　教育長の独裁で教育委員会は弱体化するのではないか

　新教育長の権限は強化され、教育委員会は単なる教育長の行った行政の追認機関になってしまう恐れはないか。教育長は教育委員会の会務を総理する立場であり、従来の教育委員長と教育長が一本化された立場である。従来、教育委員会は教育長及び事務局を指揮監督する立場にあったが、教育長をはじめとする事務局側からも教育委員に指導・助言を与え、両者が協力して地域の教育課題に対して審議し決定してきた。教育委員会制度は地

域住民の代表者として、レイマンである教育委員が、教育行政の専門家である教育長と協力しつつ、また教育委員会事務局は指導主事など教育の専門家を集め、教育委員に指導助言を与えつつ事務局のトップの教育長と一体となって、地域の教育行政に取り組む仕組みであった。これまでは指揮監督と指導・助言という形で委員会と事務局が相互に協力してチェックし合う関係であった。が、新教育長は教育委員会と事務局のトップを兼ねることとなり、委員会と事務局のバランスが変わることとなった。(**注9** 村上 前掲書 P78)

　新しい制度では、教育長は従来の教育長に比べて強力な権限を持ち、しかも教育委員会を代表し教育委員会の会務を総理する立場となった。委員会は新教育長の事務(委任された事務を含む)の管理・執行を点検・評価する立場であるが、非常勤のレイマンである教育委員が、常勤の専門家である新教育長の活動を日常的にチェックすることは難しい面がある。

　また、新教育長は迅速な事務執行が可能となり、常勤の新教育長が教育委員会議を招集し主宰することで、いじめや校内暴力など緊急事態が起きた場合でもスピーディーに対処できることとなった。また首長から直接任命された教育長であるだけに、首長との意思疎通もはかりやすく、教育長が自信を持って教育案件に対処できることとなったと言えよう。

　それだけに一方では教育長の独裁となってしまう危険性をはらんでおり、教育長は事務局のトップであるとともに教育委員会を代表する立場でもあるので、情報量も多く、この新教育長の行政をチェックする立場の教育委員としても積極的に教育政策を勉強し、状況の把握に努め、高い立場から教育行政をチェックできるだけの情報を集め、研修の機会を活用して教育長に対抗できるだけの知識を持たなければならないであろう。教育委員一人一人が地域住民の代表として、教育政策に通じ、住民の意見を述べることができるように、積極的な見識を持たなければならない。正式の教育委員会議だけでなく教育委員協議会などに第三者を呼んで見解を聞いたり、教育委員同士で議論し、見聞を深めていく努力が求められている。教育委員会が弱体化してしまわないためにも、一人一人の教育委員の知識や見聞を深め、地域住民の代表として積極的に地域の教育課題に取り組む意欲と見識を持てるよう、努力していく必要がある。

課題5　教育委員会の活性化は図られるか

　新教育長が教育委員会を代表し、教育行政の責任者となったことから、教育委員会の教育長に対する指揮・監督権の規定は削除された。しかし、局長通知でも述べられているように、教育委員会は引き続き合議体の執行機関であるため、教育長は教育委員会の意思決定に基づき事務をつかさどる立場にあることに変わりはなく、教育委員会の意思決定に反する事務執行を行うことはできない。小川正人氏が述べているように新教育長の地位・権限の由来は教育委員会を根拠とするものであり(**注10** 小川正人 地方教育行政法の

序章　問題意識と課題

改訂と教育ガバナンス　P99など）、小川氏はそのことを「道義的」に確認するだけでなく、それを教育委員会運営のルールとして確立しておくべきだとしている。（注11　小川　同書　P99）

　これからの教育委員会のあり方を考えた場合、教育委員会が生き生きと活動し、住民への説明責任を果たしていくためには、どのような方策が考えられるであろうか。

　第一に教育委員会が教育委員会会議の充実を図り、審議内容や審議の経過の透明性を高め、できるだけ公開して行く必要がある。公開制、透明性を高め、地域住民に対して情報発信を常に行っていくことが重要となる。委員協議会についてもできる限り公開していくことが望ましい。第二に教育委員会が教育長の行った教育行政を追認するだけの会議にならないためには、教育長に委任することのできない事務（第25条第2項）とされる①「教育事務の管理執行の基本的な方針」等について教育委員会会議で審議すべき事項をあらかじめ明らかにしておき、これらの事項については常に教育委員会会議で議論することを定めておくべきであろう。例えば教育予算の編成方針、重点予算事項、新規事業の実施方策、重要事業の見直し策、教育委員会規則の制定・改廃、学校その他の教育機関の設置・廃止、教職員人事の重要事項、点検・評価、首長への意見聴取・意見申出などについて、教育委員会会議で審議し決定していくことを明らかにすべきであろう。第三には地域住民の代表としての立場から、大所高所から地域住民・保護者・教育関係者などの意見を聴く機会を設け、保護者や地域住民との話し合いの機会を拡大し、関係者との意見交換などを通じて、地域の教育課題への理解を広げる努力が必要である。首長や教育長は教育委員の研修を充実させるなど、教育委員の活動をサポートする体制を築いていく必要がある。また、教育委員会事務局には地域住民の教育相談に応じる部門がある。この住民の教育相談があった事例などについて、事務局から定期的に教育委員がヒアリングをすることなどを検討すべきであろう。

　教育委員会会議が地域住民の教育行政に対する要望や意見をきっちりくみ取り、首長や教育長の行っていく教育行政の基本的な方向を誤らせないようにリードしていくことが重要だと考える。

（注1）新教育長は従来の教育委員長と事務局を統括する教育長を一本化した新たな職であり、行政法規に通じ、組織マネジメントに優れる、議会答弁・議会対策も十分でき、予算折衝も十分こなせるとともに、地域住民に対し説明責任が果たせるなどの幅広い資質が求められる上に、教育委員会を代表するにふさわしい志の高さと教養、識見などが求められる。ここでいう「教育行政に関し識見を有する」とは教育委員会事務局の職員や校長などの教職員出身者だけでなく、教育行政を行うにあたり、必要な資質を備えていれば、幅広く該当するものと考えられる。
（注2）地方公共団体に置かれる職の任期は4年が多く、知事・市長村長は4年、副知事・副市長村長も4年、選挙管理委員会、人事委員会、公平委員会、監査委員、公営企業管理者は任期4年である。任期

３年の職としては、公安委員会及び収用委員会があり、労働委員会は２年である。

（注３）新教育長に対する教育委員会の指揮監督権は地教行法に規定されていない。新教育長は執行機関である教育委員会の構成員かつ代表者であるので、教育委員会が指揮監督を行うものではないからであるが、新教育長も合議体である教育委員会の意思決定に基づき事務執行を行う立場であることに変わりはないため、教育委員会の意思決定に反する事務執行を行うことはできないと解されている。

（注４）首長が、教育委員会と協議・調整した上で、調整がついた事項を大綱に記載した場合は、首長及び教育委員会の双方に尊重義務がかかることとなる。この場合、首長も教育委員会も策定した大綱の下、それぞれの事務を管理・執行していくこととなる。他方、尊重義務であり、その方向に向けて努力するということであって、総合教育会議で調整した方向で事務執行を行ってきたが、結果として大綱に定めた目標を達成できなかったとしても尊重義務違反にはならないものである。

（注５）総合教育会議は首長と教育委員会という対等な執行機関同士の協議及び調整の場である。しかし決定機関ではなく、首長の諮問に応じて審議を行う諮問機関（地方自治法上の附属機関）でもない。また総合教育会議については、法律でその設置、構成員等を定めているので、設置について条例や規則を定める必要はないとされている。また会議の運営に必要な事項等も総合教育会議で決めることとしているので特段条例や規則の制定は必要ないものである。

（注６）新しい教育委員会制度では、首長が教育長を直接任命する、首長が総合教育会議を主宰する、首長が大綱を決定することとなったことで、教育委員会に対する首長の影響力が大きくなったものである。日本の地方自治制度は「首長主義」と言われるようにもともと首長に権限が集中しており、このような状況の中で教育についても首長の影響力が強まることで、教育委員会制度が持つ政治的中立性・継続性・安定性の機能が弱まる可能性も否定できないものであろう。これを防ぐためには、同書P95で島田桂悟氏が指摘しているように父母をはじめとする地域住民、教育委員、議会議員、学校運営協議会の委員など教育関係者すべてが首長と教育委員会について幅広くチェックしていく体制を築いていくことが重要である。

（注７）教育再生実行会議の改革案を受けて中央教育審議会で検討が行われた改革案（Ａ案）は教育行政の決定権を首長に一元化する案であり、別案（Ｂ案）は従来通りに近い教育委員会が決定権を持つ案であった。村上祐介氏は改革案は責任の明確化を重視する案で、別案は政治的中立性・継続性・安定性を重視する案であったと分析する。

（注８）新制度においても教育委員会は地方教育行政の執行権を有しており、教育委員会が事務執行の最終的な意思決定者であることに変更はない。事務執行は教育委員会の合議で行われるものであり、執行責任は教育長以外の教育委員も負っている。（参考　大畠氏前掲書　P242～244）

（注９）従来は、教育委員会は教育長・事務局を指揮監督するが、教育長・事務局も教育委員に指導や助言を与え、両者が協力して教育に関する審議・決定を行っていたものである。新しい制度では新教育長が教育委員会と事務局双方のトップになるということで委員会と事務局のバランスが大きく変わることとなった。緊急事態などの場合も常勤の教育長が教育委員会を招集することでスピーディに対処できることとなったのである。

（注10）小川氏は新教育長の地位・権限の淵源は教育委員会を根拠とすることを「道義的」に確認するだけではなく、それを教育委員会運営のルールとして確立しておく必要があるという。教育委員会の教育長に対するチェック機能を強めていくために、委員の側からの教育委員会の招集請求や教育長に委任した事項の執行状況の報告などを教育委員会規則などで明確に規定しておく必要があるとしている。

（注11）小川氏は委任事務について教育長から報告を求め、その内容を教育委員会で議論して問題があるような場合は、必要に応じ事務の執行を是正したり、又は委任を解除することもできるような規定を設けておくべきだとする。

第1章　わが国の地方教育行政制度の変遷

第1節　戦前の地方教育行政制度

　戦前の地方教育行政制度について、「学制百年史」の記述等から概観してみるとおおむね次の通りである。

§ 第1　近代公教育制度の創始

　明治維新によって江戸時代の封建制が廃止され、わが国の近代国家としての発展が始まった。教育についても大改革が行われたが、明治政府が教育改革を実現するために始めた近代学校教育制度は、明治5年の「学制」の発布である。明治4年に廃藩置県が行われ、新政府は全国的に統一した行政を実施出来る体制を築いてきたが、明治4年7月18日、大学を廃止し文部省を設置した。これは明治2年に官制改革が行われ、教育行政を行う機関として「大学校」が置かれ、まもなく「大学」と改称した。この大学を廃止し、新たに教育行政を行う機関として文部省が設置されたのである。文部省には長官として文部卿が置かれ、その職務は全国の教育事務を総括し、大中小学校を管轄することとされた。そして明治4年11月府県改置が行われ、府県には府知事・県令が任命され、廃藩置県が実現したのである。ここで文部省は全国府県の学校を管轄し、教育行政を総括出来ることとなった。文部省は全国民を対象とする教育制度を設けるため、学制取調掛を任命して学制の起草に着手した。（注1　学制百年史　P115）

§ 第2　学制の発布

　明治5年8月、明治政府は学制を公布し、同時に太政官布告第214号で学制の基本理念を明示し「邑（むら）に不学の戸なく家に不学の人なからしめんことを期す」という大きな抱負を明らかにした。学制は第1章から第19章までを「大中小学区の事」として教育行政組織についての定めを置いている。第1章で全国の学政が文部一省に統轄されるべき事を定めている。そして学校制度を実施するための機構として学区制を採用し、全国を八大学区に分け、各大学区に大学校一校を置き、大学区を32中学区に分け、各中学区に中学校1校を置き、1中学区をさらに210小学区に分け、各小学区に小学校1校を置くこととした。

　学区は学校設置の基本区画を意味するだけでなく、教育行政の単位でもあった。

　学制は教育行政を一般地方行政区画とは独立の特別の教育行政区画によって行うことを計画していた。すなわち、大学区には大学本部ごとに督学局を設けて、督学を置き、その大学区内の教育行政を監督することとした。督学は文部省の意向を受けて地方官と協議

—81—

し、大学区内の諸学校を監督し、教則の得失、生徒の進否等を検査し、これを論議改正することができることとした。各中学区には学区取締を 10 人ないし 12 ～ 3 人任命し、各取締は小学区 20 ないし 30 を分担し、これらを統轄指導することとした。学区取締は担当学区内の就学の督励・学校の設立・保護・経費等学事に関する一切の事務を担任する。学制には学校の設立・運営の経費など教育財政関係の事項も規定しており、学校の運営に関する経費は、教育を受ける者がこれを負担することを原則とした。学校の設立・運営に要する経費は、中学校は中学区において、小学校は小学区において責任を負うことを原則とした。各学区は租税・寄付金・積立金・授業料等の「民費」でその運営を図り、不足分を国庫から補助することとした。

しかし、学制と現実の状況には開きがあり、大学区・中学区・小学区は一応全国に置かれたが、督学局は結局地方には設けられず、大学区はほとんど教育行政の機能を果たすことは出来なかった。実情としては府県が地方教育行政の最高単位であって、督学局は文部省内に各大学区合併督学局が置かれ、その後文部省の一局としての督学局となった。学制の実施に当たり、文部省はまず小学校の設立に力を注ぎ、府県もその方針に基づいて小学校の設立に特に努力を傾けたのである。

§ 第3　学制下の地方教育行政機関

学制下における地方教育行政機関は、督学局、地方官（府県知事・県令）及び学区取締であった。学制では一般地方行政組織から独立した地方教育行政機構を構想したが、一般地方行政機関である地方官を督学局と学区取締との中間に教育行政機関として介在させている。府知事・県令は、一般行政事務とともに府県の教育事務をも統理する地方教育行政官庁とされ、学区の設定と就学督励などすべて督学局と協議して行う仕組みになっていた。

府県の制度は明治 4 年の府県官制の制定、同年の県治条令によって一応の制度的基礎が確立し、新たに府県知事・県令が任命されて、一般地方行政は政府直属の地方官を中心に行われていた。督学局の規定が十分実施されなかったため、地方官は制度的にも実質的にも地方教育行政の中核を担うこととなった。

学制はわが国の国民教育制度を確立したことで画期的な意義を持っていたが、一方でその計画は欧米の教育制度を模範として定めたものであって、当時のわが国の国力・民情及び文化の程度から全国的に実施することは困難であった。又財政面でも国庫財政は逼迫しており、とても全国的に画一的な学制を実施することは出来なかったため、全国画一的な学制を改めて教育を地方の管理に委ねるべきだとする意見が多くなってきた。文部省でも省内に委員を設けて改革の検討が始まり、明治 11 年新しい法令案として日本教育令の起草が整えられ、上奏された。

第1章　わが国の地方教育行政制度の変遷

§ 第4　教育令の制定

　学制の基本的考え方は教育行政を一般地方行政の企画・機構から独立した特別の区画・機構によって行うことを目指していたが、この構想は十分実現出来ないままに終わった。明治12年の教育令制定後しばらくの間に、教育行政は一般行政機構の枠組みに一元化されていった。明治5年以降、一般地方行政は、府県＝地方官、大区＝区長、小区＝戸長の制度によって行なわれ、町村は地方行政制度において重要視されていなかったが、その後郡区町村編成法、府県会規則、地方税規則の地方新三法および区町村会法により、地方行政制度は改革され、大区、小区の制度が廃止され、町村が国の行政区画であると同時に地方自治体としての性格をも持つものとして、行政系統上の地位を認められるようになった。

　一般地方行政の区画は、府県があり、府県は市部である区と町村地域である郡に分かれ郡の内に町村がある形となった。

　教育令によって地方教育行政機関としては、地方長官（府知事・県令）及びその補助機関の他、従来の学区取締を廃して新たに学務委員が置かれた。学務委員は「町村内の学校事務を幹理」するため、当該町村の住民の選挙によって選任され、府知事・県令の監督に属し児童の就学、学校の設置・保護等を掌るものとされた。学務委員の数・給与等はそれぞれの町村の判断に任された。この学務委員の制度はアメリカの教育委員の制度を参考にしたものであった。この教育令は、学制下の厳しい督励主義に対する批判から、中央統制を緩め教育を地方の自由に委ねる政策に転換したものであるが、同時に教育行政単位としての学区制を廃止し、一般地方行政事務を行う府県及び市町村に教育行政事務を一元化したものである。おおむね初等教育は区町村に、中等教育は府県にその経営を一任する方針をとったとされている。小学校の設置・維持の主体は区町村であり、公立学校の設置・廃止は府知事・県令の認可が必要であるとされ、その教則は文部卿の認可を要することとした。

　私立学校の設置・廃止及び教則は地方長官に対する届け出制とした。

§ 第5　学務委員について

　学制発布による経験を踏まえ、近代教育制度の基礎を固める方策を立てるため、明治政府はアメリカからダビッド・モルレーを学監として招聘していたが、文部大輔田中不二麻呂はモルレーと協力して中央統轄による画一的な教育を改め教育行政の一部を地方に委任することとした。学制の重要な方策であった学区制を廃止し、府県に学校の運営を任せることとし、督学局学区取締による地方教育の統轄を改め、学務委員を町村住民の選挙によって決定するという進んだ方法も加えたのである。（注2　学制百年史　文部省　P9）こ

—83—

れはアメリカの教育委員会制度を参考にしたもので、部分的とはいえわが国における教育委員会制度の最初の芽生えであったと言えよう。

　この教育令は一般に自由教育令と称され、アメリカの教育行政制度を参考に、学制の画一的な考え方を改め、日本の実情にあわせようとしたものとされる。町村を教育行政の基礎単位とする地方分権主義を基調としており、前述したように学制の督学局、学区取締を廃して、町村住民による直接選挙による学務委員を置くこととしたのである。(**注3**　小笠原正　戦前日本の教育法制の歴史的検討（Ⅰ）　P52　弘前学院大学紀要第16号) 学務委員は公選であり、府知事県令の監督の下に児童の就学の督促、就学義務の猶予・免除、学校の設置保護、教員の任命、教則の編成、学校の経費・予算、授業料など幅広い学校事務を「幹理」する職務権限を持ち、住民の自治を尊重する制度として画期的なものであった。(参考　前述　小笠原正、金子照基「戦前の教育法制　教育法規概説」　P18など) ただし、このような権限を有する独立の機関を町村に置くことは、一般行政事務をつかさどる戸長との関係に問題があり、その後両者の関係を調整するための措置が取られていくこととなった。(参考　学制百年史　P258)

§ 第6　明治13年の改正教育令

　教育令は地方分権を念頭に置いた画期的な法制であったが、地方自治の経験を持たないわが国においては、かえって政府の教育軽視とみられ、児童の就学率の低下、学校建設の中止など初等教育の後退現象が起こり、明治13年の改正教育令では政府の督励なくしては教育の普及は図れないとして、就学規定を強化し、教育行政についても強制的・中央集権的な方策に転換を図ることとされた。そのため地方教育行政における文部卿の権限を強化し、地方長官の教育についての指示・監督権を拡大した。また町村の住民による学務委員の選挙を改めた。すなわち学務委員の公選制は廃止され、区町村会が定員の2～3倍を推薦してそのうちから地方長官が選任することに改められた。また学務委員の数、学務委員薦挙規則は地方長官が起草して文部卿の認可を要することとし、学務委員の中に必ず戸長を加えなければならないこととして学務委員と戸長との関係の調整を図った。

　さらに、文部卿の権限として小学校教則綱領の制定権を付与し、地方長官の制定する就学督責規則、学校等の設置・廃止規則、学務委員薦挙規則、町村立小学校教員俸給額規定などの認可権が付与された。

　教育行政に対する地方長官の権限も強化され、町村の教育行政に対する指示・認可・督励権限が拡大された。すなわち、府知事・県令は新たに、小学校の設置を指令すること、学務委員の数・給料の有無・額を認可し、区町村会の推薦した学務委員を選任することや学務委員の申請に基づき町村立学校教員の任免や町村立学校の教員の俸給を定め文部卿の

認可を受けること、町村立学校の設置・廃止のほか私立学校の設置認可などの権限が認められている。

その後明治18年の教育令の改正では、学務委員の制度が全く廃止され、その職務は戸長が掌理することとなり、以後町村の教育事務は一般行政事務を掌る戸長の権限の中に吸収されることとなった。（後述するように明治23年の小学校令で、教育事務に関する市町村の補助機関として学務委員の制度は復活している。）また戸長は17年以降官選となり、その権限も拡大されてきた。

§第7　戦前における地方自治制度の成立

明治21年の「市制及町村制」、明治23年の「府県制」、「郡制」のそれぞれの法律の制定によって、戦前におけるわが国の地方自治制度は一応確立された。これによって市町村は公法人格を持つ地方自治体として設定され、府県の自治権も拡充された。23年地方官官制も改正され、わが国の戦前の地方行政制度の骨格が形成された。そして23年「地方学事通則」及び「小学校令」が公布され、地方教育行政の制度・組織が規定され、地方団体およびその機関と教育行政事務の関係が規定され、戦前におけるわが国の地方教育行政制度の基本的枠組みが制定された。この地方学事通則および小学校令によって教育が市町村の固有事務でなく、国の事務であることが明確に示され、教育行政に関する文部大臣・地方長官・郡長・市町村長・市町村の権限と責任が具体的に定められた。

地方教育行政は、国の機関である地方長官（北海道庁長官、府県知事）・郡長および一定の場合に国の機関と見なされる市町村長と、他方、府県・郡・市町村などの地方団体およびその機関（知事・郡長・市町村長等）を通じて行われる。主として国の機関である地方長官・郡長および視学その他の補助機関と、国および市町村の機関としての市町村長およびその補助機関としての学務委員によって行われた。

○1　府県・郡の教育行政機構

地方長官は、地方官官制により、内務大臣の指揮監督に属することとされているが、各省の主務については各省大臣の指揮監督を承け法律命令を執行し部内の行政事務を管理することとされている。すなわち教育については教育事務に関する国の機関として、主務大臣である文部大臣の指揮監督を承けて、それぞれの管轄区域内の教育行政を行うこととされた。地方長官の権限としては、明治19年の小学校令では、小学校の設置区域および位置、就学に関する規則、小学校授業料の金額、経常収入支出の方法、資産管理規定、小学校教員の俸給・旅費等を定める権限が規定されていた。23年の小学校令では、市町村の自治の範囲が拡大され、尋常小学校の学校数および位置は、市についてはその市の意見を聞いて府県知事が定め、町村についてはその町村の意見を聞いて郡長が定めて府県知事の許可

—85—

を受けることとされた。市町村立小学校教員の任免は府県知事が行うこととされた。

地方長官の補助機関としては、19年の地方官官制では庁中の事務分掌で第二部に学務課が置かれ、課長は属官を充てるか又は尋常師範学校長の兼任とすることができることとされた。その後、幾度か官制が改正され、府県の教育事務の機構はしばしば変更されたが、各府県には地方（府県）視学および視学官が置かれて、地方長官の指揮を受けて学事視察等の職務を掌った。郡長は、知事の指揮監督を受けてその管轄区域内の教育行政事務に関して、町村長を指揮監督し、郡立学校等については管理者としての職務を行った。郡長の補助機関としては郡視学が置かれた。

○2　府県・郡の視学制度

明治23年の小学校令でははじめて各郡に郡視学を置くことを定めた。郡視学は府県知事の任命で、郡長の指揮命令を受けて郡内の教育事務を監督するものとされた。郡視学の給料その他は郡の負担とされたが、府県知事は郡の申し出により郡視学を置かないこともでき、その場合は府県税で支弁される郡吏員の一人に郡視学の職務を行わせることとされていた。郡視学は当初は身分が官吏ではなかったが、32年の地方官制の改正で官吏とされた。府県については、30年新たに各道庁府県に地方視学が置かれることとされ、地方視学の定員は道庁・東京府など4県では三人、その他の県では二人とされ、全国で百人が配置された。地方視学は、地方長官の指揮を受け、小学校教育に関する学事視察その他学事に関する庶務に従事することとされた。地方視学は身分上官吏であって、その俸給・町費・旅費等の経費は文部省予算で措置され、文部省から必要経費を各府県に配布されるが、任用上の資格要件として所定の教育関係の経歴者であることが求められた。32年の地方官官制で、道庁府県に視学官および視学が置かれることとされた。視学官の職務は上官の指揮を受け学事の視察その他の学事に関する事務を掌ることとされた。

○3　市町村の教育行政機構

地方自治制度の下で市町村の性格が確立するとともに、市町村が国の事務を広範に負担することとされ、教育事務も国の事務であり、その一部が市町村又は市町村長に委任された。小学校の設置・維持、教員の給与等に関する諸経費は市町村の負担とされ、小学校の管理・監督、就学の督責等の事務は国の機関としての市町村長に委任された。また明治23年の小学校令で、教育事務に関する市町村の補助機関として学務委員の制度を復活させた。ここでは、学務委員の公選制はとらず、一般の市町村の委員の選定の方法によることとされた。この学務委員の職務は、国の教育事務について市町村長を補助するものであり、学務委員には小学校の男子教員を加えるものとされたが一般には学校長や町村長経験者など土地の名望家が選ばれた。学務委員は明治12年の教育令で設けられ、18年の教育令で廃止されたが、23年に復活され、終戦後の教育改革で廃止されるまで引き続き存続

第1章　わが国の地方教育行政制度の変遷

した。

○4　地方教育財政と国庫補助

　明治19年の小学校令は義務教育の規定を明確化したが、小学校の経費は主として父母の支弁する授業料と寄附金でまかなうことを原則とした。これで不足する場合、不足分は区町村会の議決により区町村費を補うことが出来ることとした。23年の地方学事通則と小学校令によって、小学校の設置・維持の責任と経費負担の関係が規定された。23年の新しい小学校令では、各市町村が学齢児童を収容できる尋常小学校を市町村費をもって設置する責任を有するものとしたが、一市町村の財政力だけでは小学校を維持する負担に耐えられない場合には、郡長が他の市町村との学校組合を設けさせることとし、また私立の小学校をもって代用小学校とすることが出来ることとした。小学校の校舎、校地、校具、体操場、農業練習場、教員の俸給・旅費等、小学校に関する諸費は当該市町村ないし町村学校組合が負担するものとして、市町村負担の原則を明確にした。財政力の不足する市町村や学校組合に対しては、まず郡費さらに府県費によって補助することを規定した。小学校経費が主として市町村の負担とされたため、市町村の小学校経費は市町村の財政にとって著しい負担となり、国庫補助の要望が強く求められた。明治29年「市長村立小学校教員年功加俸国庫補助法」が提案され成立公布された。明治33年の小学校令では、義務教育年限を4年とし、就学義務規定を整備するとともに、小学校の授業料を原則として廃止した。また明治33年市町村立小学校教育費国庫補助法が成立し公布された。明治40年、小学校令の改正で義務教育年限は6年に延長された。

　大正2年、従来の文部省視学官に代えて、文部省督学官の制度が創られた（勅令第235号）。また、大正7年、市町村義務教育費国庫負担法が制定され、地方団体の教育費負担の軽減のため、市町村立尋常小学校の正教員および準教員の俸給に要する費用の一部を国家が負担することとした。

　昭和16年、従来の小学校令等に代えて国民学校令および施行規則が公布された。

　なお視学制度については、大正12年郡制廃止の結果、郡視学が廃止され、昭和3年北海道に北海道庁視学官、府県に地方視学官が設けられた。

（注1）文部省設置後もしばらくは文部省が全国の教育を統括することは困難であった。実質的には廃藩置県が名実ともに実現された府県改置後であったとされている。
（注2）学務委員の制度はアメリカの教育委員会制度を参考にしたものであったが、このような方策は、世間で当時の自由民権運動などの思想も関連があるとみられ、自由教育令などという批判を受けた。文部卿田中不二麻呂は交替し河野敏鎌が文部卿となり明治13年教育令を改正し府知事、県令の権限が強められ文部省の行政力を強めて中央統轄の方策が進められるようになった。
（注3）明治12年の教育令はアメリカの教育行政制度を参考にして、学制の画一主義を改め、わが国の

—87—

国情に適応した教育制度を再編しようとしたものである。町村を教育行政の基礎単位とした地方分権主義を基調とし、町村住民による直接選挙で学務委員を選ぶ画期的な考え方であった。

第2節　戦前の地方教育行政制度の問題点

　学制百年史を中心に、戦前の教育行政制度を見てきたが、明治維新以来わが国の教育は、一貫して国家主義的色彩が濃厚であった。(**注1**　教育基本法の解説　国立書院　P1)その理由として、同書は、わが国が先進近代国家となるためには富国強兵策をとらなければならなかった必然の結果であるとしている。欧米先進国に追いつき、追い越せという流れは、明治維新後のみならず、戦後も同様であったが、明治以降わが国が急速な発展を遂げた背景には、国家自体の努力と、そのための教育の普及が大きな役割を果たしたといわなければならない。明治4年の廃藩置県は、その後のわが国が中央集権的統一国家を目指す方向性を明確にしたものであったが、明治政府はただちに文部省を設置して中央集権的な色彩の濃いフランスの学制を模範としつつ、アメリカの学校教育制度も一部参考にしながら国民教育の基礎を定めていった。これは国民の封建的・身分的差別を排斥し、教育における四民平等と機会均等を目指す義務教育制度の確立を目指したのである。すなわち明治5年に学制を発布し、「邑に不学の戸なく、家に不学の人なからしめん」として初等教育の普及に力を注いできた。その結果、わが国は近代国家として発展を続けてきたが、一方でこの国家主義的教育制度は大きな弊害ももたらした。戦前の教育制度の問題点を列挙すれば次の通りである。

　第一に大日本帝国憲法と教育勅語の問題がある。明治憲法が天壌無窮、万世一系の国体の本義に基づき皇祖皇宗の遺訓を明徴にするものとして明示されたことは、教育に関して当時すでにあった儒教的道徳思想の尊重や国粋主義思想の普及をさらに助長するものであった。教育勅語は、明治天皇の侍講として儒学を講じ、忠孝・仁義などの儒教道徳を鼓吹した元田永孚と、明治憲法の制定に活躍した井上毅などが中心になって起草し、明治23年に発布されたものである。教育勅語は明治天皇によって教え訓された人倫の大本、不変の真理として、教育の基本と考えられ、尊重されてきたのである。この教育勅語の精神は、いうまでもなく、統治権を総攬する天皇の神聖不可侵性や祭政一致を建前とする明治憲法の天皇制の基本思想と密接不可分の関係にあった。(**注2**　芦部信喜　教育判例百選　教育勅語の意義と日本国憲法下における効力)教育勅語の内容とするところは、儒教的道徳思想・国粋主義思想と、近代国家主義思想との混淆であるといわれ、忠孝の道、天皇制と封建的家族制度を根幹とする国民教育の目的と方針を示したものであり（有倉・教育基本法）、わが国教育の根拠として重大な意義を持ち、長くわが国の教育を支配し続け

てきた。教育勅語は一般の勅令と異なり特別な勅語とされ、国務大臣の副書はされず、軍人勅諭と同じく直接天皇が国民に下賜するという形をとっている。教育勅語は、明治憲法下における天皇の地位と相まって、各学校令以下においてその趣旨を奉戴すべきことが規定され、また式日等には各学校で奉読され、わが国教育の根源として重大な意義を持ち、長くわが国の教育を支配し続けてきたのである。明治憲法下においては、教育も教育行政も、その目的・方針・運用等すべてこれによったものであり、教育及び教育行政における基本原則は、教育の国家独占主義、勅令主義、天皇絶対主義、一般行政従属主義、中央集権主義等であったとされ、そこに企図されたものは究極において、忠良な臣民の養成以外の何ものでもなかったとされる。（参考　有倉・教育基本法）

　第二の問題は教育の中央集権主義である。「教育は国の事務」とされ、教育行政は著しく中央集権化され、強度の官僚統制が行われ、教育の自主性が尊重されることなく、地方の実情に即した教育は行われなかった。

　「教育法規の勅令主義」の原則により、教育制度に関する基本的事項のほとんどを、法律の形式で定めず、勅令以下の命令（法規命令）で定める方式をとっていた。教育に関する重要事項は、帝国議会の審議を必要としない、天皇または国の統治機関によって勅令などの命令で定められ、それが法規としての効力を持っていた。（**注3**　平原春好　戦前日本の教育行政における命令主義について）明治23年の小学校令の全面改正は、教育法規を法律で定めることについて枢密院において強い異議が唱えられ、結局は勅令として公布されたという経緯がある。教育規定の命令主義は、国家主義的立場からする教育の重要性の認識、人間形成における教育作用の重要性の認識に基づき、教育に関する決定権を当時の官僚が手にしたものだとされている。（**注4**　平原春好　前述の論文）

　第三に教育内容の国定化と国定教科書の問題がある。明治23年の小学校令では、28条で「小学校教則及小学校編成ニ関スル規程ハ文部大臣之ヲ定ム」とされ、小学校の教育課程は文部大臣が定めることとされ、教育内容の国定化が決定された。また教科書を国定教科書にすべきだとの世論が盛り上がり、明治36年、小学校令が改正され、小学校の教科書は国定教科書を用いることとされた。教育内容及び教科書が国定化されることで、国家主義的な教育が学校教育において行われることとなった。わが国には、明治維新以前から、各藩の藩校やまちの寺子屋などで論語をはじめとして孔子や孟子などの教えが幅広く教えられてきた伝統があり、そこでは教師を尊び、親や年長者を敬い、主君の命令は絶対だとする封建思想や教師・親・年長者を尊敬しその命令・指示に従順に従うことが絶対だとする考え方が脈々として教え込まれてきた。そのような伝統の中で、教育勅語が天皇のお言葉として拳々服膺され、教師や政府を批判したりお上の方針に背いたり、反抗することは人倫の道にもとることとして、社会的に糾弾されるべきこととされてきた長い歴史、風土

があった。このことは、わが国が近代化以前においても社会的に安定しており、人々が礼儀正しく、約束を守り、お上を大切に思い、親や兄弟を大切にし、和をと尊び、仲間との協調を重視するいわゆる日本的な風土や環境の醸成に大きく貢献してきたと言えよう。その一方で政府の方針やお上の意向に逆らわない、批判的精神を持ち合わせてこなかった日本的な環境があったのである。教育内容の国定と教科書の国定化は、健全な批判精神を育てられず、戦前の日本が戦争反対の意見を表明できずに全体主義、軍国主義のもとで、太平洋戦争に突入してしまうという重大な過ちを犯してしまうことにつながったのではないか。

　第四に、軍国主義・全体主義思想の問題がある。国家を唯一の価値の標準とし、国家を超える普遍的政治道徳を無視する教育が行われた結果、自国の運命を第一義的に考え、国際間の紛争を武力を持って解決しようとする武力崇拝の思想が教育の中に進入してきた（**注5**　国立書院　前掲書　P2）とされる。満州事変以降、教育はますます軍国主義および極端な国家主義的傾向を帯びるようになり、このような教育が結局、わが国をして世界を相手とする戦争にまで追い込み、第二次世界大戦の敗戦を招くに至った有力な一因をなしたものと言わざるを得ないとされる。

　伊藤和衛氏は明治期のわが国の公教育制度は、その当初から、天皇制国家の下での国家的制度として、国家権力の手によって直接的かつ強行的に、全国的な規模で形成されるという過程をたどった。このためそれは、天皇制国家における中央行政権力の直接的で強力な統制の下に組織され、すぐれて国家主義的な公教育として形成されたとする。（参考　公教育の行政　伊藤和衛編著　P28・29　教育開発研究所）

（**注1**）同書は戦前の教育について一貫して国家主義的傾向が濃厚であったとし、その理由を、第一に教育制度および教育行政は著しく中央集権化され、強度の官僚統制の下に立ち、そのため教育の自主性が尊重されず、また学問研究の自由が不当に束縛される傾きがあった。第二に教育内容の面では画一的、形式的に流れ、児童生徒の自発的精神を養うことができず、個性に応じた教育が困難であった、知育の面でも一方的な知識注入教育が行われ、真の科学的精神の発達を見るに至らなかった。第三に神社神道が国教的な地位を占め、学校教育において真の宗教的情操を養うことができなかった。第四に国家を唯一の価値の標準とし、国家を超える普遍的政治道徳を無視する教育を行った結果、自国の運命を第一義的に考え国際間の紛争を武力をもって解決しようとする武力崇拝の思想が教育の中に侵入してきたとしている。

（**注2**）教育勅語は明治天皇の侍講として儒学を講じた元田永孚と明治憲法の制定に活躍した井上毅などが中心になって起草し、明治23年に発布された天皇の聖旨として臣民たるものは常に心に銘記して遵守することが要求された勅語である。教育勅語は内容的には天皇制国家イデオロギーとしての「国体」観念を教育理念と一体のものとして構成した上で、形式的には、天皇の宗教的教育理念を同時に国家的な教育理念として押しつけることによって、公教育制度を天皇制国家の強力な政治的支柱たらしめようとするものであった（伊藤和衛　前掲書　P29）

—90—

（注3、注4）平原春好氏は「戦前日本の教育行政における命令主義について」次のように述べている。戦前の教育制度がわが国が無批判に軍国主義・全体主義に走ってしまったことの一因であるとすれば、戦前の地方教育行政制度も中央集権で官僚主義であり、地方の自主性より全国的な統一を重視する中央集権的な地方教育行政制度であったと言わざるを得ない。特に教育事務は国の事務であり、国の機関である地方長官（府県知事・県令）やその補助機関である学務委員は、主務大臣である文部大臣の指揮監督を受けて、それぞれの管轄区域内の教育行政を行うものであり、学務委員は教育事務に関する補助機関として市町村長を補助する立場であった。学務委員には一般には学校長や町村長などの経験者や土地の名望家が選ばれたとされている。戦前においても市町村制、府県制、郡制など一応の地方自治制度は確立されていたが、教育行政については極めて中央集権的な色合いが濃かったと言わざるを得ない。もっとも、明治5年の学制は近代的学校教育の創設を目指したものであったが、あまりにも中央集権的すぎて、地方の実情にそぐわず、当時の国家財政や国民の文化的・経済的水準から適切でない面があったため、これに変わって明治12年に教育令が公布された。この教育令は自由主義的な側面も持っていて、アメリカにおける教育行政の地方分権主義的な傾向を取り入れて、全国を八大学区に区分するという考え方を改めて、小学校の設置を町村として、ある程度経営方針の自由を認める方向性を示していた。しかしまだまだ学校教育制度は未成熟であり、国民の教育意識も未発達であったため、学校数や就学率も伸びず、直ちに翌明治13年には改正教育令が出され、より政府の規制を強化し中央集権を徹底する方向性が打ち出された。

（注5）満州事変以降、教育は軍国主義および極端な国家主義的傾向を帯びるようになり、結果としてわが国が世界を相手にして戦争をする事態を招くこととなり、第二次世界大戦の敗北を招くに至ったものである。

第2章　教育委員会制度の創設（教育委員会法の制定）

第1節　連合国の占領と占領下の日本の教育

§ 第1　日本の教育制度の管理に関する覚書

　第二次世界大戦の敗戦は、1945年8月15日の日本の無条件降伏により、連合国が日本の管理と指導に当たることとされた。ポツダム宣言では、第一に日本から軍国主義と極端な国家主義を除去し、それに代わって平和主義を確立すること、第二に官僚主義と封建思想を一掃し、民主主義の確立とその前提となる基本的人権を確立することを強く求めていた。この平和主義と民主主義の確立は連合国の日本管理の根本方針であった。単に制度の改廃や法令の改廃だけで無く、その元になっていた国民の思想や感情にまで立ち入ってこれを改めさせ、平和主義と民主主義に転換させなければならないとの強い考え方から、連合国は、日本の国民の思想や感情の転換のためには一に「教育」の力にまたなければならないとして、教育改革に本腰を入れて取り組むこととしたのである。連合国は昭和20年10月22日に「日本の教育制度の管理に関する覚書」を発出した。この覚書では教育の根本方針、教職員の粛正、教育の具体的方法の3点が示されている。教育の根本方針として、第一に軍国主義的および極端な国家主義的観念の普及を禁止し、あらゆる軍国主義的な教育と訓練を中止する、第二に代議政治、国際平和、個人の尊厳と集会・言論・信教の自由のような基本的人権と調和するような観念と実践を奨励することが示された。教職員の粛正としては、全ての教育機関の職員を調査し、すべての職業軍人、軍国主義者と極端な国家主義の積極的提唱者、連合国占領の方針に積極的に敵意を有する者を退職させるとともに、自由主義的又は反軍的な思想や活動を行ったとの理由で、解職、休職、辞職させられた者を直ちに復職させることを宣言し、もし適当な資格を有するときは、優先的に復職させることとした。また教育の具体的方法についても、いくつかの指示がなされているが①生徒、教師、教育職員は、教育の内容を批判することを奨励され、政治的、市民的、宗教的自由について討議することを許可されるべきこと、②生徒、教師、教育職員と一般公衆も連合軍の占領の目的と方針、代議政治、軍国主義者の演じた役割について知らされること、③現在の学科、教科書、教材などは一時的に許可されるが、軍国主義的な観念の普及を目的とする箇所は削除し、新しい平和的な教科書等によってなるべく速やかに代わらせることを要求した。

§ 第2　米国教育視察団の来日

　連合軍は前述した覚書等の発出で、旧来の教育の弊害を取り除くための措置を実施して

きたが、戦前の教育の弊害を除去するだけで無く、新しい日本を築きあげていくためには
わが国の実情を踏まえながら、専門家の目で見て理想的な教育制度と方針を新たに樹立し
ていく必要がある。そのため連合国最高司令官は米国政府に対し、米国の教育の専門家か
らなる教育使節団の派遣を要請した。昭和21年3月ジョージ・D・ストダート博士を団
長とする27人の著名な学者や教育者からなる米国教育使節団が来日した。使節団は約1ヶ
月滞在し、連合国司令部の民間情報教育部教育課の将校、文部大臣の指名した日本側教育
者委員及び日本の学校および各種職域の代表者とも協議して報告書を作成し連合国最高司
令官に提出した。この報告書の内、教育行政制度に関連する部分は次の通りであった。

・日本の教育の目的および内容高度に中央集権化された教育制度は、かりにそれが極端な
国家主義と軍国主義の網の中に捕えられていないにしても、強固な官僚政治にともなう害
悪を受ける恐れがある。教師各自が画一化されることなく適当な指導の下に、それぞれの
職務を自由に発展させるためには、地方分権化が必要である。かくするとき教師は初めて、
自由な日本国民を作り上げる上に、その役割を果たしうるであろう。

・初等および中等学校の教育行政

　教育の民主化の目的のために、学校管理を現在の如く中央集権的なものよりむしろ地方
分権的なものにすべきであるという原則は、人の認めるところである。学校における勅語
の朗読・御真影の奉拝等の式を挙げることは望ましくない。文部省は本使節団の提案によ
れば、各種の学校に対し技術的援助および専門的な助言を与えるという重要な任務を負う
ことになるが、地方の学校に対するその直接の支配力は大いに減少することであろう。市
町村および都道府県の住民を広く教育行政に参画させ、学校に対する内務省地方官吏の管
理行政を排除するために、市町村および都道府県に一般投票により選出せる教育行政機関
の創設をわれわれは提案する次第である。かかる機関には学校の認可・教員の免許状の附
与・教科書の選定に関し相当の権限が附与されるであろう。現在はかかる権限は全部中央
の文部省ににぎられている。

§ 第3　第二次米国教育使節団

　昭和25年（1950年）8月、第二次教育使節団がウイラード・E・ギヴンス団長の下再
び来日し、第一次使節団の提案した勧告事項の進行と成果を研究した。この報告書では、
教育問題のうち、さらに考究する必要のあるもののみを扱っている。この報告書では教育
行政組織について次のように述べている。

・教育行政組織について

・国―文部省は自由で、独立で、他の機関と統合されてはならない。文部省の力は教育委
員会・教育・学校長・監督官に援助を与えて、独立・創意およびみずからの問題を研究・

解決する能力を発展させることにある。

・都道府県・市町村─現在日本では、市町村が小・中学校および若干の高等学校を維持しており、都道府県がまた若干の高等学校を維持している。このことは管轄の重複と課税区域の重複とをあらわしている。われわれはこれを変更してあらゆる小学校と中学校および高等学校が一つの教育委員会の下に運営されるようになることを勧告する。

・教育区組織の指導原理

教育区は出来るだけ自然の地域社会を中心に設けられなければならない。これは幾つかの村や町や市を包括するであろう。新学制ならびに豊富にして包括的な教育計画に必要な施設を備え、機能を果たすために人口と税源とを有する十分な広さの地域を持つことが重要である。

・教育委員会の責任

教育委員会の委員は、民衆の自由選択によって党派によらざる投票によって選挙されなければならない。彼らは利己的人物であってはならず、密かに目的を持っている人、また個人的な利害で集まった集団の代表者であってもならない。教育委員会の選挙には高度の社会的伝統を樹立する必要がある。委員会はその政策遂行にあたっては、専門的指導家の協力を得ることが必要である。

・財政的独立

現在日本においては、県会や市町村会が教育委員会の予算要求額を任意に削減している。かかる実状ではやむなく仕事は縮小されたり削減されたりするに至るであろう。われわれは教育委員会が予算に全責任を持ち、市町村会や県会の協賛を経なくても予算執行に必要な徴税を決定する責任を与えられて、財政的に独立することを勧告する。教育を財政的に支持するための平衡交付金は客観的な公式に従って算定され、教育計画を支持するための歳入総額中に組み入れられるべきである。教育は公共の経費中で第一の要求権を持つべきである。

またこの報告では、当時学校の校舎が大幅に不足していたこともあり、義務教育計画の効果を完全に挙げるために校舎建築を促進することを指摘し、教育委員会は建築家を雇い契約を結ぶ権能を持って校舎建築に関し全面的に責任を取ることも指摘している。さらに教員の不足を解消するため、教育委員会が教員の給与を性別・結婚の有無・扶養家族等を考慮せずに資格経験責任に基づいて確立すべきことも勧告している。

§ 第4　教育刷新委員会

米国教育使節団に協力するために設けられた日本側教育家の委員会は、使節団の帰国によってその任務を終了し解散した（学制百年史　P689）。しかし、発足当初から日本の教

—94—

育改革について文部省に建議すべき常置委員会となるべきことが覚書で示されていた。政府においては、米国教育使節団の示した教育改革の方向に沿って、新憲法に示された教育の指導原理を実現するために教育の根本的刷新を断行することとなり、教育に関する重要事項を調査審議するため、昭和21年（1946年）9月「教育刷新委員会」を設置した。この「教育刷新委員会」は、米国教育使節団に協力すべく組織された「日本教育家の委員会」の発展したものと言われている。

教育行政の改革については、田中文部大臣の発案により独自の構想が練られ、文部省内では、昭和21年8月に「教育行政刷新要綱案」がまとめられた。この要綱では全国を9つの学区に分け、学区に学区庁を置き、その長官は学区内の初等教育から大学までの学校教育と社会教育をつかさどることとしている。また学区ごとに学区教育委員会を設置して調査審議を行う機関とした。府県には学区支庁と支庁教育委員会を置いて、学校はそれぞれ設置者たる地方公共団体の管理のもとに置くことが検討されていた（学制百年史P807）。

前述したように、昭和21年9月、教育に関する教育刷新委員会が設置されたが、教育改革の課題は、単に文部省だけの問題ではなく、国政全体の中で検討すべきであるとして内閣総理大臣の所轄に属するものとされ、この委員会は諮問に応ずるだけでなく、自主的に建議をするものとされた（昭和21年勅令373号教育刷新委員会官制）。元文部大臣安倍能成委員長のもと東大総長南原繁氏など約50名の委員で構成されている。この委員会では教育刷新の第一前提として、何よりもまず教育の根本理念を確立すべきであるとして、根本理念及び教育の基本法の問題を研究するため第一特別委員会を設置した。第一特別委員会は教育勅語の問題、教育の根本理念、教育基本法の内容等について慎重な議論を行い、順次総会に報告を行っている。教育の根本理念、教育基本法の内容について第一特別委員会は総会に報告したが、総会でさらに活発な議論が行われ、何度も報告を訂正した上で11月29日第13回総会で採択され、昭和21年12月27日内閣総理大臣あて建議された（第一回建議）。この建議においては、教育基本法の内容などの他「四　教育行政に関すること」が建議されている。

（1）第1回建議　教育行政に関すること（昭和21年12月27日）

　一　教育行政は、左の点に留意して根本的に刷新すること。

1　従来の官僚的画一主義と形式主義との是正

2　教育における公正な民意の尊重

3　教育の自主性の確信と教育行政の地方分権

4　各級学校教育の間及び学校教育と社会教育の間の緊密化

5　教育に関する研究調査の重視

6 教育財政の整備

二 右の方針にもとづき、教育行政は、なるべく一般地方行政より独立し且つ国民の自治よる組織をもって行うこととし、そのために、市町村及び府県に公民の選挙による教育委員会を設けて教育に関する議決機関となし、教育委員会が教育総長（仮称）を選任してこれを執行の責任者とする制度を定めること。これらの機関は、一般に管内の学校行政及び社会教育を掌り、学校の設置、廃止、管理、教育内容、人事、教育財政等の権限を持つが、一般地方行政、特に地方財政と関係する点も深いから、実施に当たっては円滑な運営を特に考慮すること。一般教育機関に関する事項については、府県単位では狭少にすぎるため、また各府県の間の教育内容、教育財政の不均衡を是正し人事の適正を図るため、数府県を一単位として、地方教育委員会及び地方教育研究所を設ける。地域内の各府県の教育委員会の委員が地方教育委員会委員を選任するものとし、基礎を地方の公民に置き、又地方教育研究所は、現実に即して教育に関する調査研究を行い、その成果を市町村及び府県教育当局に勧奨するものとする。なお中央においても、文部大臣の諮問機関として、中央教育委員会を設け、重要問題の審議に当たるものとする。

三 機関を図示すれば、左の通りである。（図　略）

参考　教育財政

1 教育委員会に対して、その地方の教育費として必要な金額を府県又は市町村の一般財政に計上することを請求する権限を認めること。

2 義務教育の経費は、地方において負担することを適当とするも、地方財政の現状に鑑みて、当分の間その大部分を国庫負担とすること。

3 地方教育委員会に対して、府県の教育費の不均衡を是正する基金を国庫より支出すること。

4 従来地方教育費の増額すべきことを考慮して、地方の財源を養うための適当な租税種目を地方に移譲すること。

5 国及び地方公共団体は、教育の経費に充当するために、基本財産を保有することに努めなければならないこと。

政府はこの建議を受け直ちに制度化のための立法準備を始めた。特に地方自治制度の新しい構想との間において十分調整を進めながら立法化の準備作業が行われたとされる。

文部省内で昭和22年（1947年）初めには第一次法案「地方教育行政法案」が作成された。その内容は、市町村・都道府県・地方の三段階に教育委員会を設置して議会と同等の議決機関とするもので、教育長を執行機関として、地方公共団体において、一般行政機関とは別の教育行政制度を樹立しようとしたものであった（学制百年史　P808）。

（2）　第9回建議　中央教育行政機構に関すること（昭和22年（1947年）12月27日）

　第9回の建議（昭和22年12月）では大学の地方移譲、自治尊重並びに中央教育行政の民主化が議論され、教育を民主化し且つ広く国民文化の向上を図るため中央教育委員会を設けると共に、新たに「文化省（仮称）」を設置し学校教育、社会教育、体育、学術、芸能、宗教その他文化に関する一切の事項を管掌し、現在の文部省はこれに統合するとの案も出されていた。また第12回の建議（昭和23年（1948年）2月）では中央行政機構として学芸省（仮称）の設置構想も建議されている。

　ここでは、従来の文部省は、教育省たるの感が深く科学、技術、芸術その他教育以外の文化の方面は、ともすると閑却される傾きがあったが、我らは先に日本国憲法において民主的で文化的な日本国を建設することを内外に宣言したのであって、これがためには左記事項を根本方針として新たに学芸省（仮称）を設置し、これに伴い文部省を廃止することが必要であるとされた。また学芸省は、（1）科学、技術、芸術、教育その他文化の均整のとれた向上と普及とについて、適切な奨励とあっせんとを行う、（2）所管行政については、できうる限り民意を尊重して、国民の創意と活動を期待し、いやしくも科学、技術、芸術、教育その他文化の実体に干渉を加うることがあってはならない、（3）その所管行政の運営に当たっては厳正公平な独立の立場を保ち、いやしくも、一部の社会的又は政治的勢力によって動かされるようなことがあってはならない、（4）学芸省が文化の向上及び普及のために必要とする経費は、国費の配分に当たっては、優先的に確保すると言う原則を確立することとされた。

（3）第17回建議　教育行政に関すること—教育委員会制度の実施について（昭和23年4月26日）

　第17回建議事項として教育委員会制度の実施についての提言が行われている。わが国の教育刷新の重大要件として、第1回建議で教育委員会制度についての建議がなされているが、その実施についてはこの建議で行うことが適当であるとした。

一　教育委員会は、これを議決権と執行権を持つ行政機関とし、教育の専門家たる教育長（仮称）を選任してその事務を総轄せしめる。

二　教育委員会は、都道府県、市町村、特別区に置くことを原則とするが、現在の一般経済的、財政的状況、地方民主化の実情、六・三制の実施状況等を考慮して漸進的に実施することが必要である。

1　当分の間都道府県、市及び特別区のみに教育委員会を置き、町村には置かないが、従来の学務委員のような方法その他適当な方法で出来るだけ民意の反映に努める。

2　教育委員会の選挙は当分の間、都道府県会議長など議会の同意を得て選任した10人の選考委員で定員の三倍の候補者を選び、これについて一般投票を行う、市区委員会もこ

—97—

れに準ずる。

三・四　委員の数は7〜11人、委員の任期は4年とし2年ごとに半数交替とする。

五　教育委員会の予算編成及び予算執行の権限を確立する。

六　教員の人事については、教員需給の調節、都道府県内の人事交流及び教員俸給の負担関係等から見て、都道府県委員会がその任免権を持つことを必要とする。但し、地方の実情に即するため市区委員会の具申権はこれを認める。（五大市については都道府県に準ずる）

七　委員会の発足に当たって、都道府県及び市区において設置経営すべき学校については、実情に即するよう適当に措置すること。

八　法律が成立しても、その実施までに適当な期間を置いて、十分啓蒙宣伝をなすこと。

（4）第22回建議事項　私立学校法案について（昭和23年8月2日）

　この建議では私立学校法案についてなされているが、公立学校と対比して私立学校に対しても都道府県私学教育委員会を設け、高校以下の私立学校及び各種学校の教育行政を所掌させることとされた。

　私学教育委員会の権限は、私立学校（私立の各種学校を含む）の設置廃止の認可、閉鎖命令、設備授業の変更命令、教科書の検定、教職員免許状の発行、私学教育委員会規則の制定改廃等とされた。

第2節　教育委員会法の制定

　教育刷新委員会の建議を受けて、政府は教育委員会の設置のための教育委員会法案を検討し作成したが、政府案では教育委員会委員の公選について、選考委員会であらかじめ候補者を選び推薦する形式をとっていたが、法案では通常の公選とし、但し立候補のためには選挙人60人以上の者からの推薦を必要とすることとされた。

§ 第1　教育委員会法案は国会を通過する際、幾つかの修正がなされている。

1　設置単位として原案では都道府県、市（特別区を含む）及び人口1万人以上の町村は単独で、一万人以下の町村は一万以上の組合（特別教育区）を作って設置するとされ、昭和23年度（1948年度）には都道府県と市（特別区）のみに設置し、他は25年度（1950年度）までに設置することとされていたが、修正で昭和23年には都道府県と五大市のみ義務設置で、25年度までに全市（特別区）町村に単独設置することとされた。

2　政府原案では現職教員等の教育委員立候補を禁止していたが、修正で当選後の兼職を禁止することとされた。

3　政府原案では、委員は無報酬で実費弁償のみであったが、修正で報酬も支給されることとされた。

4　政府原案では教育委員会は常に教育長の助言と推薦とによって権限を行使することとされていたが、修正で教育委員会はその権限を行う場合に、教育長の助言と推薦を求めることが出来ることとされた。

　第1　教育委員会法の特長

1　第一条で、この法律は、教育が不当な支配に服することなく、国民全体に対し直接に責任を負って行われるべきであるとの自覚のもとに、公正な民意により、地方の実情に即した教育行政を行うために、教育委員会を設け、教育本来の目的を達することを目的とすると謳われた。

2　教育委員は都道府県では7人、地方委員会は5人の委員で構成するとされ、委員は地方公共団体の住民が、公職選挙法の定めるところにより選挙するとし、委員の一人は地方公共団体の議員の内から議会で選挙することとされた。

3　委員は報酬を支給される。ただし給料は支給しない。

4　委員長及び副委員長は委員の選挙できまり、任期は1年。

5　教育長は教育委員会が任命、任期は4年。教育委員会の指揮監督を受け、教育委員会の処理するすべての教育事務をつかさどる。また教育長は、教育委員会の行う全ての教育事務につき、助言し推薦することができる。

6　校長及び教員の任免、給与等の人事その他共通する必要な事項を決定するための、都道府県内の地方委員会と都道府県教育委員会は連合して協議会を設けることが出来、協議会の決議は全員一致による。

7　都道府県委員会の事務局には指導主事を置き、その他の事務職員、技術職員を置く。指導主事は、校長及び教員に助言と指導を与えるが、命令及び監督をしてはならない。

8　教育委員会は毎会計年度、歳入歳出の見積に関する書類を作成し、地方公共団体の予算の総合調整に供するため、長に送付する。長は教育委員会の歳出見積を減額しようとするときはあらかじめ意見を求めなければならず、減額した場合その詳細を予算に附記する。

9　教育委員会は議会の議決案件のうち条例の制定改廃等の教育事務に関するものの原案を長に送付することとし、原案を修正しようとするときは、あらかじめ教育委員会の意見を求めなければならない。

§第2　教育委員会の発足

　教育委員会法は昭和23年7月15日に公布施行された。そして10月には第1回の教育委員の選挙が行われた。短い期間に全国的に教育委員会を設置することは困難を極める作

業であったであろうが、昭和25年11月の第2回教育委員の選挙までの期間に教育委員会制度は着々と整備されてきた。当初から問題とされた主要な点は第一に設置単位、第二に委員の選任方法、第三に首長との関係であった。地方委員会の設置単位の問題は法制定の時から課題とされていたが、現在の課題でもある。①小規模市町村において十分な能力を持った何人もの教育委員にふさわしい人物をどうやって選任するのか、人口規模だけで合理的な基準が設定できるのか、②一部事務組合等で設置した場合、既存の市町村の一般行政運営との調整をどうするのか、非能率化を防ぐ方法をどうするのか等の課題がある。③仮に教育委員会を設置しない市町村を認めた場合、そのような市町村の教育事務をどう処理するのかなど難しい問題である。

§ 第3 教育委員の公選制

委員の選任方法についても直接公選制については、様々な課題がある。教育委員会制度そのものが米国の制度である。教育委員会は開拓時代のアメリカにおいて、自分たちの子供の教育は自分たちで行うと言う精神のもとで形作られてきた制度である。戦後の日本ではアメリカ型の民主主義が導入されたが、それは戦前の教育が天皇中心で、中央集権のもとで全体主義的、軍国主義的なものとなってしまったことへの反省から、徹底した民主主義、地方分権の発想を占領軍が持っていたからに他ならない。社会の全ての分野において多数決による投票を重視する風潮があったのである。戦後わが国では多くの大学で学長を選挙で選ぶシステムが流行していたが、これなども民主主義は何事も構成員の選挙で選ぶのが最も望ましいとする風潮があったからではないか。アメリカの地域社会で永い伝統に支えられてきたスクール・ボードの委員の選任方法が、直ちにわが国の現状に適合できるかどうか、当然議論のあったところであろう。

1 教育委員を公選制とすることについて

公選制はとられたが、当初のねらいとしては、委員の選挙はあくまでも政治選挙ではなく、又利益代表の選出のためでもなかった。教育行政の基本方策において行政官や専門家の独断を排除し、公正な住民の意思を地方教育行政に反映させようとの考え方であり、いわゆるレイマンコントロールの発想があったものと考えられている。(**注1** 木田宏 逐条解説地教行法 第四次新訂 P637) レイマンコントロールの発想は教育委員会制度の根幹に係わる考え方であるが、その理想とするねらいと現実の社会状況との食い違いが問題なのであろう。

第二次教育使節団に対して文部省は昭和25年(1950年)8月に報告書を提出しているが、そこでは「日本の社会の現状は、結果的には直接公選制のねらう公正な民意の反映、市民委員の選出をゆがめているきらいがある」としている。その理由を、当時の文部省は、①

「国民一般が教育委員会制度を理解する程度が低く、関心も薄く、その結果棄権率も相当高く、又、ためにする野心家に利用されやすい」、②「教員組合はその組織力を利用して自己の代表者を委員に選出し、その委員を通じて教育委員会をコントロールしようとする傾向がみられる。」、③「単一選挙区のため、選挙費用がかさみ、金のある野心家か、組織的基盤のある者でなくては当選できない現状である。」としている。（注2　木田宏　前掲書　P637）

§ 第4　教育委員会制度の在り方の再検討

　教育委員会委員の選挙は第1回が昭和23年（1948年）10月に行われ、11月から全国の都道府県・五大市等で教育委員会が発足した。その後昭和25年（1950年）11月の第2回選挙が行われるまで教育委員会はその基礎を築いてきた。昭和27年（1952年）11月1日の地教委全面設置までの2年間、教育委員会は戦後の日本の発展の中で少しずつ運営に習熟し、各地に拡大していった。その一方で教育委員会制度についての再検討の動きが出てきた。昭和25年12月、文部省に教育委員会制度協議会が設置され、教育委員会の設置単位、委員の選任方法、委員会の財政権など自治体における教育委員会の独立的地位の範囲、限界などについてこの協議会で議論がなされてきた。昭和26年10月31日、文部大臣に対し答申が行われた。この委員会では教育委員会制度の改革について当時問題とされた事項について様々な議論が行われたが、その解決策については必ずしも明確な方途を示すに至らなかった。

§ 第5　教育委員会制度協議会の答申（昭和26年（1951年）10月31日）

　文部大臣の諮問に応じ、教育委員会制度について調査審議し、及びこれに関し必要と認める事項を文部大臣に建議することを任務として、教育委員会制度協議会規定（昭和25年（1950年）12月8日文部大臣裁定）により設置された。

　この協議会では教育委員会制度の目的とする教育行政の民主化・地方分権化及びその自主化ないし独立化の理念を重んずる考え方と地方自治行政の総合的、一体的運営の理念を重んずる考え方の2つがあり、それぞれの見解から慎重に検討した。その上で、さしあたり実現可能な限度の改善策を審議決定した。

○1　設置単位の問題

　教育委員会をいかなる地域単位に設置するかは最大の問題の一つであった。すべての個々の市町村にまで、教育委員会の設置を義務づけることは、教育行政の民主化、地方分権化には貢献するが、町村は教育行政の単位としては狭小すぎ、却って行政の非能率化をもたらし、教育そのものの振興さえも阻害することとなる。ある程度の適正規模の単位に

教育委員会を設置すべきではないかとの意見が当初有力であった。しかし、適正規模をどのような観点から決定するかが難しい。学区という教育目的のための地域を特別地方公共団体とすることは地方自治の基盤たる市町村との関係ないし、地方制度の複雑化という点で難色があり、又一律に市町村の一部事務組合とすることは、一部事務組合の本質から見て不可能である。さらに数市町村の共同機関として教育委員会を設けることも技術的に困難である。一定の形態の教育委員会を一律に市町村に必置とすることは、市町村の能力に大きな差異が有る現状では無理だとして、結論は市町村に教育委員会を設置することは任意とすることとされた。結論は①都道府県と五大市には教育委員会の設置を義務づける、②五大市以外の市及び町村には教育委員会の設置を任意とする、③市町村は一部事務組合を設けて、その組合に教育委員会を設置することができる、④教育委員会を置かない地域には、諮問委員会を設置する等の方法で住民の教育に関する意向の反映を図る方法を講ずる、⑤東京都の特別区には教育委員会を設置しないこととした。

○2 事務配分に関する事項

地方自治を拡充強化して国政の民主化を図るために、国、都道府県、市町村の間の事務配分の調整に関して、地方行政調査委員会議の勧告があったが、教育事務の配分の調整に関しては、特に慎重な審議が要請される。教育行政の民主化のために学校教育事務などに関して出来るだけ住民の身辺に事務を移譲すべきとする主張と、教職員の身分安定のために、少なくとも人事及び給与に関する権限は、都道府県の段階に置くべきだとの主張があった。事務配分に関しては、おおむね現行法の建前をはなはだしく変えないこととされた。

結論として①教育委員会を置く市町村（五大市を除く）は学校の設置・廃止・維持・管理、人事、指導および研修、その他の学校教育事務および社会教育事務を行い、ならびにこれに要する経費（市町村立学校職員給与負担法に規定するものを除く）を負担する、②教育委員会を置かない市町村も①と同様の負担をする、③五大市は広域団体としての特殊業務を除き、原則として都道府県と同様の事務を行い、およびこれに要する経費（市町村立学校教職員給与負担法に規定するものを除く）を負担する、④都道府県は、都道府県立学校（大学を除く）に関するいっさいの事務、社会教育事務、教育委員会を置かない市町村の人事・指導および研修の事務、市町村（五大市を除く）の行う学校教育事務と社会教育事務に関する指導・助言および広域団体としての都道府県の特殊事務を行い、ならびにこれに要する経費を負担することとされた。

○3 職務権限に関する事項

教育委員会の職務権限に関する問題は、地方公共団体の長と教育委員会の職務権限の調整を図ることであり、そのどちらに処理させることが効率的で、よりよく教育目的が達成されるかの観点から判断すべきである。結論として①高校以下の私立学校、宗教法人、教

育関係の指定統計等に関する事務は、都道府県教育委員会の行うべき事務とする、②その他の職務権限は現行通りとされた。

○4　組織に関する事項

　規模において差異の著しい地方公共団体に対して一律に同一の組織を求めることは適当でない。結論として都道府県と五大市の教育委員会の委員数は5名または7名、その他の教育委員の数は3名又は5名とし、地方公共団体に選択させることとした。

○5　教育委員の選任方法に関する事項

　教育委員の選任方法に関する事項はゆるがせにできない問題であり、過去2回の選挙の実績についても批判が少なくなく、世論も重視しているところである。現行法による選任方法はいずれにしても改正を必要としているとの意見は大多数の委員から述べられた。現在の公選制は、多額の経費がかかり、立候補者が限られることは避けられず、教育委員会制度の趣旨に適した人を得るためには、議会の同意をえて長が任命する等の方法による方がかえって適当であるとの意見が、かなり強く主張された。

　これに対して、現行制度を改めるとしても、教育委員会制度の本旨が教育行政の不偏不党を堅持し、住民の手にこれを確保することにある以上、公選という原則はあくまでも守られるべきものであって、現行制度の欠陥は、選挙方法を是正し、本制度の徹底をはかることで改善が可能であり、またかく努力することが必要であるとするのが、公選論の趣旨であって、この意見も同様に強く主張された。公選論の改善策としては、人柄のわかった人物を選挙できるという点から小選挙区制を取る案、推薦母体を作って候補者を推薦させ、その候補者について選挙する案等が述べられ、組織力や財力のある人以外は当選できないという点を改める方法として、選挙公営制の徹底をはかる案、委員の資格に一定の制限を加えたり同種の職能や経歴の委員数を限定する案等が述べられた。また、選挙費用の節減をはかりその繁を減ずる上から、現行の半数改選制の方法を改めるという見解があり、さらに本制度の理解徹底をはかり、民意の反映を強くするため、選挙啓発を一段と徹底するとともに、現行の繰り上げ補充制度を改めて合理化するという説も併せて述べられた。

　このように同じく公選制をとる意見にも種々の意見があったが、これらについては、小選挙区制は地域代表に堕する危険性があるとか、推薦母体による候補者の推薦は実際問題として技術的に困難であるとか、選挙公営制の徹底を望むことは、財政的にも技術的にも不可能に近いといった批判があって、多数の賛成を得る案は見いだせなかった。

　これに対して、任命論は、現実の問題として公選制度による方が、政党色が強く浸透して、教育委員会制度の趣旨に即さない、公選を行うことは、財政上の負担が過重であるという論点に立ち、公選の首長が発議し、公選の議会で議員が承認するので、民意の尊重に欠けるところはないと主張する。任命論にも、長の専断を防ぐために、推薦母体から推薦

された者の内から選ぶ案や選択の分野を定める案も出された。一方で任命論に対しては任命権者の専断やその政党色が不可避的に混入する可能性があり、一般的に見て民意の支持が薄い点が難点とされていた。

このように公選論にも、任命論にも、その支持すべき理由が示されたが、同時にいずれも難点があり、最終的にいずれとも決めかねるとして、その他の案として、公選制とするか任命制とするかを、各地方自治体の意思に委ねる案や、委員の半数を任命とし半数を公選とする案や、都道府県を任命制にして市町村を公選制にする案なども出された。

何度も総会を開いていくつもの案を具体的に検討したが具体的な成案を得ることは出来なかった。

そもそも公選論は、理想的立場から住民投票という一線を守ることをあくまでも主張したし、任命論は現実に即してこの住民投票をしないとする説であり、これらを組み合わせて工夫と配慮を重ねても結局この具体案を発見することは困難であった。本協議会としては、特定の意見を提出することを断念し、審議の経過をそのまま述べ、これをもって答申とすることに決定した（昭和26年（1951年）10月31日）。

§ 第6　シャウプ税制使節団の来日と地方行政調査委員会議

昭和24年（1949年）8月、危機に瀕した日本経済を立て直すため、シャウプ税制使節団が来日した。この使節団は日本の税制改革について勧告を行ったが、この勧告は同時に国と地方の行政事務配分及び行政機構の問題についても影響を及ぼすものであった。このシャウプ勧告の線に沿って、国と地方の事務配分及び地方行政機構の合理化を検討するため、昭和24年12月26日、地方行政調査委員会議が設置された。この委員会は昭和25年（1950年）12月に第1次勧告を、26年（1951年）9月第2次勧告を内閣と国会に提出した。

○1　第1次勧告

地方行政調査委員会議は設置法によれば、地方自治を充実強化して国政の民主化を推進するため、地方自治を基底とする市町村、都道府県及び国相互間の事務の配分の調整等に関する計画につき調査立案し、その結果を内閣及び内閣を経由して国会に勧告することを任務としている。

この第一次勧告では、各論で教育行政にふれており、学校教育の部分で、市町村教育委員会を市は必置とし、町村は任意としている。町村は相当規模の組合を設ける等の方法により設置することが望ましいとしている。教育委員会を設置しない町村については、教職員の任免その他の人事、教科内容及びその取扱、教科書の採択等に関する事務は都道府県教育委員会が行うこととし、この場合に町村に人事の内申権を認める等の措置を講じて関係町村の意見を都道府県教育委員会に反映する方途を講ずるとしている。教育委員会が

相当の規模を基礎として設置されるべきは第二次教育使節団の指摘する通りであるとするが、学区を府県及び市町村とは別個の特別地方公共団体として構想することは市町村自治の綜合的統一性を破壊するものとして賛成し得ないとしている。また市には必置とする理由として市は人口3万人以上であり、全国平均で小中学校の児童生徒6,000人以上を有しており教員数も推定で160人以上、その他市としての各種の条件を合わせて考えれば、教育委員会の設置を義務づけても無理ではない。町村は千差万別であり一律に義務づけるのは無理があるとする。しかし教育委員会の目的にかんがみ、市町村を施設面や人事、教科内容の取り扱いなどでも責任の主体たらしめるため相当規模の一部事務組合を設ける等の方法で教育委員会の設置を奨励されるべきとした。他方、教育委員会を設置しない町村のため弱小町村に対する府県の補充的機能として、府県教育委員会が教育事務を執行することとした。この場合、当該町村の公正な民意を反映し、地方の実情に即して教育行政を行うため、町村に人事の内申権を与え、その他教育の運営上の諸問題について府県教育委員会に意見を述べる途を開くものとすべきであるとしている。

○2　第2次勧告

行政事務配分に伴い必要な事項

大都市　教育委員会の委員は、市長が議会の同意を得て選任することに改めること。

府県　教育委員会の委員は知事が議会の同意を得て選任することに改めること。

市、町村の委員会は大都市の例によることとされた。

教育委員会の公選制を廃止し、専任制とした理由

教育の地方分権と教育への不当な支配を防止する目的をもって教育委員会が発足したが、その公選制には最初から問題があった。当会議は、教育委員会の制度そのものの建前を尊重するが、公安委員会の委員、選任と同様に、長が議会の同意を得て選任することが、必ずしも現状よりも非民主的になることはなく、かえって適任者を得ることができるし、又このような選任が教育を不当な支配に委ねる結果を招来するとも考えられないのみならず、2年ごとの選挙が地方財政に与える負担をも除去することが望ましいと考えた次第である。

・地方公共団体においては長と議会のみを住民の直接選挙とし、住民の信頼の上に立つこの2つの機関によって各種の行政委員会の委員の選任が行われることが適所適材を確保し且つ、独善化を防止し、経費のかからない行政を行い得る所以と思考するとしている。

§ 第7　占領下の諸法令の再審査　政令改正諮問委員会

昭和26年（1951年）5月、リッジウエイ連合国軍最高司令官は声明を発し、講和条約が締結され日本が国内問題処理の全権を回復する日に供えて、日本政府が占領下に成立

した諸法令に対して、過去の経験と現在の状態に照らし必要な修正を加えるよう再審査するための委員会を設けることを勧告した。これを受けて、政令改正諮問委員会が設けられたが、この委員会から昭和26年11月「教育制度の改革に関する答申」が内閣総理大臣に提出された。

この答申では、これまでの教育改革の功罪を早急に断定することは妥当ではないが、わが国の国力と国情に適合し、真に教育効果をあげることができるような合理的な制度に改善する必要があるとの基本方針に立って、教育委員会制度についても設置単位、委員の選任方法等について答申を行った。その内容は次の通りである。

1　都道府県に教育委員会を設置し大学以外の公私立学校教育その他の教育行政を担当するものとすること。人口15万人以上の市には別に教育委員会を設置し、学校教育に関する行政を担当する。（備考）それ以外の市町村においても、教育に民意を反映せしめるための機関を設けることを別途考慮すること。

2　教育委員の定数は3名とし、地方公共団体の長が議会の同意を得て任命する。

3　教育委員会の違法な行為に対しては、これを是正するための適当な方法を考え、教育に関し文部大臣が責任を負うことが出来る体制を明確にすること。

4　教育委員会をおく地方公共団体に対しては、標準義務教育費を支弁するに必要な固有財源を与えることを考慮し、それが不可能な地方公共団体に対しては、地方財政平衡交付金によってこれを補填するものとすること。

この中で文部大臣が責任を負うことができるようにすると勧告しているのは、新しい問題点を取り上げたものとして注目に値する。

これらで述べたように、教育委員会制度をめぐっては各種の委員会等で熱心な議論が行なわれてきたが、政府においては、なかなか確信の持てる法改正の具体案を作ることが出来なかった。特に教育委員会法により、昭和27年（1952年）11月1日には全市町村に教育委員会を設置しなければならなかったので、全面設置の期限を1年延ばして昭和28年11月1日まで延長することを考えて、そのための改正法案を国会に提出したが、この法案は国会で審議未了になり廃案となったため、時間切れで昭和27年11月1日に全国全ての市町村で教育委員会が設置されることとなった。

（注1）公選制について、木田逐条解説は当時教育委員会の委員の公選制を主張した向きにおいても、その基調として、委員の選挙はあくまでも政治選挙ではなく、また、利益代表の選出のためでもなく、教育行政の基本政策において行政官や専門家の独断を排し、公正な住民の意思を行政に反映しようといういわゆるレイマンコントロールの考え方があったことは否定できないとする。そして続けてしかし実際行われた教育委員選挙はこのような狙いを実現するものではなかったという。

（注2）昭和25年に文部省が第二次教育使節団に提出した報告書では「日本の社会の現状は、結果的に

は直節公選制のねらう公正な民意の反映、市民委員の進出をゆがめているきらいがある」としている。

第3節　教育委員会の全面設置以後

　昭和27年11月1日から全国全て市町村において教育委員会が設置された。いろんな経緯はあったが、とりもなおさず地教委の全面設置がなされ、戦後教育改革の大きな柱であった教育委員会制度が日本全国津々浦々まで行き渡ったのである。文部省は、現行法の枠内で都道府県教委と市町村教委が十分連携し、教員人事など全県的な教育事務の処理が滞ることのないよう配慮して指導助言を行ってきたが、とりあえず大きな混乱はなく、行政事務の能率低下といった大きな批判は起きなかった。

　一方で地方行財政の立場から教育委員会制度について批判的な立場からの議論が活発化してきた。地方行政の総合的能率的運営を目指す立場からは、教育委員会制度は害があるのではないか、地方財政が窮乏してきたのは教育委員会制度やその運営に欠陥があるからではないか、自治体の行政は全て首長の直接統治下に置くべきで、教育分野だけ教育委員会が独立して行政を行うのは問題だ等の議論が起きている。もちろん教育行政を地方行政から全く独立したものとして、教育委員会が他の機関から干渉を受けることなく独立してその職務を行うべきだという議論も行きすぎであろう。教育委員会を地方行財政制度全般の中でどのように位置づけるかという課題は、教育委員会制度の制定当初から制度上、運営上の課題であったが、これらの問題は地教委の全面設置以来、各方面での議論が盛り上がってきている。

○1　地方自治制度と関連した議論

　前述したように、地方自治制度全般についても再検討の機運が生じてきているが、昭和27年8月地方制度調査会が設置され、同年12月内閣総理大臣から地方制度全般の改正要綱について諮問を受けた。地方制度調査会は昭和28年（1953年）10月16日内閣総理大臣に対して「地方制度の改革に関する答申」を提出した。憲法に規定する地方自治の基本理念に立ちながら、過去6年有余における運営の実際の経験に徴し、且つ独立後の新事態に鑑み必要な検討を行うことと、従来の改革の結果が地方行政の各分野における諸制度相互間に有機的一体性が保たれているとは必ずしも言えない点について検討を加えることとされた。

　この答申では、行政委員会一般について政治的中立性を強く要求されるもの、及び裁定、審査等準司法的機能を有するものを除き、行政委員会は廃止するものとすること。なお専門的知識を必要とするものについては、諮問機関として存置することを妨げないものとすることと述べている。

　教育事務の配分に関する事項では

—107—

（1）市町村の教育委員会は廃止するものとすること。

（2）府県及び五大市の教育委員会は、現行通り存置するものとする。

（3）教育委員会の委員は定数を5人とし、長が議会の同意を得て選任するものとすること。なお、委員会の構成が特定の職歴又は政党所属関係の者に偏することのないように措置するものとすること。

（4）現行法で認められている教育委員会の原案送付の制度は廃止し、他の行政委員会と同様に取り扱うものとすること。

文部省はこの地方制度調査会の答申に対し反対の態度を取った。単に自治制度の簡素化、自治体内の行政の一元化という観点だけから、直ちに制度の本質に触れる改革を行うべきではないとし、教育行政自体の立場から十分考慮すべきだとした。また地教委の全面設置後間もないときであり、その運営状況をも見極めた上で必要な改革を行うべきだと主張した。

○2　中央教育審議会における議論

文部大臣の諮問機関である中央教育審議会は義務教育に関する答申（第1回答申）を昭和28年（1953年）7月25日に行い、教育委員会制度について次のように述べている。

Ⅱ　教育委員会制度

教育委員会は、その設置以来、日がきわめて浅く、その実績の良否については相当議論の余地がある。しかし、この制度は、終戦後の教育の民主的改革の顕著な一要項であり、その意図するところがひたすら教育の中立性と自主性とを樹立するにあるという趣旨を尊重し、できるだけその長所を発揮せしめるよう努めたい。

1　性格

教育委員会の性格は、現行法どおりとする。都道府県および五大市以外の市町村教育委員会については、多少の疑念なしとしないが、現行法による性格をただちに改変する積極的根拠は認められない。

2　設置単位

現行法どおりとする。ただし、町村については、次のような点について検討する必要がある。（1）設置義務の緩和—規模・財政力等の現状にかんがみるとき、弱小町村にまで設置義務を負わせることは無理と考える。（2）上記の場合における町村教育委員会の設置・廃止については、地方公共団体の選択に任せることも一策である。（3）教育委員会不設置の町村の措置—諮問機関のようなものを置くこと。

3　委員の選任方法

教育委員の選任は、現行法どおり公選とする。ただし、選挙の方法については次のような点について検討を要する。（1）都道府県等の大地域においては、選挙区を設定すること。

（2）教職員の立候補については、離職後一定期間の経過を必要とすること。

Ⅲ　教員

1　身分

市町村の義務教育学校の教員の身分は、給与・福利・厚生・配置等の関係も考慮し、都道府県の公務員とすることが望ましい。

このように中教審も第1回の答申で制度の問題なしとしないが、当面その基本的な点は従来どおり維持すべきであるとした。そこで文部省は当面、地方の教育委員会の健全な育成に努め、同時に改革の具体的な方策を検討することとした。

昭和29年（1954年）6月に公職選挙法が一部改正され、教育委員の2年ごとの半数改選の制度を改め、4年ごとに全員を改選する方法に改め、選挙費用の節約を図ることとした。そのため昭和29年10月5日に行われる予定であった委員の選挙は行われず、昭和31年（1956年）10月5日が次の教育委員の選挙日とされた。

一方、地方制度調査会の答申で出された改革案の他の部分は着々と実現され、町村合併促進法の制定、警察法の改正などが次々に実現された。また昭和30年（1955年）、第22回国会に大幅な地方自治法改正案が提出され、これが成立すれば地方制度改革はおおむね実現されることとなった。

第3章　地方教育行政の組織及び運営に関する法律（地教行法）の制定

教育委員会制度の全面改正

　昭和30年（1955年）に入ると、教育委員会制度も地教委の全面設置後3年を迎えることとなり、教育委員会の問題点も出尽くした感があり、様々な議論を経て決着を迫られることとなった。地教委の廃止という主張は依然一部で強く主張されたが、この場合五大市をどうするのか、町村はともかく、少なくとも市には教育委員会を設置すべきではないかとの意見も強く主張された。一方で教育委員会の設置単位の問題は、町村合併が進んだこともあってそんなに大きな問題とならなくなってきた。しかし、委員の選任方法や、一般行政と教育行政の調和の問題は引き続き大きな課題であった。また独立後の新しい課題として文部大臣の地方教育行政への責任の明確化という課題が重要になってきた。都道府県教育委員会と市町村教育委員会との権限の調整、相互協力の関係は依然重要な課題であった。

　このような状況を踏まえつつ、文部省はこれまでの様々な意見を参考にしながら教育委員会制度の改革を進めるべく準備を進めてきた。教育委員会制度の当初の理念は生かしながら、わが国の実態に合致した制度改革案の立案を目指してきた。すなわち、教育委員を任命制とし、教育の政治的中立性と安定の確保、一般行政と教育行政の調和、国・都道府県・市町村が相互に連携し、相提携する教育行政制度の樹立を主な趣旨とする「地方教育行政の組織及び運営に関する法律案」が、昭和31年（1956年）3月6日閣議決定され、3月8日第24回国会に提出された。この法律案に対しては、一部の学者や教職員団体から委員の公選制に固執して強い反対がなされ、国会でも激しい議論が交わされたが、同年6月2日原案通り両院を通過して、同月30日公布された。この法律は一部が即日施行、全面的には昭和31年10月1日から施行され、従来の教育委員会法は廃止された。

第3章　地方教育行政の組織及び運営に関する法律（地教行法）の制定

旧教育委員会法と地方教育行政の組織および運営に関する法律（地教行法）との比較

	教育委員会法	地教行法（制定時）
設置単位	都道府県、市（特別区）町村、町村一部事務組合	都道府県、市（特別区）町村、町村一部事務組合
委員定数	都道府県七人、市町村五人　うち一人は議会選出議員	五人　ただし町村は三人も可
委員の選任方法	公選	当該地方公共団体の長が、議会の同意を得て任命、同一政党所属者の過半数禁止
会議	公開（秘密会も可）	教育委員会の自主的判断による
議決の方法	出席委員の過半数で決する	出席議員の過半数で決し、可否同数の時は、委員長の決するところによる
教育長	任用資格あり、教育委員会が任命	任用資格なし。都道府県・指定都市は文部大臣の承認を得て、教育委員会が任命 市町村の教育長は、委員の中から都道府県教委の承認を得て、教委が任命
事務局	都道府県教委の事務局には、教育の調査及び統計に関する部課並びに教育指導に関する部課を置かねばならない	教育委員会の定めるところによる
権限	教育財産の取得、管理、処分及び教委の所掌事項に関する契約、支出も教委が行う	左記の権限は地方公共団体の長に移行
予算・条令の2本建て制度	あり	なし
小・中学校の校長・教員人事	市町村教委が任命権者	都道府県（指定都市）教委が任命権者 ただし、市町村教委の内申をまって行う
措置要求	なし	あり

　地教行法は昭和31年（1956年）、それまでの教育委員会法に代えて、教育委員会制度の当初の理念は生かしながら、わが国の実態に合致した教育委員会の在り方を追求して生まれた法律であり、そこでは教育の政治的中立と教育行政の安定の確保、一般行政と教育行政との調和、国・都道府県・市町村が連携・協力して望ましい教育行政を推進していくことが出来る体制をつくることを目指した法律である。教育委員会法と地教行法との違いは前表の通りである。

第1節　地教行法に基づく教育委員会制度について

　地教行法に基づく教育委員会制度の根幹は、昭和31年（1956年）の地教行法制定から基本的には平成27年（2015年）の大改正に至るまで維持されてきた。その間、いくつかの大きな変更はあったが、基本的には昭和31年制定の地教行法はその骨格を維持してきている。平成11年（1999年）の地方分権改革に基づく教育長の任命承認制度の廃止や平成13年（2001年）の教育における住民自治の強化、平成16年（2004年）の学校運営協議会の設置、平成19年（2007年）の教育委員会の責任の明確化など数度にわたり教育委

員会制度は一部改正を行ってきた。しかしながらこの間ほぼ60年間、教育委員会制度は基本的にその骨格が維持されてきたと言えよう。一方でこの間、何度も「教育委員会の活性化」が叫ばれ、そのたびに様々な制度改革や通知・通達の発出など微修正が行われてきており、その都度「教育委員会の活性化」の必要性が議論されてきたのである。

昭和31年の地教行法の制定により教育員会制度は次の5つの特色を持つに至った。

§ 第1　地教行法の5つの特色

○1　地方自治の本旨

戦後の新しい憲法の制定によって、地方行政は地方自治の本旨に則って行われるべきことが示され地方教育行政は大きな変革を遂げた。日本国憲法は、地方自治を単に統治上の便宜の観点から設けたのではなく、立憲民主制の維持という観点に立って、その統治構造の不可欠の一部として地方自治制を捉えている（**注1**　佐藤幸治　憲法　新版　P246）とされる。同書によれば、国民は憲法制定権力の担い手として、憲法を通じて、統治権力を中央と地方に分割し、立憲民主主義の観点から、それぞれにふさわしい権力を配分したのだとされる。明治憲法の下でも地方自治はあり得たとされているが、前述したように戦前の地方教育行政は国の教育行政の下請けのように考えられてきた。公立の小学校や中学校、尋常小学校などは地方公共団体の設置する学校であるが、国の営造物であり、教職員は官吏であって国の任命で配置され、その運営は国が地方長官（知事）を通じて管理する体制が取られていた。地方公共団体は学校の設置者であっても、学校施設の物的管理を行うだけであって人的管理すなわち教職員の人事は文部大臣又は地方長官の名前で国が行い、学校運営の監督も文部大臣や地方長官が行っていた。ただし経費の負担は学校の設置者であったから、学校の運営経費や教員の人件費は地方公共団体の負担であり、その意味で地方公共団体は経費の負担団体に過ぎなかった。従って地方教育行政における地方当局の主体性や住民の自治という要素はきわめて限られていたと言わざるを得ない。

戦後、新憲法が制定され、地方行政は地方自治の本旨に則って行われることが定められ、都道府県、市町村の地方行政制度に大きな改革が行われた。都道府県知事も公選で選ばれることとなって国の代行機関としての地方長官の制度は廃止された。国と地方の役割分担も大きく見直され、高等学校以下の諸学校には設置者管理主義が導入され、設置者自体が学校の管理運営に全責任を持ち、施設を維持管理するだけでなく教職員の人事異動や人事管理にも責任を負うこととされた。国は、全国的な見地から法令を定めたり、基準を設定したり、教育課程を定め、教科書の検定を行うなどの学校教育全体の水準の維持向上に努めることとされ、個別の学校に対する行政上の監督を行うのでなく、教育課程の基準や施設整備の基準を定めて、学校教育全体の水準の維持向上を図るための立法を検討したり、

各都道府県、市町村の教育行政当局に対する指導・助言・援助を行うこととされたのである。

　この見地にたって地方自治の本旨に則って教育事務を処理する地方公共団体の責任機関を整備しようとしたのが昭和23年（1948年）の教育委員会法であった。また学校の教員の身分を官吏から地方公務員に切り替え、身分取り扱いのルールを定めたのが昭和24年（1949年）の教育公務員特例法であった。さらに私立学校の設置者を学校法人に限定し、私立学校の自主性と公共性を定め、私学教育の発展を図ろうとしたのが昭和24年の私立学校法であった。

　教育委員会制度の導入は戦後教育改革の大きな柱であり、行政委員会の制度を取り入れたことも注目すべき出来事であった。教育委員会法は都道府県および全ての市町村に教育事務を担当する責任機関として知事、市町村長から独立した機関として置かれた。戦前とは異なり市町村では学校等の教育施設の設置管理について物的管理、人的管理、運営管理の全責任を負う機関とされたのである。しかし一方では教職員の人事や教育活動まで管理者としてその責任を果たせるのかという心配があり、当初は教育委員会の全面設置は昭和27年まで保留され、未設置の市町村については都道府県の教育委員会が従来地方長官の行ってきた職務を担当することとされていた。

　地方自治の理念には、地方公共団体やその当局が主体的に事務処理の責任を負うという「団体自治」の考え方と、住民の民意を行政に反映させるという「住民自治」の考え方があるとされる。(**注2　木田　逐条解説　P40**) 教育は住民の日常生活に関係の深い地域的活動であり、教育行政に住民の意向を取り入れるという考え方は、戦前の制度においても学務委員という形で一部制度化されていた。もともとの教育委員会制度自体がアメリカで始まった際に自分たちの子供の教育は自分たち自身で行うという発想から来ている。学校管理委員会や教育委員会などの形で一定範囲の教育事務に住民が参画するというのはかなり普遍的に見られるところだとされている（**注3　木田　前掲書　P40**）ただ、教育委員会の委員を住民の直接選挙で選ぶという民意の反映方式を取り入れているところは世界的に見てもそんなに多くはない。

　学校その他の教育施設の設置管理を、市町村が学校等の設置者であることから、その管理を物的管理、人的管理、運営管理の全てについて市町村に行わせるという考え方は、設置者、経営者としての市町村にその責任を負わせることであり、学校教育に対する住民の熱意、関心を日常の学校管理に取り入れ、学校の運営に住民の意向を反映させながら、その発展を期する所以であり、そのことが地方自治の本旨にかなうものだとされている。

　ただし、戦前長い間中央集権的な行政の在り方が続いてきた中で、戦後地方自治の考え方が憲法で取り入れられたからといって、すぐさま全ての市町村に完全な自治能力を求めることについては不安視する意見やすぐには困難ではないかとの疑念が強く残っていた。

—113—

また、学校の教育内容など専門的な事項については、市町村に十分な行政能力があるかどうか不安視されていた。一方で日常の身近な問題、学校の諸行事、学校給食、教科書や教材の選択、修学旅行、教材費の負担、生徒指導、職業指導、進路指導など子供達にとって関係の深い事項については住民の希望や意見が数多くあるはずで、このような事項についてこそ住民の意見を大切にすべきであって、地方自治の理念を取り入れるべきだと言えるであろう。

○2　教育の政治的中立と教育行政の安定

地教行法では、教育の政治的中立の原則について様々な規定が置かれている。

旧教育基本法では第8条第1項で「良識ある公民たるに必要な政治的教養は、教育上これを尊重しなければならない」と規定し、第2項で「法律に定める学校は、特定の政党を支持し、又はこれに反対するための政治教育その他政治的活動をしてはならない」と定めていた。学校教育を受ける児童生徒は、その発達段階からして自らの判断力がまだ十分備わった段階でなく、教師などから一方的に政治的な言動や態度を教え込まれると、その方向にたやすく導かれてしまう恐れが多分にあり、旧教育基本法は学校が一党一派に偏したものであってはならないことを宣明している。この原則に則って、昭和29年には義務教育諸学校における教育を党派的勢力の不当な影響又は支配から守るため、義務教育諸学校における教育の政治的中立の確保に関する臨時措置法（中確法）が制定され、またそれと同時に教育を直接担当する校長、教員の政治的中立の保障を十分ならしめるため、教育公務員特例法に公立学校の教育公務員の政治的行為の制限規定が設けられていた（旧21条の3など。現18条　国家公務員の例による）。教育の政治的中立という原則は社会教育においても同様であり、社会教育法の第23条に、公民館に関して、同様の規定がある。

地方公共団体の教育行政を知事又は市町村長部局でなく行政委員会としての教育委員会に担当させることはいかなる理由があってのことなのだろうか。知事や市町村長は選挙で選ばれた地域の代表である。地方自治の原則に則り、市町村に学校等の管理運営について大幅な権限と責任を持たせようとするとき、なぜ独任制の首長部局にまかせず、別途教育委員会を設置したのであろうか。知事や市町村長は選挙で選ばれる首長であるが、政治的中立性を強く求められる教育の分野については、別途合議体の機関を設けることで、首長個々人の独断や恣意的な判断に陥らないようにする必要があると考えられたからであろう。知事や市町村長は選挙で選ばれる必要があるから、そこには政治的団体や政党が絡むことが予想され、どうしても所属する政党や党派の利害が影響してしまう可能性がある。教育の政治的中立を確保するためには、行政委員会としての教育委員会が必要だと考えられたからであろう。

教育行政に、なぜ政治的中立性が必要なのか？国の行政機関である文部科学省には政治

—114—

家である大臣、副大臣、大臣政務官が置かれており、近年とみに政治主導が標榜され、教育行政を含む文部科学行政も政治的中立ではあり得ない。地方教育行政に限ってのみ政治的中立性が強く認められるのは何故か？　国の行政は初等中等教育に限ってみても完全な政治的中立性はあり得ないことであるのに。

　ただ、初等中等教育については、政治的に選ばれた知事や市町村長が自分の政治的信条に基づいて学校教育の教育課程に関与したり、カリキュラムを自分の考えで他の地域と異なったものにしたり、党派的な主張に基づいた教材を使用させたりした場合、自らの判断力が備わっていない児童生徒にとっては困った事態が起きることとなる。やはり全国的な規模で客観的な基準に基づいた学習指導要領や国の教科書検定を通った教科書を使用すべきであろう。こういった観点から教育行政の政治的中立性は維持されるべきだと考える。もちろん、教育基本法第14条で学校は特定の政党を支持し、又は反対するための政治教育その他政治活動をすることは禁止されているところであるが。

　初等中等教育については別途、教育行政の安定性や全国的な教育水準の維持向上、全国的に統一された教育の均質性、平等性、一定の教育水準の維持の要請がある。例えば義務教育は全国的に同一の教育内容や教育水準を求められることがある。北海道と九州とで教育課程の基準が異なっているとか、教科書の水準が違っていた場合、わが国の国民の立場からして認められるだろうか。もっとも、連邦制の国家では、例えばアメリカなどのように州ごとに学校教育の年限や教育課程、学級編成などが異なっているが、あまり異論は無いようである。わが国が、元々中央集権的な教育行政が行われていたからなのか良くわからない面がある。ただし、例えば九州から東京や北海道に父親の仕事の転勤で児童生徒が都道府県を越えて転校することはよくあることで、教育課程や学校の学年の区切りなどが都道府県によって全く違う場合、子供達が困ったり苦労したりすることとなる。そんな不都合を生じさせないために、教科書検定は国家的見地から行われており、学習指導要領も国の基準であって、全ての都道府県でこれに従って教育課程が組まれている。

　本法では、教育委員を任命制にしているが、委員の政党所属については委員会の委員の3人以上（委員の数が3人である町村については2人以上）が同一政党に所属することとならないよう定めており、また委員が政党その他の政治的団体の役員となることや、あるいは積極的に政治運動を行うことを禁止している。

　さらに教育行政の安定を図るため、委員が一度に交代することのないよう配慮しており、毎年一部ずつ委員が交代することとしており、教育行政の継続性、安定性に配慮している。

　これは教育行政が首長の交替などによって一度に変わるような事態を避けるため、教育委員が全員交代するのでなく、毎年一部の委員が交替することとすることで継続性・安定

性に配慮しているのである。

○3　指導行政の重視

　戦前の地方教育行政は、教育は市町村の固有事務でなく、国の事務であるとされ、地方教育行政は、国の機関である地方長官（北海道庁長官・府県知事）・郡長および一定の場合に国の機関と見なされる市町村長と、府県・郡・市町村などの地方団体およびその機関（知事・郡長・市町村長等）を通じて行われていたが、教育については主務大臣である文部大臣の指揮監督を受けて、それぞれの管轄区域内における教育行政を行っていた。すなわち中央集権的な立場から命令・監督を中心とした教育行政が行われていたのである。

　教育は教育者たる教師が児童生徒を指導することで成り立っており、教育作用の本質は被教育者の主体性を尊重し、精神的な営みである教育を行うものであり、その中心は「指導」であって監督や強制ではない。本法は文部大臣と都道府県、市町村の教育委員会との関係を指導・助言・援助という非権力的作用を中心にすることと定めており、地方自治の尊重という立場からも、学校教育や社会教育などの教育事業を行う市町村の主体性を尊重するという立場からも指導、助言、援助を中心にした非権力的な作用を重視したものである。

　また指導主事という専門的立場から学校における教育課程、学習指導その他学校教育に関する専門的事項の指導に関する事務に従事する職を特別に設置することとしている。指導主事は教員をもって充てることが出来ると定め、指導機能の充実を期している。また社会教育法においても社会教育主事および社会教育主事補が専門的職員として教育委員会の事務局に設置され、教育長、指導主事、社会教育主事による学校教育、社会教育の両面から指導を担当する専門的職員を配置することとしている。本法では、文部大臣、都道府県教育委員会、市町村教育委員会の関係についても指導、助言、援助という非権力的作用を中心とすることが規定されている。なお、旧文部省設置法においては第5条で文部省の所掌事務が規定され、第6条で文部省の権限が規定されていた。第6条では、これらの所掌事務の遂行のための権限および法律・命令に基づき文部省に属させられた権限が規定されていたが、文部省はこれらの権限の行使に当たって法律・命令に特段の定めがある場合を除いては、行政上、運営上の監督を行わない旨の規定が置かれていた。これは、教育行政全体に通ずる原理として一般に認められるところと思われる。（注4　教育行政読本　教育開発研究所　P48）

○4　行政の調和と連携

　教育委員会法においては教育委員会に予算見積書の提出権および教育事務に関する条例案の提出権が認められていた。いわゆる予算案、条例案の二本立て制度が認められていたのである。

地方公共団体の長は、教育委員会の予算見積書を減額して予算案を作成する場合や、教育委員会の条例案を修正して議会に提案する場合には、それらの原案と意見を付記して議会に諮らなければならなかった。しかし地教行法では、長に対して、教育委員会の予算や教育委員会に関する議案を長が作成する場合に教育委員会の意見をきくことを義務づけているに過ぎず、地方行政の調和の取れた一体的な推進を図ることを重視している。教育委員会が独立の機関として教育事務の処理を自主的に行うにしても、独立性を強調しすぎると地方公共団体の中で事務の運営に支障が出てくる恐れがある。首長の処理する事務は財政、農林、土木、商工、環境、厚生、福祉など様々であり、教育委員会といえども何らかの形での長の権限との調整が必要であろう。前述した予算・条例の二本立て制度では、はじめから教育委員会が首長と対立的存在であることを前提にしているとも言えなくはない。教育委員会も当該地方公共団体の一つの執行機関なのであって、長の全体的な地方公共団体行政の中で調和の取れた運営を図ることは必要であろう。地教行法の提案に当たって政府は、一般行政と教育行政の調和をすすめ、教育の政治的中立と教育行政の安定を確保し、国、都道府県、市町村一体としての教育行政を樹立するためであるとして、これらの3点を提案理由に挙げている。

○5　教育行政における国、都道府県、市町村の連携の強化

　地教行法では教育行政における国、都道府県、市町村の連携の強化を図るため団体自治の側面からも新たな考え方が取り入れられている。

　（1）文部大臣、都道府県教育委員会は都道府県又は市町村教育委員会に対し教育の事務の適正な処理を図るため、必要な指導、助言又は援助を行うことが出来る（48条）この指導、助言、援助の例としては、学校その他の教育機関の設置、管理、整備、学校の組織編制、教育課程、学習指導、生徒指導、教科書その他の教材の取り扱い、教員の研修などがあげられる

　（2）文部大臣は、地方公共団体の長又は教育委員会の教育に関する事務の管理および執行が法令違反、又は著しく適正を欠き、教育の本来の目的達成を阻害していると認めるときは、違反の是正又は改善のための措置要求ができる（52条）

　（3）文部大臣は、その権限を行使するために、調査を行い、又都道府県教育委員会に対し、必要な調査、統計その他の資料又は報告の提出を求めることが出来る（53条）

　（4）教育長の任命承認　都道府県および政令指定都市の教育長の任命については文部大臣の、市町村の教育長の任命については都道府県教育委員会の承認を得なければならない（16条）

　この都道府県教育長について文部大臣の承認が必要とされた、いわゆる教育長の任命承認制度については、地教行法独特の制度であろう。すなわち地方公務員である教育長につ

いては、本来、任命権者である都道府県教育委員会や市町村の教育委員会が自らの意思で教育長を選任できるはずであるが、教育長という職の職務の重要性に鑑み、かつ文部省、都道府県教育委員会、市町村教育委員会の連絡提携を円滑にするため、教育長の任命についてはわざわざ文部大臣や都道府県教育委員会の承認を必要とする制度が導入されていたのである。（**注5** 木田 逐条解説 第二次新訂版 P140）教育委員会は非常勤の教育委員で組織される合議体であって、大所高所から、教育事務の管理執行に関し、方針を決定する機能を有しており、その方針を具体的に執行するのが教育長の責務であるから、教育長は教育に関し専門的な識見を有するのみでなく、行政的にも練達した人材であって、教育委員会に対し助言を通じて委員会の方針決定を誤らせないような能力を持った者であることが必要だとされている。（**注6** 木田 前掲書 逐条解説）旧教育委員会法では、教育長に適材を得るため教員の免許状を求めたり、教育公務員特例法で学士の称号を持つ等一定の任用資格を定めたりして教育長にふさわしい人材の確保に努めていたが、地教行法制定の際に任用資格を定めるより、幅広く人材を集めるためには、むしろ任用資格を限定するのでなく、文部大臣や都道府県の教育委員会の承認を要することとして教育行政の専門家や一般的な行政能力を持つ者を含めて幅広く教育委員会が総合的に判断して教育長を選任する制度にしたものである。

（**注1**）憲法が地方自治について特に独立の章を設けていることは、いわゆる制度的保障説に立つもので、地方自治制度の本質的内容を侵すことは許されないと解されている。地方公共団体の組織・運営に関する事項を法律で定めるにあたっては、「地方自治の本旨」に基づかなければならないものである。

（**注2**）教育は住民の日常生活に関係の深い地域的活動であることから、団体自治のみならず「住民自治」の考え方が取り入れられてきた。学務委員の制度なども明治時代から存在したわけで、教育行政に住民の意向を取り入れることが行われてきた。

（**注3**）平成16年の中教審の答申を受けて学校運営協議会制度が地教行法第47条の5に取り入れられ平成16年9月から施行されている。学校運営協議会はコミュニティ・スクールとも呼ばれ、学校と地域の住民が目標やビジョンを共有し、地域と一体になって子供たちを育む「地域とともにある学校づくり」を目指している。また、平成29年一部改正があり、学校運営協議会の根拠規定が地教行法第47条の6に移り、努力義務規定となった。

（**注4**）戦前の教育行政が中央集権的な立場から命令・監督を中心とした教育行政が行われていたことの反省として指導行政重視の考え方が導入されたものである。

（**注5**）教育長の任命承認制度については、第2節で述べるように特に都道府県・指定都市の首長から強い反対の意見があったが、一部にはこの制度を活用して文部省と都道府県・指定都市教育委員会との連携協力を図るためのツールとして運用されていた面もあった。

（**注6**）教育長は教育委員会の専門的助言者であり、首席の補助職員でもある。他の委員の質問に答え、諸般の事情の説明に当たるものであり、教育長は教育委員会のすべての会議に出席するものとされている。

第2節　教育長の任命承認制度をめぐる議論について

　教育長の任命承認制度については、地教行法の制定時に定められた制度であるが、この制度をめぐっては都道府県知事や市町村長から様々な意見が出されていた。

　都道府県の教育長は一般職に属する常勤の地方公務員であり、地方公務員法の適用を受けるが、その職務の特殊性に基づき、例外措置が設けられている。その内容は次の通りである。すなわち①教育長の採用は競争試験によらず選考による、②勤務条件は一般職の地方公務員とは別個に条例で定める、③教育長には条件附任用、臨時的任用、職階制の規定は適用しないこととされていた。

　任命承認制度については、主に都道府県知事から疑問の声が出されていた。教育長は一般的には都道府県のいわゆる部長級の職であり、都道府県知事にしてみれば、総務部長や商工労働部長、農林水産部長などの部長職は、教育長同様当該県の重要な職であるが、これらの部長は総務省、農水省、経産省などの承認は不要で知事限りで任命できる。それなのに何故教育長だけが文部大臣の任命承認が必要なのかという疑問である。

　この都道府県の教育長について、文部大臣が任命承認をしなかった例はないが、一度京都府の教育長について、蜷川京都府知事時代に文部省の考え方と異なる教育方針などを打ち出していた候補者が任命承認に至らないまま、しばらく手続きが進まなかったため、京都府がやむなく代替候補者を出して、その者が承認されたという例があった。また、市町村の教育長については、都道府県教育委員会において候補者があまりにも不適切だとして承認されなかった例が少数だが存在していた。

　私は文部省で地方課長を3年務めたが、当時の文部省における任命承認の具体的な手続きは概ね次の通りであった。すなわち都道府県の教育委員会で教育長の交替があった場合、次の教育長候補者の方に文部省に来ていただき、教育助成局長（初等中等教育局長）と面会し、ご本人の教育行政についての所信や当該都道府県の教育事情などを話して頂き、その結果教育長にふさわしい方であると教育助成局長が判断した場合に、文部大臣の了解を得た上で任命承認の手続きを進めていたのである。大臣によっては文部大臣の承認であるからして大臣本人が候補者と会って会談すべきであるとして文部大臣が直接面会された時もあった。私は地方課長時代、多くの教育長と話をする機会があったが、多くの教育長は最初の局長との会談について若干緊張せざるを得なかったが、当該都道府県の教育問題を直接文部省の局長と話し合えて良かった面もあると話されていた。

　この制度は教育長の職責の重要性にかんがみ、国（文部省）・都道府県・市町村が連携協力し、責任を持って適材を確保するために設けられた制度であるが、例えば義務教育は全国どこでもほぼ同じ教育が実施される必要があり、特定の教育長の主義主張によってあ

る都道府県では学習指導要領に従わない教育課程が組まれるとか、教科書を使用しない教育が行われるようなことがあってはならない。子供たちは公立学校では基本的に学校や教師を選択することが出来ず、子供たちにとっては、常に一生のうちで1回限りの教育を受けているのであって、そこで特定の教育長が法令に反して独自の思い込みでカリキュラムを実施するとか、勝手な教材を使用して偏向教育を行うようなことは決して許されないことである。違法不当な教育を実施されて困るのは児童生徒であるから、そのようなことがあっては決してならない。その意味で、都道府県の教育長が就任の前に文部省の局長や文部大臣と会談し協議して、当該都道府県の重点施策を説明したり、取り組んでいる課題の状況説明を行うなど様々な教育事情を説明し、教育長本人の識見や抱負、人間性、教育長としての心がまえなどを話し合うのは決して意味の無いことではないと考えていた。ただしこの制度は後述するように平成13年の地方分権一括法で廃止されることとなる。

第3節　地教行法制定後60年間の様々な課題について

　昭和31年の地教行法制定以来、教育委員会制度は少しずつ定着し、全国の都道府県、市町村で地方における教育行政は新しい教育委員会制度のもとで具体的に発展してきた。

　しかし教育委員会制度の役割や現状に対してはその後も根強く批判・反対の意見が出されている。特に任命制の教育委員については公選とすべきだと主張する意見が根強く残っていた。

　教育委員会制度はアメリカの教育委員会制度を参考に、行政委員会として戦後創設されたものであり、この行政委員会であるがゆえの長所、短所、メリット、デメリットについては制度創設以来様々な意見が出されてきた。このメリット、デメリットは物事の表と裏の関係でもあり、どちらを重視するかによってその評価が異なることとなるであろう。（参考　自治体の教育行財政システムの構造・得失と改革論議　小川正人）

§ 第1　教育委員会のメリットとされる点

○ 1　政治的中立で公正・公平な教育行政が期待出来る

　首長は選挙で選ばれる独任制の機関であるが、その首長の政治的立場や主義主張から一歩距離を置いて、住民の多種多様な層から選ばれた複数の教育委員による合議制機関による教育行政は政治的にも中立で公正公平な教育行政が期待出来る。教育委員は政党その他の政治的団体の役員となることや積極的に政治運動をすることは禁じられている（第11条5項）ので、政治的中立が保たれやすい。

○2　教育行政の安定的・継続性

　首長は選挙で選ばれるため、選挙の度に教育行政の基本姿勢や運営が変わってしまうと問題である。特に学校教育は継続的・安定的に実施される必要があり、例えば小学校の教育課程であれば6年間の全体を通した長期的・計画的な実施が必要であり、選挙と関わりなく長期的・安定的な教育行政運営が求められている。

○3　合議制の教育委員会で特定の考え方の押しつけや独裁的な運営の危険性が排除される

　首長が強い権限の下で一元的に政策決定を進めるのでなく、多様な層から選ばれた教育委員が集まって、住民全体の意見を踏まえつつ教育委員全員で議論して民主的な行政運営を行っていくことで、住民自治や参加型の民主主義の観点からも望ましい方向を目指すことが出来る。

　一方で行政委員会である教育委員会による教育行政には問題点も数多く指摘されており、デメリットの部分も多い。

§第2　教育委員会のデメリットとされてきた点

○1　住民の意向反映や地域の教育政策の立案という本来の役割を果たしにくい

　教育委員は非常勤であり、議会承認が必要なため、どうしても功成り名遂げた地域の名士が選ばれやすく、首長選挙の論功行賞で選ばれるとか、名誉職化、高齢化している傾向があり、本来の教育を受ける立場の児童生徒の父母の代表が選ばれにくくなっている。教育委員会は前述したように、もともとアメリカでイギリスから渡ってきた開拓者たちが、自分たちの子供の教育は自分たちの責任で行うべきであるとして、住民による自分たちの子供達のための教育から始まっており、住民の意向を反映し、地域の教育政策を立案するというのが本来の役割であった。それが、いつのまにか、名誉職化、高齢化してしまい、自分たちの子供の教育というより自分たちの孫世代の教育を論ずる機関になっているのが現状であった。

○2　教育委員は非常勤であり、緊急事態にすぐ対応することが難しい

　教育委員は非常勤であるため教育委員会は月に1，2回しか開かれず、いじめ、校内暴力といった学校でおきた緊急事態にすぐ対応することが難しいという欠点があった。また事務処理の決済についても、教育長は常勤であるが、重要な案件は教育委員会に諮って、教育委員会の了承を得なければ執行できず、首長部局の部長のように単独で事務処理できないため、行政執行や事務処理が迅速に出来にくいという問題があった。

○3　首長部局との連携・協力が得られにくい

　行政委員会で首長部局から独立しているため、首長部局との連携・協力が得られにくく、自治体内部での横の連携が得られにくい、特に教育委員会事務局の主な部局は教員出身の

職員が多いため、議会対策や行政事務処理に不慣れなことも多く、事務処理に時間がかかり必ずしも効率的な行政が行われていない傾向があった。また、教育委員会は独立した部局のため、首長部局との円滑な人事交流が図りづらく、首長部局の職員は教育委員会事務局に出向することを、必ずしも好まないなどの課題もあった。一方で教員出身者が多いため、教育課程や児童生徒の指導などの面では、教育者の立場で専門的な事務処理が可能となり、有益なことが多い。また教育委員会は首長部局との横の連携よりも、教育課程や教科書、生徒指導などで教育関係の専門家が多い文部省（文部科学省）や都道府県教育委員会などとのタテの関係を重視しがちであり、首長部局とのヨコの関係より上級行政官庁の意向を重視しがちであるという傾向も見受けられる。

§ 第3　臨時教育審議会の議論

○1　臨時教育審議会の指摘　教育委員会は不活性か

　中曽根内閣で設置された臨時教育審議会は昭和59年（1984年）8月の発足以来、教育の現状における諸課題を踏まえつつ、時代の進展に対応するための教育改革の基本的方策について審議を進め、昭和62年（1987年）8月第四次答申（最終答申）をまとめた。臨教審は第二次答申（基本答申）で教育委員会の使命の遂行と活性化を提言している。「近年の校内暴力、陰湿ないじめ、いわゆる問題教師など一連の教育荒廃への各教育委員会の対応を見ると、各地域の教育行政に直接責任を持つ「合議制の執行機関」としての自覚と責任感、使命感、教育の地方分権の精神についての理解、自主性、主体性に欠け、21世紀への展望と改革への意欲が不足していると言わざるを得ないような状態の教育委員会が少なくないと思われる。」として教育委員会に対し極めて厳しい批判を行った。そして、同答申では、「①教育委員の人選、研修、②教育長の任期制、専任制（市町村）の導入、③苦情処理の責任体制の確立、④適格性を欠く教員への対応、⑤小規模市町村の事務処理体制の広域化、⑥知事部局等との連携など、について具体的な改革を進めることを通じ教育員会の活性化を図る。」旨の指摘がなされている。ここでは、臨教審が第二次答申で述べているように、戦後40年を経過して、教育委員会制度を真に再生し、活性化させるためには当面この5点の諸方策をとっていくことが必要だとしている。そのうちの次の2点について述べてみたい。

　まず第一に①教育委員の人選、研修　教育委員会の活性化のためにはそのメンバーである教育委員の人選、研修が大切であるとして、次のように指摘している。すなわち、教育委員には、人格が高潔で、教育、学術、文化に関して識見を有し、教育行政に深い関心と熱意を有する人材が求められるとし、各都道府県、市町村はより一層教育委員にふさわしい者の選任をすべきだとする。その際、委員が従来ともすれば年配で地域の指導的立場に

ある男性の有力者が選ばれる傾向が強く、首長である知事や市町村長の選挙の際に支援してくれた有力者への論功行賞的な人が選ばれることなどもあったため、真に教育委員にふさわしい人を選ぶことや年齢、性別などのバランスを図り若い人材や女性の積極的登用等を求めている。また必ずしも地域に適材が見つけられない場合などは地域外からの登用も勧めている。そして教育委員の待遇の改善への努力を要請するなど、幅広く適材を選任することを指摘している。さらにレイマンである教育委員が教育行政の運営に関して、適切な判断と決定を行うためには、教育委員会制度の理念、当面する教育行政の課題に関する深い理解と知識や教育行政の当事者としての自覚を身につけてもらえるよう教育委員の研修の改善・充実を求めている。

　次に第二として、②教育長の任期制、専任制（市町村）の導入を求めている。

　特に教育長の任期制、専任制（市町村）の導入について「市町村の教育委員会では、教育委員の中から教育長が選ばれる仕組みとなっているが、レイマンである教育委員と教育行政の専門家としての教育長が、それぞれの職務を適切に分担し、調和ある運営が行われるという制度の本旨を生かしながら、教育委員会全体としてその機能を十分に発揮しうるようにするためには、教育および教育行政に関する識見と経験を有する者が、一定期間教育長の職にあり、これに専念することが望ましい。」として「教育長に適材を得るための方策に関し、教育長の資質・要件、教育長の専任化、都道府県の教育長も含めた任期制の導入、教育長の任命承認制度の得失等を総合的に検討する必要がある。」と指摘している。この時点では都道府県の教育長は専任制であったが、市町村の教育長は教育委員の中から選ばれることとなっていたため、より専門性を高め、人材を得るためには市町村の教育長も専任制とし、さらに一定期間教育長としてその職にあって教育行政を安定的に執行できるように制度改正を検討する必要があると指摘している。確かにレイマンコントロールの原則から行けば教育委員はレイマンが望ましいが、その委員が教育長に選ばれた場合、今度は教育や教育行政の専門家としての資質が求められることとなり、この意味では制度的にやや矛盾していると言わざるを得ないであろう。前述したように、臨教審は教育長に適材を得るためには、教育長の資質・要件、専任化及び都道府県の教育長も含めて任期制を検討すべきだと提言したのである。教育長の任命承認制度については、その得失等を含めて総合的に検討する必要があるとして明確な方向性は指摘していない。

　臨教審の指摘は昭和31年（1956年）に地教行法が制定されて以来、30年ぶりに教育委員会制度を見直し、教育委員会の活性化を求めたものである。

　臨教審は教育委員会の使命の遂行と活性化について、第二次答申で次のような指摘を行っている。「教育委員会は公立学校、図書館、博物館、公民館、研修施設等の教育機関の設置・管理・廃止など当該地域の教育行政全般に関し最も重い責任を直接に負うところ

の合議制の行政機関である」とし、「第一に地域の教育行政が直面する具体的・日常的課題、学校・図書館等の実情や児童・生徒・父母等をはじめとする地域住民の教育上の意見・批判・要望などに精通し、第二にそれぞれの地域の教育行政に関する意思決定、管理、執行につき実質的な当事者能力と機敏な行動力、明確な責任感をもち、第三にそれぞれの地域の特性を考慮して、個性豊かな、各地域住民に密着した教育行政を推進するだけの自主性、主体性を持つべき」だとする。しかしながら、「制度として形骸化していたり、活力を失っているところも少なくなく、制度本来の機能を十分発揮しているとは言い難い」とする。答申はその原因について、二つの指摘を行っている。

　①戦前の国から与えられた教育という意識が教育関係者に根強く残存し、自分のことは自分の責任で、身近なことは身近な機関の責任で処理するという自治意識が未成熟なため制度の本旨が十分に活かされていない、②教育界、学校関係者の間に、身内意識が強く「教育上の配慮」という大義名分もあって問題を公開して処理しない閉鎖的な体質と上からの判断や指示を待つ画一主義的な体質が働きがちであること、また教育には、安定性や連続性が必要である事とも関連して改革に対して消極的な面がみられたことの二つをあげている。

　臨教審の指摘は教育界の厳しいところをついており、その意味でもっともな指摘である。教育委員会制度は地方自治、地方分権への大きな転換であり、戦前の国家の教育から地方が主体性を持って地域の教育に責任を負う制度に転換されたにもかかわらず、教育関係者の意識の転換や教育に関する知識が不十分なため、何でも国の動向を見て、また周りの動向を見て判断するという自主性の欠如が問題なのである。

　「教育上の配慮」については、いじめ、校内暴力、学校の不祥事などが起きた場合、教育委員会や学校がよく使う言葉であるが、この教育上の配慮の意味は突きつめて考える必要があるだろう。いじめや校内暴力や学校の不祥事などが起きた場合、学校や教育委員会は事実関係をすべてオープンにすることを避け、児童・生徒や学校の人権や名誉を守るためだとして事件を秘密裏に処理しようとする傾向が強い。もちろん未成年である児童・生徒・学生などの将来を考え、人権を守るため、必要以上に情報を公開することは避けるべきであろうが、問題を正面から捉え、再発を防止するためには一定の情報はオープンにして、反省すべきは反省し、どこに本当の問題があったのか厳しく吟味していくべき場合があるであろう。「教育上の配慮」を学校関係者が不必要に拡大解釈して何でも秘密扱いにして結果的に事柄を隠蔽してしまう傾向があることは問題である。同じようなことが、不祥事が起きた場合、当事者が「世間をお騒がせして申し訳ない」などと謝っている場合がよく見かけられるが、問題は「世間を騒がせた」ことではなく「世間を騒がせるような悪いことをした」ことを謝るべきであろう。児童・生徒や学校の名誉を守ることは一定の場

合に必要な場合があることは否定しないが、いじめや校内暴力などが起きた場合、最優先に考えるべき事は「被害者」の人権を守り、被害者をどう救済するかが重要なのであって、加害者である児童・生徒に配慮するあまり事件の真相を秘密にして、結果的に学校関係者の責任を曖昧にしてしまっている場合が多いことは考えなければならない。教育関係者が「教育的配慮」を隠れ蓑にして、本質を隠蔽し当事者の責任を曖昧にしてしまう傾向があることは問題である。学校関係者や教育委員会関係者は、いじめや校内暴力は起きてはならないことであるが、起きた場合でも問題の本質を隠蔽することなく、事件が起きた場合に学校や教育委員会がどのように対処し、再発防止のためにどのような行動をしたのかが問われているのだということをきちんと認識すべきであろう。

　もう一つの教育界のいわゆる「ヒラメ体質」の問題、すなわち国の方針や上級行政庁の方針待ちの体質について考えてみたい。たしかに戦前のシステムでは教育は国の事務であり、戦後、地方分権や地方自治の考え方が導入されたが、教育委員会や学校の教職員の間には依然として国の考え方を尊重する体質が残っている。国の考え方を知った上で教育委員会や学校としてどう対処すべきかを真剣に考えれば良いのであるが、どうしても学校の教員の間には、文部科学省の方針や都道府県教育委員会の方針がどうなのか、それを知った上で、やはり国や都道府県教育委員会の考え方にしたがっておけば自分たちも安全だし批判されることも少ないという発想が強く残っている。戦前の府県や郡には府県視学や郡視学が置かれ、市町村には学務委員が置かれ、文部大臣や地方長官の指揮監督を受け学事視察なども行われていたことなどもあって、学校そのものに上級官庁の指示待ち体質が残っているのである。戦前の教員の養成施設である師範学校の教育は多くの真面目な教員を養成してきたが、この師範学校教育の中にも国や文部省の方針を大切に守り、学校現場に上級官庁の指示を忠実に実行するという、いわゆる上意下達の教育システムが組み込まれてきた面があったのではないかと思われる。戦後、教育課程の基準としての学習指導要領が定められ、文部省は全国的に教育課程の改訂などに伴う講習会を行ってきたが、各都道府県の指導主事の先生たちは、自分の担当教科に関する専門家である文部省の各教科の視学官や教科調査官の説明を熱心に聞いて、今回の学習指導要領の改訂の趣旨を忠実に理解し、学んできた。そして各都道府県や市町村においてその伝達講習会を開催して国の方針や教育課程改訂の趣旨や考え方を管下の校長や教員に説明し理解を求めてきている。このように学校関係者の間にはもともと国の方針や考え方を学んでその方針に従って教育を行っていくという体質が組み込まれているのである。

§ 第4　臨時教育審議会の意見を踏まえた地教行法の改正の検討

　文部省では、臨教審の答申を受けて「教育委員会の活性化に関する調査研究協力者会議」

を立ち上げて専門家の議論を聞くこととした。この協力者会議では教育委員会の活性化について様々な面から検討し報告を出している。すなわち、教育委員の選任に当たって、教育行政に深い関心と熱意を有する真に教育委員にふさわしい人材の登用を求め、比較的年齢の若い人や女性の登用に留意すべきであるとし、教育委員の研修、待遇の改善に努めるべきことを求めている。また市町村の教育長について、その専任化を図ることが必要であり、レイマンである教育委員と教育行政の専門家である教育長とが、それぞれ職務を適切に分担し教育委員会の調和ある運営を図るとともに、教育長が職務に専念できるようにすべきだとしている。さらに都道府県の教育長について、教育行政が長期的な計画の下に、一貫性、安定性が要請され、そのための職務執行体制が必要だとして、特に教育長は一定期間その職にあり、計画的、継続的に職務を遂行できるようにすることが肝要だとして任期制の導入を求めている。市町村の教育長は教育委員の中から選ばれているが、教育委員の任期は4年であり、その専任化が図られた場合にも、現行通り任期制を維持すべきだとしている。

（1） 地教行法の一部改正案（昭和63年提出→廃案）

　文部省ではこの報告を受けて、昭和63年3月に地教行法の一部改正法案を国会に提出したが、この法案は審議未了廃案となった。この改正法案は臨教審の答申を受けて、教育委員会の活性化を図るために提案されたものであるが、いくつかの問題点を孕んでいた。その一つには市町村の教育長の職を「特別職」として位置づけ、当時の助役や収入役などと同様に、給与上も市町村の待遇上も、格付けを上げて、教育長の職を当時の助役や出納長などのいわゆる三役並に扱うこととして欲しいという市町村の教育長団体の強い要望があった。当時の文部省はこの要望を受けて、臨教審答申の専任化・任期制に加えて特別職化を図りたいと考え自治省と交渉したのであるが、問題は自治省が市町村のいわゆる三役を増やすことは財政的にも問題があり、行政改革の観点からも絶対に認められないとの立場であり、政府内で法案に特別職化を盛り込むことが出来なかったことである。すなわち文部省の目指した市町村教育長の「任期制・専任化・特別職化」の三点セットは政府として合意できず、法案に盛り込めなかった。そのため特別職化が出来ないのなら、この法案に反対であるという市町村の教育長もかなりいて、与党内部でもこの法案を積極的に成立させようという雰囲気が薄れていた。また、専任制になった場合、教育委員の立場を失うため、現在の教育長より弱体化する恐れがあるとの意見や、現行のままであれば、教育委員は非常勤の地方公務員であり、それゆえに一般職でなく「特別職」に位置づけられているため、それで良いのではないかという意見もあった。市町村の教育長は教育長としては特別職ではないが、教育委員としては非常勤であるため一般職でなく「特別職」の地位も有していたのである。

法案では専任制と現行の委員との兼任制を各教育委員会が選択できることとされていたため、ある意味で法案は専任化（選択制）と任期制のみを導入するという形であり、特別職化が含まれておらず、中途半端な改正であるとの批判もあったのである。結局、この法案は通常国会で一度も審議されず継続審議となった。その後、衆議院解散があり、提出以来一度も審議されず廃案となった。（**注1**　村上祐介「教育行政の政治学」　P113～121）

　ちなみに、私はこの法案が提出された後（6月）に、北九州市の教育長からこの改正法案を直接担当する文部省の教育助成局地方課長に就任したのであるが、当時は臨教審の答申を受けて文部省は初任者研修の制度化を図るための教育公務員特例法などの改正案や国立学校設置法の改正案など重要な法案を抱えていたこともあり、この地教行法改正案はそれらの法案と比べて重要度が低いと見なされていたため、結果的に審議未了廃案となってしまい、担当課長としては残念な思いをしたことを今でも覚えている。

　村上祐介氏は「教育行政の政治学」で次のように述べている。この改正案は幾つかの問題点を含んでいる。その一つは市町村の教育長については、特に町村教育長会などから教育長を「特別職」とし助役、収入役などと並んでいわゆる三役並の待遇を求める意見が強く、専任制、任期制とともに特別職化を含んだ3点セットとして欲しいという強い要望が出されていた。これに対し、自治省では①教育長の特別職化は行政改革に逆行し認められない、②同じ行政委員会の事務局長全体のバランスが崩れるという理由から反対論が強く、法案提出段階において政府部内で調整が難航していた。当初、自治省は都道府県の人事を拘束することとなるとして任期制にも反対していたが、最終的には特別職化を見送りにするなら任期制は承認するということで妥協が成立し、改正案では専任制と現行の兼任制（委員教育長制）を各教育委員会が選択できることとして提出された。この法案は専任化（選択制）と任期制のみ導入するというやや中途半端な形で国会に提出されたのである。この特別職化が見送りにされたため、関連する教育長団体の不満が残り、この法案を絶対に成立させるべきだとする機運が高まらず、他の初任者研修などの重要法案を文部省は抱えていたため、前述したように結果的にこの法案は廃案となってしまった。

（2）　教育長の特別職化について

　教育長の特別職化については、教育委員会の活性化に関する協力者会議の報告において、市町村教育長の専任化について触れた部分で、「特別職たる教育委員の中から選任されるという現行制度の歴史的意義にかんがみ特別職として位置づけるべきだとの強い意見がある」とされている。また待遇の改善に関連して教育委員会の全ての事務をつかさどる教育長の職務と責任の大きさを考えるとき、教育長の待遇は、特別職のそれに相当すべきものと考えるとし、教育公務員特例法で教育長の給与は、特に条例で別個に定めることと

されているのは、この趣旨に他ならないと指摘している。一方で、この報告では、多くの市町村で特別職より低い待遇しか受けていない実態があるので、処遇の改善についてより一層関係者の理解と努力を促す事が必要だとも述べている。

（3） 教育委員会の活性化に関する局長通知

　地教行法の改正案は継続審議・廃案となったが、協力者会議の報告を受けて、文部省は教育委員会の活性化に関する局長通知を発している。（注2　S62.12.16　教育委員会の活性化に関する教育助成局長通知　**参考資料2（P189）**）まず、第一に、教育委員の選任について、首長に対し教育行政に深い関心と熱意を有する教育委員にふさわしい人材の確保を求め、年齢の若い人や女性の登用に留意し、教職経験者に偏することのないよう、住所要件にこだわらず多様な人材の確保に配慮すべきとしている。また教育委員の研修について当面する教育行政の諸課題等に深い理解と知識を有することが必要だとし、新任の教育委員の研修の一層の改善充実を求めている。第二に教育長の選任について、教育委員会の活性化のためには教育長に適材を得ることが特に重要であるとして、教育長は教育に関して専門的な識見を有することはもとより、行政的にも練達した人材の確保を求め、都道府県教育委員会に対しては市町村の教育長の任命承認の基準を示すなど任命承認制の適切な運用を求めている。また教育長の在任期間について、教育長が計画的、継続的に職務を遂行できるよう配慮を求めている。待遇についても特別職のそれに相当すべきであるとして待遇改善の配慮を求め、市町村については助役ないし少なくとも収入役に劣らない待遇の改善を求めている。第三に教育委員会の運営について様々な教育課題に迅速且つ適切に対応できるよう、定例会はもとより、臨時会や委員協議会などの方式を積極的に活用することを求めるとともに、会議で基本方針の決定など長期的、計画的な教育行政の課題に積極的に取り組むことを求めている。さらに都道府県教育委員会は市町村教育委員会に対し、地域の実態に即した特色ある教育行政を主体的、積極的に展開することができるよう必要な指導、助言、援助を行うことを求めている。また適格性を欠く教員に対し任命権者、服務監督権者としての責任で適切に対応することを求めている。

　第四に事務処理体制の充実や事務処理の効率化を求め、第五に地域住民の意向の反映として、広報・公聴活動の充実や教育相談・苦情処理体制の整備を求めている。第六に首長部局との連携として生涯学習体系への積極的対応、公立学校行政と私立学校行政との連携、教育予算の充実などを求めている。

　教育委員会の活性化は教育委員会にとって極めて重要な課題であり、教育委員会が地域の教育行政のために主体的に生き生きと活力ある教育行政を遂行していくことが求められているのである。

　教育委員会会議の運用実態と教育委員会会議の活性化については、堀和郎氏、柳林　信

彦氏の調査データがある。（参考　教育委員会制度再生の条件　P96以下）これに関しては次頁（5）で詳しく説明するが、平成16年（2004年）7月に全国の市区町村教育委員会の教育委員長に実施したアンケート調査（「教育委員会制度の現状と課題に関するアンケート調査」）のデータであるが、同調査によると①教育委員会議の開催頻度は年間12〜14回が35%、15〜17回が39%であり、②会議時間については、2時間から3時間が50%、3時間から4時間が36%となっており、教育委員長の開催頻度についてのアンケートでは79%が「おおむね十分である」と回答しているとされている。

（4）教育委員会の活性化は永遠の課題か

　教育委員会の活性化は行政委員会である「教育委員会」の永遠のテーマであった。

　教育委員会を行政委員会の一つとして研究してきた大畠菜穂子氏は教育委員会が形骸化してきた要因について、従来行政学者等で指摘されてきた原因は複数の原因が複合的に作用しているとされているが、大畠氏はそれらの理由を分析した上で、これらの理由は他の行政委員会と比べて特に教育委員会の形骸化の理由として説得力を持つものではないとしている。その中で、教育委員会制度では、他の行政委員会と異なり、教育委員会と教育長の間で影響力の逆転構造が生まれているとする。（**注3**　大畠菜穂子　戦後日本の教育委員会　P18以下）大畠氏は次の4点を指摘する。

　第一に教育委員会の形骸化の要因としては、権限の不足である。特に財政権の欠如は教育に関する地域独自の政策を立案しようにも財政権がないので、教育委員会が単独で決定・執行できない。

　第二に教育委員の選出方法の問題だとする。公選制の方が任命制の教育委員より就任意欲の高い委員を選出できるからだとする。第三に教育委員の非常勤制であり、月に1、2回の会議に出席するだけではその影響力は弱まる。第四に教育委員会から教育長に大幅な権限委任があり、教育委員の関与しうる余地が狭い。

　私は地方レベルでの行政委員会を比べたときに、多くの行政委員会は例えば選挙管理委員会、収用委員会、選挙管理委員会、労働委員会などその所掌事務が特定の業務に限定されていて、委員も非常勤の場合が多いが、教育委員会のようにその所掌事務が広範にわたるものは少なく（強いて言えば公安委員会が教育委員会に類似して所掌事務の範囲が広い）、必要な予算額も多くないので、大畠氏が指摘するような理由が形骸化の主たる理由だと言うことには納得できない。どの行政委員会も財政権はないが、そのことが形骸化の主たる要因だとは思えない。他の行政委員会の事務局長に比べて教育長の権限が大きいことはその通りだと考えている。

（5）教育委員会会議の活性化について

　教育委員会の活性化をめぐる議論では、しばしば、教育委員会会議（以下「教委会議」

—129—

という）の活性化が指摘されている。教委会議のありようが、教育委員会制度の形骸化論議の焦点の一つをなしてきた経緯があり、それを改善することは形骸化論を克服する一つの方策と考えられるからである。（**注4　堀和郎　教育委員会制度再生の条件　第5章P96**）堀和郎氏が指摘するように、教委会議は地域の教育問題を解決するための政策フォーラムとして機能すべきであり、教委会議はレイマンコントロールの制度理念を体現する仕組みであることが想定されているにもかかわらず、会議が一般的に不活発であるために、教育委員会が合議体として機能せず、政策論議の場としての意味を持ち得ていないという実態がある（参考　堀和郎　前掲書　P97）とされている。堀氏は前述したように、平成19年（2007年）7月に全国の市区町村教育委員会の教育委員長を対象として「教育委員会制度の現状と課題に関するアンケート調査」を実施し、市区教育委員会と人口3万人以上の町村は悉皆、人口3万人未満の町村は半数抽出としてデータを集めた。回収率は約68.6％であったが、教委会議の運用実態がどうなっているかについて体系的なデータが示されており、大いに参考になる。

　まず教委会議の開催頻度は、定例と臨時会を含めた教委会議の開催頻度は、年間11回以下が10％、12～14回が35％、15～17回が39％、18回以上が16％となっており、会議の開催頻度についての評価では、79％がおおむね十分と回答し、やや少ないが19％、少ないが1％となっている。会議時間については、1回の会議の時間は2時間未満が6％、2時間以上3時間未満が50％、3時間以上4時間未満が36％、4時間以上が8％であったとされている。教委会議で採決に至ることがあるかどうかの調査では、あまりない44％、全くない18％となっており、62％の教委会議で採決がないと答えており、次の会議への議題の持ち越しは全くない25％、あまりない54％となっている。

　調査では、審議事項について、教育長・事務局以外からの議題発案の有無も聞いているが、比較的多い（21％）、非常に多い（2％）であり、審議事項は教育長や事務局からあらかじめ用意された議題が多いことがわかる。また事務局の用意した会議資料についても、会議資料の量と質が議論する上で十分かどうかについても、十分である（28％）、やや十分である（43％）と約70％が不足を感じていないことが示されている。

　会議で議論が活発に行われているかどうかについて教育委員長や教育長に全体的な会議の様相を尋ねても、活発な議論が行われているとする回答が多く、委員長と教育長の間に大きな差はない。これらの調査結果から、堀和郎氏は教育委員会を活性化する条件として次のような結論を提示している。まず、①議案を議論するための十分な審議時間を確保すること、また教育委員について②時間をかけて、教育識見などの資質能力を有する人材を登用すること、③委員の研修機会を確保し、委員としての使命感などの資質能力の維持向上に継続的に努めること、④委員の提案が教育施策に反映されるという実績をつくるこ

とで意欲的な活動の誘因を与えること、⑤事務局が会議について良質のサポートを続けていくことなどが重要であるとしている。教育委員会の形骸化をさけるために、教委会議で活発な議論が行われることが求められていると言えよう。

§第5　教育委員の準公選を目指す動き

　地教行法の制定により任命制教育委員会は全国に定着してきたが、一方で公選制に戻すべきだとの意見も根強く存在していた。

（1）教育委員の準公選制

　教育委員の公選については、地教行法制定後も任命制に反対する立場からの議論が行われていた。東京都中野区では、昭和46年「教育委員の公選制度復活についての要望書」が中野区議会議長から総理大臣あての要望書が出されていた。その理由として地教行法は多くの反対意見があったにもかかわらず、国会において野党議員総退場という混乱の中で成立した法案であって、旧教育基本法10条の「教育が国民全体に対し直接責任を負って行われるべきである」ことからしても、公選制は当然であり、むしろ任命制を正当化する理由は乏しいとしている。また地教行法の制定の結果、教育委員会に対する文部省の指導、監督が強化されるなど中央集権的色彩を濃くし、型にはまった官僚的画一的な教育を強いる傾向を強めてきている。さらに公選制が廃止されたことにより、地域住民が教育に対する自主性を失い、ひいてはこれが地方分権の弱体化を来たし、長などから不当な支配を受けることなども懸念されるとしている。(**注5**　若井彌一　「教育委員の準公選制」現代教育問題セミナー5教育行政　P39) その後、昭和53年9月、中野の教育をよくする会から中野区長に対し、「中野区教育委員候補者決定に関する区民投票条例」の制定請求が行われた。

（2）東京都中野区の区民投票条例

　この区民投票条例では第1条で区長が教育委員の選考にあたり区民の自由な意思が教育行政に反映されるような民主的な手続を確保し、もって教育行政の健全な発達を期するとし、第2条で教育委員の候補者を定めるにあたっては、区が実施する区民の投票の結果を尊重して区議会に同意を求めることとされている。(「尊重」は後に「参考」に改められた。) この条例案は議決されたので、区長は地方自治法176条4項の規定により再議に付した。その理由は①「任命に先立って、公選制に極めて似た効果をもたらす区民投票を実施することは、地教行法が教育の中立性の確保、教育行政と一般行政の調和等を提案理由として従来の公選制を廃止し、任命制を採用したものであるという同法制定の趣旨及び経緯からみて、法の許容する範囲を超える、②教育委員候補者の選定に当たって、区民投票を実施し、その結果を尊重すべきことを条例によって長に義務付けることは、長の専属的

権限を侵すこととなり、地教行法第4条第1項に違反することになると解さざるを得ない
の2つであった。

しかし同じ日に議会で同じ議決がされたため、区長は地方自治法第176条第5項の規定
により東京都知事に対し審査の申し立てを行った。東京都知事は次の理由により申し立て
を棄却した。都知事は①地教行法は教育委員の選任に係る一切の事項について条例により
定めを設けることを排除しているとは解されない、②区長は区民投票の結果を「尊重」す
れば足りるのであって拘束されるものではないと解される。

その結果、中野区の教育委員準公選条例は、昭和54年5月公布された。

（3）兼子仁氏の見解（参考　「教育委員準公選条例は合法である」季刊教育法66号）

兼子仁氏は①教育委員の任命は自治体の長の専属的権限でなく、議会同意が予定され
ているので条例で同意基準を立法化する余地がある、②「参考」は常に得票順に候補者を
決定しなければならないわけでなく、僅差で得票順によらない人選をする余地がある、③
準公選住民投票は憲法93条2項の「自治体役職員公選の原理」に沿うものであり旧教育
基本法10条1項の教育の自主的直接責任の原理を教育行政に貫かせるのにも役立つもの
であるから地教行法も準公選条例を否定しない法律だと解するのが正しい（若井　前掲書
P16～48）とする。

（4）準公選制の問題点

市町村における首長の任命制による教育委員会が、本来の教育委員会のあるべき姿であ
る「住民の意向の反映」という点で必ずしも十分でなく、教育界全体の雰囲気として主体
性がなく常に「上を向いている」とか「上の意向を気にする」といった形で文部省や都道
府県教育委員会の方向を向いていると批判されることがあって、一部の人たちからは「もっ
と教育委員会を身近な存在にしたい」とか「もっと住民の意向を教育委員会に反映させて
ほしい」といった意見が出てきていた。そういった要求に対する一つの考え方として出て
きたのが、「教育委員会の準公選」制度であった。これは、任命制の下でいろいろ工夫し
て教育委員を出来るだけ住民の意見を反映させた選び方で選ぼうとするものであり、教育
委員を少しでも住民の意向を反映させた形で選ぶことにより教育委員会を自分たちに身近
なものにしようとする住民投票方式に基礎を置いた教育委員の選択方法であった。昭和
53年（1978年）、東京都中野区では、教育行政への住民参加と教育委員会の活性化を図る
ことを目指した教育委員の準公選を求める住民運動が盛り上がり、準公選条例の制定を求
める直接請求が中野区に提出され、区議会はいわゆる準公選条例を可決するに至った。東
京都中野区はいわゆる準公選条例（中野区教育委員候補者選定に関する区民投票条例（昭
和54年5月25日公布）を制定したのである。この条例では、準公選の目的を「日本国憲法、
教育基本法の精神に基づき、区長が、地教行法4条に定める教育委員を任命するに先立ち、

—132—

区民の自由な意思が教育行政に反映されるような民主的な手続きを確保し、もって教育行政の健全な発達を期することを目的とする」としていた。この条例では、区長が教育委員の任命を行う際に、区民の推薦を受けた立候補者による区民投票を行い、その投票結果を尊重して委員の任命を行うことが規定されていた。この条例に基づき、中野区では昭和56年（1981年）2月第1回の教育委員選びの区民投票を行い（投票参加率42.98％）、さらに昭和60年（1985年）2月に第2回の区民投票を行ったが、第2回目は投票率が下がり、参加率27.37％となった。文部省は昭和55年（1980年）2月、初等中等教育局長名で区民投票は地教行法違反であるとして東京都教育委員会を通じて是正を通知し、区民投票を止めるよう求めた。中野区は文部省の指導には従わなかったが、その後準公選実施の経緯やその過程で生じてきた様々な問題点を考慮し、区民や区議会の意向にも配慮して区民投票の改革案を専門委員会に諮り、第3回の投票から実施することとした。この案では、区民投票は郵便投票方式とし、区民投票の結果を「尊重」から「参考」に変更、2年ごとの投票から4年ごとの投票となり、教育長候補は区民投票の候補者以外からも選びうることとなり、当初の条例と比べて、ある意味では後退したと受け止められてきた。

第3回の教育委員の選任制度について文部省の東京都に対する指導通知では、この改革案も従来の区民投票条例の基本を変更するものではないとして、区長の専属的な権限である委員候補者の選定権の行使について、条例で法的な制約を加えるという点において、依然として違法な内容を持つものであり、また、区民投票制度を存続させることとしている点において、任命制を前提としている地教行法の趣旨に反するものだとしている。東京都教育委員会もその趣旨を受けて中野区長に対し地教行法に抵触するものだとして、地教行法に基づく選任を指導している。

中野区の準公選制度は第3回が25.64％、第4回が23.83％と回を追うごとに投票率が低迷し、準公選の問題点として、特定の組織を抱えた委員候補が有利になりやすいとか、教育委員会に党派的対立が持ち込まれるなど、教育委員会法当時と同じような問題が出てきていた。平成7年中野区議会では準公選廃止条例が提出され、この廃止条例が可決されて、中野区の教育委員準公選制度は廃止された。このあと中野区では、準公選制度の発想を活かすための措置として、教育委員会委員を単に推薦する制度を導入している。

兼子仁氏は「文化選挙」としての教育委員準公選制を提言している。すなわち、教育委員の準公選は一般の政治選挙と区別して、教育委員選びにふさわしく、もっぱら教育・文化だけにかかわる人選活動として仕組まれる必要があると説き、住民がもっぱら教育ないし文化の問題について考え、意見発表・話し合い・討論をしていくことを、委員の人選につなげていくという地域文化活動の実質を持たなくてはならないと主張する（兼子仁　前掲論文）。そして準公選が公選法とその罰則が適用されないため、政治活動中立違反を防

げないのではないかとの疑問に対して、教育委員会準公選制をめぐり教育・教育行政の政治的中立性が脅かされるような事態が一部に生ずるとしたらそれは、文化選挙・教育文化的住民参加の実質を持ち損なった濫用的事態なのであって、決して準公選制から制度必然的に生ずるものではないとする。中野区の準公選の問題が、教育委員会の在り方や教育委員の人選の重要性を世間にアピールする意味である程度の刺激を与えたことは事実であろうが、準公選が兼子氏の言うように教育文化的住民参加として多くの人々に理解されるのであれば、もっともっと準公選の制度が他の都道府県や市町村に広がりを持ち得たのではなかろうか。高槻市で昭和59年（1984年）に準公選条例の直接請求が成立したが、市議会は審議の末否決している。この制度が全国的に広がらなかったのは、理想論としてはあり得ても、現実には良識ある市民が、政治的中立性を守りながら、一部のお金持ちや教職員組合とも無縁で、本当に自分たちの子供の教育を公平・公正に議論していくための教育委員会を構築していくということが、現実にはやはり困難であったからではないかと、私は考える。

§第6　地方分権改革と教育長の任命承認制度の廃止

　わが国の行政システムは、全国的統一性、公平性を重視したものであり、わが国の近代化、戦後復興、経済成長等を達成するために一定の効果を発揮してきた。（参考　平原春好　教育における地方分権とその可能性）特に先進国に「追いつけ追い越せ」型の経済成長を実現し、その結果、国民生活も豊かになり、国民の意識や価値観も大きく変化してきた時期を迎え、いわゆる中央集権型の画一的・普遍的な行政システムに対しては、より地方の独自性や自主性を尊重し、個性的で多様性に富んだ地方自治行政を望む声が強くなり、国と地方の役割分担についてもいわゆる地方分権を推進すべきだとする意見が強くなってきた。国の役割を出来るだけ限定し、住民に身近な行政は出来るだけ地方公共団体に任せ、地方公共団体の自主性・自立性が発揮できるようなシステムに変換すべきだとの考え方が多くの人々の意見となってきた。平成6年（1994年）12月には「地方分権の推進に関する大綱方針」が閣議決定され、平成7年（1995年）5月地方分権推進法が制定され、地方分権推進委員会が設置の運びとなり、地方分権推進委員会は平成8年（1996年）12月に第一次勧告を公表したが、その後平成10年（1998年）の11月の第五次勧告まで相次いで勧告を行ってきた。この委員会は1年の設置期間の延長を行って、平成13年（2001年）6月には最終報告を出した。政府は平成10年5月「地方分権推進計画」を閣議決定し、いわゆる地方分権一括法はこれらの勧告および閣議決定を受けて地方自治法はじめ475件について必要な改正を行ったものである。なおこれらに関連して中教審は平成10年9月答申を行っている。（地方分権一括法による教育における団体自治の強化について　**参考**

—134—

第3章　地方教育行政の組織及び運営に関する法律（地教行法）の制定

資料3（P193））

（1）機関委任事務の廃止

　地方分権改革の大きな柱は、いわゆる機関委任事務の廃止である。機関委任事務は、地方団体の執行機関である都道府県知事および市町村長を国の機関として、これに対して国の事務を委任して執行させる仕組みであって、これらの事務は当時地方自治法の別表に列挙されていた。これらの事務は、もともと国の事務として位置づけられていた事務を都道府県の機関である知事や市町村の機関である市町村長に委任されていたものであり、地方公共団体の議会や監査委員によるチェック機能が制限されていた。地方分権改革の一環として機関委任事務を廃止し、事務自体を廃止するものと、国が直接執行すべきものとを除き、原則として自治事務と法定受託事務の二つに区分したのである。

　法定受託事務は、事務の性質上、その実施が国の行政機関が直接執行すべきであるが、国民の利便性や事務処理の効率性の観点から、法律又はこれに基づく政令の規定により地方公共団体が受託して行うこととされた事務である。自治事務は、地方公共団体の事務の内、法定受託事務を除いた事務であるとされる。

（2）関与の廃止・縮減

①教育長の任命承認制度の廃止

　教育長の任命承認制度の廃止については、平成7年（1995年）地方分権推進法が制定され、地方分権推進委員会（分権委）が設置され、教育行政分野についても地方分権が求められることとなって、地方教育行政の改革が正面から議論されることとなった。

　地方分権推進委員会の平成8年（1996年）3月の中間報告では「教育長の任命承認制は、廃止の方向で、引き続き検討する」とされ、廃止の方向性が打ち出されていた。中間報告では、「地方公共団体の人事のうち、唯一、教育長のみが国及び他の地方公共団体が関与（承認）する扱いとなっている。教育長は地方公務員であり、地方公務員法上、政治的中立性を要請されており、また、各地方公共団体においては、それぞれ独自に適切な人材を選任しうる状況にあり、承認制によらなければ教育長の政治的中立性や安定性を確保できないということには合理的な理由が見出せない。教育長にどのような人材を起用するかは地方公共団体の自己決定に委ねられるべきである」として任命承認の廃止を強く求めていた。

　文部省は教育の安定性の観点から、特定の政治勢力が教育長人事に介入し影響を及ぼさないよう、又はそのときの人事の都合だけによることなく、慎重な配慮の下に真にふさわしい人材を確保できているのは、この任命承認制度によるところが大きいと主張していた。（**注6**　村上祐介　教育行政の政治学　P123）また、文部省は承認にあたり、どのような点をチェックしているのかという点についても「①教育行政について広く深い識見を有する人であること、②高い行政能力を有する人であること、③政治的中立性の観点から望ま

しい人であること、④教育行政の安定性の観点から適切な人であること」の4点を挙げている。（注7　村上　前掲書）

　文部省は教育長の任命承認制度について①義務教育分野においては、国・都道府県・市町村の三者の連携協力が必要であること、②教育行政においては、政治的中立性を含めた教育の中立性及び安定性の確保が必要であること、③任命承認制度によって牽制機能が働き、教育長の選任が適切かつ慎重な配慮によってなされる効果があることなどからこの制度が必要だと主張していた。

　任命承認制度の廃止については、文部省は分権委員会の議論を踏まえ、平成9年（1997年）「21世紀に向けた地方教育行政の在り方に関する調査研究協力者会議」を設置して議論を行い、論点整理を行った。

　この論点整理では、「教育長に優れた人材を確保するための方策である任命承認制度を廃止する場合には、これに代わる制度の導入を検討する必要があるのではないか。例えば、任命に当たっての議会による同意や計画的、長期的視野に立った教育行政を展開する観点からの任期制の導入などとともに、教育長として求められる資質や能力について地方公共団体の首長も含め関係者の間に共通理解が得られるような方策など任命承認制度に代わる適材確保方策について検討が必要ではないか。また、併せて、教育長がその役割に見合った処遇を受けられるようにすることについて検討が必要ではないか」と指摘している。この論点整理を受けて、文部省は町村文部大臣から中央教育審議会に「今後の地方教育行政の在り方について」諮問を行った。中教審は平成10年（1998年）「答申」を出し、任命承認制度については「地方分権推進委員会の第1次勧告も踏まえ、地方公共団体が自己の責任において教育長に適任者を選任する観点から任命承認制度を廃止することが適当である」とし、幅広く人材を確保するため、教育長の任命に際し、議会による同意を必要とすること」を提言した。平成11（1999年）年地教行法の改正を含む地方分権一括法が国会に提出され、同年7月成立・公布され、翌平成12年（2000年）4月から施行された。

　なお、この中教審答申では市町村教育長を都道府県教育長と同様に専任制にした上で教育長を特別職に位置づけに議会同意を導入することを提言していたが、国会に法案を提出するまでに政府部内で文部省と自治省との交渉が難航し、結局合意ができなかった。

　文部省は市町村の教育長も都道府県と同様に専任化し、その上でいわゆる三役と同様の特別職とすることで処遇の改善を期待していたが、自治省サイドはこれに反対し合意ができなかった。これは臨時教育審議会の答申を受けて出された昭和63年（1988年）の地教行法の改正案（法案は廃案となった）の際の議論と同様であった。結局、中教審答申で述べられた専任化と特別職化は断念し、逆に都道府県・政令指定都市の教育長の選任方法を市町村の教育長に合わせて教育委員と兼ねることとしたのである。これは、①執行機関の

補助機関である教育長を議会同意とすることは、他の行政委員会制度に与える影響が大きい、②新たな特別職を作ることは行政改革の趣旨に逆行し困難であるとともに、③市町村の教育長の任用の実績などから、慎重な人選が行われ、また教育委員の任期が４年であることから在職期間の長期化が図られる可能性があることなど、むしろ教育長の適材確保に有用であったこと等によるものであろう。(**注8**　村上祐介　前掲書　P133)

　教育長の任命承認制度は地教行法が制定されたことに伴い設けられた制度であるが、教育委員会の実務の要である教育長に適材を確保し、国・都道府県・市町村が連携協力し、責任を持って適材を確保するために設けられた制度である。地教行法は、地方公共団体における教育行政と一般行政との調和を図るとともに、国、都道府県、市町村が一体となって教育行政を遂行していくことを目指し制定されたものである。その理由は、児童生徒にとっては小学校・中学校などの学校生活は一度きりであり、特に義務教育は全国どこでも一定の教育水準が維持され平等な教育が施される必要があり、教育の機会均等を保証していく必要がある。仮に都道府県の教育長が特定の党派的な主張を行う人物であって、国の教育政策や教育方針に極端な形で反対するなど、教科書や学習指導要領を無視して偏向的な教育を行うことを主張し実践するような人物であった場合、当該都道府県の児童生徒は他の都道府県の児童生徒に比べて望ましい良質な教育を受けられなくなる恐れがある。特に戦後一貫して特定の教職員組合は国や都道府県の教育行政に反対の立場を宣明にしてきており、子供達がそのような教育長の下では党派的な教育や組合的な教育を受けさせられる恐れがあったのである。かつて京都府において、政府に強く反対する立場の知事の下で、京都府の教育委員会は当時の文部省の教育政策の多くに反対の姿勢を示し、特定の党派に偏った見解を示すとか、教職員組合の意見に迎合するような見解を発表するなど国と京都府の教育行政に関する姿勢が極端に異なっているような状況があった。このような状況の中で、京都府が申請した教育長候補者に対して長い間文部大臣の承認がなされないといった事案が存在した。この事案については最終的には京都府がやむなく別の候補者を提示し、文部省がこれに対して承認するという結果となった。任命承認制度については、以前から首長の立場からは、都道府県の幹部職員である教育長の任命に、なぜ文部大臣の面接が必要なのか、他の幹部である総務部長や厚生労働部長などは知事の一存で決められるのにおかしいのではないか等といった意見が出されていた。

　私は文部省の地方課長時代に、この任命承認の担当課長であったが、各都道府県の教育長候補者と文部省の局長（場合によっては文部大臣）との会談を設定し、立ち会ってきたが、その経験からは多くの教育長候補者の方々と当該都道府県の教育の課題や実情などについて話し合い、文部省の施策の方向性や都道府県の教育現場の状況などを話し合うことでお互いの理解が深まり、文部省と都道府県の教育長との意見交換は有意義であり、実情

はとても面接試験のような堅苦しいものではなかったと記憶している。むしろ教育長就任の際に事前に候補者にお目にかかることで、その時々の教育行政の課題や都道府県の教育の実情などをお互いに理解することができて、文部省との側としてはとても有意義な話し合いであったと思っている。もっとも都道府県の側では別の受け止め方があったかもしれないが。

　その当時、お目にかかった教育長（候補者）の方たちとは、その後何十年も年賀状のやりとり等をさせていただいている。

②国の関与の廃止・縮減

　その他、国の関与の廃止・縮減について次のような改正が行われた。

ア　文部大臣の教育委員会に対する指揮監督権（地教行法55条）は機関委任事務の廃止に伴い廃止する（廃止）

イ　地方公共団体の長又は教育委員会に対する文部大臣の措置要求（地教行法52条）については一般ルールに沿って行うものとする（緩和）

　地方分権一括法で内閣総理大臣の措置要求制度が改められ、各大臣が是正の要求等を行うことができることとされたので、文部科学大臣の教育事務に関する是正の要求等も、地方自治法に基づき行うこととされ、地教行法の第52条は削除された。

・是正の要求（自治法245の5）、是正の勧告（245の6）、是正の指示（245の7）、はそれぞれ地方自治法に定められている。

　文部大臣は都道府県の自治事務並びに市町村の自治事務および市町村の都道府県からの法定受託事務について、当該地方公共団体に対し是正又は改善措置を求めることができ、要求を受けた地方公共団体は是正又は改善措置を講じなければならないこととされた。

・指導・助言・援助

　文部大臣又は都道府県教育委員会の指導・助言・援助に関する従来の規定を改め、文部大臣は都道府県又は市町村に対し、都道府県教育委員会は市町村に対し、それぞれの教育事務の適正な処理を図るため、必要な指導、助言又は援助を行うことができる（48条1項）こととした。従来の「行うものとする」は責務として行うものであり、「できる」は主体的な判断で行うことができるとの意味である。

ウ　都道府県教育委員会による基準設定の廃止

　都道府県教育委員会は、市長村立学校等の組織編成等その管理運営の基本的事項に関し、教育水準の維持向上のために必要な基準を設けることができるとされていたが、主体的・積極的な市町村教育行政を展開出来るようにするため、都道府県の関与を出来るだけ縮減するという観点から廃止することとしたものである。

§ 第7　教育改革国民会議の指摘

教育委員の構成の多様化等

　平成12年、小渕内閣当時、総理の私的諮問機関として「教育改革国民会議」が設置され、21世紀の日本を担う創造性の高い人材の育成を目指し、教育の基本にさかのぼって幅広く今後の教育の在り方について議論することとされた。内閣総理大臣が26人の有識者の参集を求め、江崎玲於奈氏を座長として議論を開始、発信力のあるその道の専門家を委員として集め、従来の中教審などとは違って校長会の代表などは委員に選ばず、作家や劇団関係者など国民会議の報告文書を直接書ける人材を積極的に委員に登用し、学校関係者も校長でなく生徒指導担当の教員などを選び、学校現場の抱えている諸問題に実際に取り組んでいる教員を委員に選んだ。

　教育改革国民会議の立場は、教育は人間社会の存立基盤であるとの立場で、「現在の日本の教育は危機に瀕している」として、日本の教育の荒廃は見過ごせないとの立場から、鋭い切り口で当時の教育界の悪平等主義や事なかれ主義に対して切り込んだ。従来の教育界ではタブー視されていた教育基本法の改正を視野に入れ、エリート教育や学校の民営化にもふれ、いじめ、校内暴力は凶悪な少年犯罪でもあり得るとの立場をとり、教員の給与についても意欲に燃えて頑張っている教員もそうでない教員も給与があまり変わらないという悪平等を排除し、教師の意欲や努力が報われる体制を作ることとした。また、教育改革国民会議は、学校や教育委員会に組織マネジメント、危機管理の発想を取り入れるとともに、指導力不足の先生に対しても厳しい措置がとれない現行の人事システムを改革すべきであるとして制度改革を促した。授業を子供の立場に立った、わかりやすく効果的なものにすることや、新しいタイプのコミュニティスクールのような学校の設置を促進することとした。いじめや校内暴力を繰り返す子供に対しては、「出席停止の制度」を活用し、その要件を明確化して適切に対応出来るようにした。また飛び級制度や大学への17歳入学を可能にし、学校教育の弾力化を促進した。答申原案自体を委員が執筆し政府全体に提言することとした。さらにボランティア活動を積極的に推奨し、道徳教育、奉仕活動を重視して、子供の体験活動や読書活動を積極的に推進することとした。

　さらに、私も文部省の職員（官房長）として自らの教育長の経験などから、教育委員に直接自分の子供が学校に通っている親の世代、すなわち若い父母を参加できるようにすべきだと考え、教育委員の若返り案を提案した。教育委員会の活性化のためには、教育委員が高年齢で各界の名士ばかりであって、直接自分の子供が義務教育に通っている人は少なく、仮に孫は義務教育段階であったとしても、直接わが子の教育問題で悩んでいる人はあまりいないため、真剣に教育問題を議論しにくい状況もあると考えられることから、教育

委員に自分の子供が義務教育年齢にある若い人材を選べるようにすべきだと主張したのである。

教育改革国民会議の報告を受けての法改正

教育改革国民会議の報告を受けて

（1）教育委員会委員の任命と会議の公開

①地方公共団体の長は、教育委員会の委員の任命に当たっては、委員の年齢、性別、職業等に著しい偏りが生じないように配慮するとともに、委員のうちに保護者（親権を行う者及び未成年後見人をいう。）が含まれるように努めなければならないこととした。

②教育委員会の会議は公開すること。ただし、人事に関する事件等について、出席委員の３分の２以上の多数で議決したときは、公開しないことができることとした。

③教育相談を行う職員の指定

教育行政に関する相談の事務を教育委員会の職務権限に関する規定に明記し、その事務を行う職員を指定し、公表すること。

④県費負担教職員の人事

市町村教育委員会は県費負担教職員の人事に関し、都道府県教育委員会に対し内申を行う場合、校長の意見を付するものとする。

（2）指導力不足の教員の免職と都道府県の職への採用

教育委員会の活性化を考える上で、指導力不足の教員に対し教育委員会がきっちりとした対応が出来ないことが国民の教育委員会に対する不信感、不満足感のベースになっていたと私は考える。公立学校の教員は地方公務員であり、公務員制度の基本にある身分保証のシステムが、結果としていわゆる問題教員を過度に保護してしまう結果となり、学校や教育委員会が国民の期待に応えていないと見なされる所以でもあったのである。私は若い頃徳島県の教育委員会の管理課長（教職員人事担当の課長）をさせていただいていたが、その時いわゆる精神性疾患を抱えている教員や、指導力不足で問題とされていた教員に対して分限免職処分や懲戒免職処分を行おうとしてもなかなか出来ない実情があることを痛感していた。その頃、学級担任の教員が十分児童生徒の指導が出来ず、父母からクレームが多くても、なかなか当該教員を免職に出来ないため、教育委員会としてはやむを得ず１年限りで別の学校に人事異動をさせ、また新しい学校でも指導力不足として父母から異動希望や抗議が学校に殺到してくれば、やむを得ずまた次の学校に異動させるという、いわゆる「１年限りの先生」がいたのである。こういった教員に対して分限免職や懲戒免職の処分を行うためには、不適切な事例をきちんと記録に残し、十分な証拠を残しておかないと、免職処分を行った場合に、後に本人が不利益処分の撤回や人事異動の無効を人事委員会に異議申し立てした場合や、人事異動の違法性を裁判所に訴えた場合に裁判等で負けて

しまう恐れがあるため、任命権者としても強い処分を行うことを躊躇し、結局一年交替の人事を行わざるを得ない場合が多かったのである。このことが教育委員会に対する地域住民の不平・不満の一つの原因でもあった。こういった事情があったため、指導力不足の教員に対する厳しいが適切な対策を講じることが、教育委員会の活性化に役立つと私は考えていたのである。

　心身の故障などの理由により、児童生徒に対して適切な指導が出来ない教員（いわゆる指導力不足の教員）に対して、何か抜本的な対策は出来ないのかを考えた場合、教育改革国民会議に対して、一つの案として公務員制度の身分保障を考えながら、一方で児童生徒をこういった指導力不足の教員から守ることが重要だと考えて、参考になる一つの考え方としてこの制度を提案したのである。すなわち、児童生徒に対して教育指導を行い、児童生徒の質問に答えるなどの教員としての通常の業務は適切に出来ないが、ある程度負担の少ない職場で、軽微な調査作業に従事するとか、都道府県の一般の職員としての勤務が可能である場合には、いったん教員を免職にして、都道府県の別の職に採用することが出来るよう、法改正を行うことである。いわゆる問題教員（精神的な疾患などで適切な指導が出来ない教員＝指導力不足の教員）への厳しい人事上の対応が出来ないことが教育委員会の活性化の大きな課題であったが、この法改正で教員として直ちに分限免職は出来ないが、都道府県の他の軽微な職には就くことが出来る場合にはそうすることで、いわゆる指導力不足の教員を減らしていくことが出来ることとしたのである。

　この指導力不足の教員であるかどうかの認定は、①児童生徒への指導が不適切であること、②研修等の必要な措置が講じられたとしても、なお児童生徒への指導を適切に行うことが出来ないと認められることであり、事実の確認などこの①及び②に該当するかどうかを判断するための手続きに関し必要な事項は都道府県の教育委員会規則で定めることとされている。

（３）出席停止制度の要件・手続きの明確化

　教育委員会の活性化が問われる中で、もう一つの課題は、学校におけるいじめや校内暴力を繰り返す子供に対して適切な対応が取れない状況があって、父母の学校不信、教育委員会不信の一つの要因と考えられる事態がある。わが国の義務教育においては、教育の機会均等の理念が重要視されていて、仮にいじめや授業妨害を繰り返す児童生徒であっても、教育の機会均等の精神は守られるべきであるから加害生徒にも授業を受ける機会を奪ってはならないという意見が学校現場の先生たちには強かった。すなわち、出席停止の制度があってもこれを適用するには慎重な意見が根強く、ほとんどこの措置は運用されていなかった。授業の妨害を続けたり、いじめを繰り返しても学校はいじめを繰り返す子供達に強い姿勢で臨まないため、校内暴力やいじめを繰り返す子供の方からどうせ学校はきつい

処分を取れないだろうとある意味でなめられているような状況があったのである。このことが父母の教育委員会や学校不信につながり、教育委員会の活性化が求められる所以にもなっていた。たとえいじめっ子であっても、どんな子供にも学ぶ権利があり、学校や教育委員会は学べる状態を保証すべきだという論理である。

　しかし、いじめや校内暴力を繰り返し、授業妨害を続ける児童生徒がいることは、まじめに勉強したい子供にとっては教育を受ける機会を侵害されていることともなり、こういった被害を受けている子供達の学ぶ権利を保障することは重要なことである。一定の限界を超えていじめや授業妨害を繰り返す子供達は、授業の場から別の場所に移して、静かに学習できる環境を保証することこそが重要だと思う。そのための出席停止の制度であり、この制度を適切に運用することで学校教育が正常化することが出来るのである。

① 出席停止制度の要件の明確化（学校教育法 35 条）

　義務教育である公立小学校及び中学校において、学校が最大限の努力をもって指導を行ったにもかかわらず、性行不良であって他の児童生徒の教育の妨げがあると認められる児童生徒があるときは、市町村教育委員会はその保護者に対して、児童生徒の出席停止を命ずることができる。出席停止の基本的な要件は「性行不良」であること、「他の児童生徒の教育の妨げがある」と認められることの2つが示されている。性行不良の例としては、次の行為の一又は二以上を繰り返し行うことがあげられている。すなわち①他の児童生徒に傷害、心身の苦痛又は財産上の損失を与える行為、②職員に傷害又は心身の苦痛を与える行為、③施設又は設備を損壊する行為、④授業その他の教育活動の実施を妨げる行為である。

　出席停止制度は本人に対する懲戒という観点からではなく、他の児童生徒の義務教育を受ける権利を保障するという観点から設けられた制度である。出席停止は法律の趣旨を踏まえ、定められた要件に基づき、適切な手続きを踏みつつ運用されることが必要であり、市町村の教育委員会は出席停止の命令の手続きに関し教育委員会規則を定め、実際に出席停止を命ずる際には、保護者の意見聴取を行うことと、理由及び期間を記載した文書を交付しなければならないこととされている。出席停止制度の運用に当たっては、他の児童生徒の安全や教育を受ける権利を保障するとともに、出席停止措置期間中の当該児童生徒への指導の充実を図ることも重要であるとされ、出席停止期間中の児童生徒に対して学習支援の措置を講ずるものとすることが定められている。

§ 第8　学校運営協議会制度（コミュニティー・スクール）について

　教育改革国民会議の教育を変える 17 の提案（H12.12）及び総合規制改革会議（第 3 次答申　H15.12）を踏まえ中央教育審議会答申（H16.3）「今後の学校の管理運営の在り方に

ついて」を受けて、公立学校の管理運営の改善を図るため、教育委員会がその指定する学校の運営について協議する機関として、地域の住民、保護者等により構成される学校運営協議会を設置できることとなった。具体的には地教行法第47条の6（現行第47条の5）を新設して、学校運営協議会の設置が可能とされた。これは地域住民や保護者のニーズを学校運営により一層的確に反映させる仕組みの導入が必要であるとして、校長と地域の住民、保護者等が共同して学校づくりを行い、より透明で開かれた学校運営を進め、地域に信頼される学校づくりを実現しようとするものである。具体的には、教育委員会は教育委員会規則で定めるところにより、学校ごとに学校運営協議会を置くことができ（努力義務）、委員は教育委員会が任命することとした。学校運営協議会の主な役割は①校長が作成する学校運営の基本方針を承認する、②学校運営について、教育委員会や校長に意見を述べることができる、③教職員の任用に関し委員会規則で定める事項について、教育委員会に対し意見を述べることができるの3点である。学校運営協議会は地域住民、保護者の他校長、教職員、学識経験者、関係機関の職員などで構成される。また委員は公立学校としての運営の公平性、中立性の確保に留意する必要があり、合議体として適切な意思形成ができるような研修等が必要となるであろうし、委員には守秘義務を定めるなどの対応が必要である。さらに、学校・家庭・地域が連携協力しながら一体となって子供の健やかな成長を担っていくため、地域に開かれた学校づくりを推進する観点から、学校に学校評議員を置くことができることとされ（学校教育法施行規則の改正　H10.9）ている。

§ 第9　教育再生会議の議論

　平成18年（2006年）、第一次安倍内閣において安倍総理は、日本を美しい国にしたい、日本を活力とチャンスと優しさに満ちあふれ、世界に開かれた国にしていきたい（第1回教育再生会議総理大臣挨拶）との考えのもとで、そうした国を作っていくための基盤は教育にあるとして、志ある国民を育て、品格ある国家、社会を作っていかなければならない、その中で教育の再生は極めて重要な課題であるという考えのもとに教育再生会議を立ち上げた。

　この背景には、グローバル化の進展とわが国を取り巻く状況の変化、人口の減少と極端な高齢化、長い間の経済の停滞、世界の中での日本の存在感の希薄化、教育界の常識と世の中の常識との乖離など様々な面での教育再生の必要性が求められていたのである。

　私も教育再生会議の委員として加えていただき、文部科学省で長年取り組んできた様々な教育問題の議論に参加することができて、大変充実した時間を過ごせたと思っている。特に第一部会の副主査としていろんな提言をさせていただいたが、学力向上への取り組みや教育委員会制度の改善のための提言や徳育（道徳）を教科として充実させるべきだとの

主張もさせていただいたのである。

　教育再生会議の第一次報告（平成19年（2007年）1月24日）では、社会総がかりでの教育再生を提言した。ここでは、「ゆとり教育」を見直し学力を向上する、いじめ・校内暴力を絶対に許さない、全ての子どもに社会人として必要なルールをきちんと教える、魅力的で尊敬出来る先生を育てる、学校を再生し保護者や地域の期待に応える学校にする、教育委員会の抜本的見直しを行い、社会総がかりで子供の教育にあたることが提言された。

（1）いじめ問題への対応

　特に、いじめ、校内暴力に対して適切、かつ直ちに対応することが学校・教育委員会に求められているとして、いじめ問題への緊急提言が平成18年11月29日になされている。その中では、いじめはどの学校にも必ずある、いじめが無いのが良い学校だという発想をなくし、いじめられている子供の人権を守ることを第一に、いじめは犯罪であり、絶対に許されないことを徹底し、いじめのどんな小さいサインも見逃さないことをアピールした。いじめる側の子供にも教育を受ける権利があるのは事実であるが、いじめられている子供の学ぶ権利を守ることの方がよほど重要だとして、いじめや校内暴力を繰り返す子供には、断固として出席停止の措置をとることを提言している。（参考　平成18年10月19日初等中等教育局長通知）

（2）指導力不足の教員

　教育委員会の活性化の観点からは、もう一つのいわゆる指導力不足の教員の問題がある。

　指導力不足の教員については、教育改革国民会議において、教員としては免職にした上で、別途軽微な作業等を行う公務員として採用する案について法改正を行ったところであるが、依然として指導力不足の教員が各都道府県にかなりの数存在しており、父母の教育委員会不信の大きな原因になっている。父母は自分たちの子供の教師を選ぶことができないが、指導力不足の教員には絶対に自分たちの子供の担任教師になって欲しくないと思っている。しかし、公立学校の教師は地方公務員であり、身分保障があって、指導力不足の教員でもなかなか分限免職に出来ないのが現実である。父母の側からは、教育委員会は事なかれ主義で、毎年の人事異動で学校をたらい回しにするだけで、指導力不足の教員問題に真剣に取り組んでくれないという不満がある。「指導力不足の教員は教壇に立たせるな」というのは、多くの父母の願いであり、要望であった。指導力不足の教員の認定を客観的・公正に行い、研修制度の活用で指導力不足の教員の研修を義務づけるとともに、公務員の分限処分をきっちり行い、本当に教師として不適格な教員は教壇から去らせるようにすべきであり、多くの父母は指導力不足の教員への厳格な対応を求めている。さらに教育再生会議は、これとは別に教員免許制度を改め、定期的に最新の知識技術の修得を図り、教員

が自信と誇りをもって教壇に立てるよう、「教員免許更新制」を導入することとした。

　指導力不足の教員の問題については、教育再生会議の報告を受けて、いわゆる教育3法の改正ということで、教育公務員特例法の改正が行われている。すなわち、任命権者は、教育や医学の専門家や保護者の意見を聴いて「指導が不適切な教員」の認定を行うこととし、任命権者は指導が不適切と認定した教員に対し、指導改善研修を実施しなければならないこととした。また、任命権者は、研修終了時に、教育や医学の専門家や保護者などの意見を聴いて、指導の改善の状況について認定を行うこととし、研修終了時の認定において、なお指導が不適切であると認定した場合には、免職その他の必要な措置を講ずるものとした。また教職員免許法を改正し、教員の勤務実績が良くない場合やその職に必要な適格性を欠く場合に該当するとして分限免職処分を受けたときには、当該教員の免許状は効力を失うこととした。

（3）教育委員会制度の改革

　教育再生会議においては、第一次報告において、教育再生のためには教育委員会の再生が不可欠であり、その存在意義を原点に立ち返り根本的に見直すとしている（第一次報告）。

　そして、現在、教育委員会は、必ずしも組織として十分に機能し、国民の期待に応えているとは言えないとし、その存在意義を原点に立ち返って見直すとともに、教育委員会の閉鎖性、形式主義、責任感のなさ、危機管理能力の不足、委員の高齢化、名誉職化といった弊害を取り除く必要があるとしている。教育委員の数や構成の見直し、首長と教育委員会との権限分担の見直しなどについて早期に結論を得るとともに、教育委員会の必置規制の撤廃なども検討すべきだとしている。

　第一次報告では、第一に教育委員会の問題解決能力が問われているとして、教育委員会が地域の教育に全責任を負う機関として、その役割を認識し、透明度を高め、説明責任を果たしつつ、住民や議会によって検証を受けるべきだと指摘している。そして、教育委員一人一人の活動状況や個別案件への賛成・反対の結果を公表するなど教育委員会の議論や学校における問題の情報公開を徹底し、住民や議会における検証を受けるようにすべきであり、その活動状況を原則として毎年議会に報告すべきだとしている。また、教育委員長の持ち回り互選は止め、委員長にふさわしい人材を選任すべきであり、さらに国（独立行政法人）は、教育委員の計画的研修を実施し、新任の教育委員に研修への参加を義務づけるべきだとしている。第二にいじめ、校内暴力など学校の問題発生に正面から向き合い、外部の専門家なども含めた危機管理チームを設け、迅速に対応すべきだとしている。いじめの実態調査を実施してヒアリングなども行いガイドラインの策定なども求めている。

　第三に文部科学省、都道府県教育委員会、市町村教育委員会、学校の役割分担と責任を明確にし、教育委員会の権限を見直すこととし、都道府県教育委員会に対する国の関与の

在り方などを検討することとし、措置要求の制度の検討や地方自治法の是正の要求、是正の指示などの改善措置の規定をより実効性のあるものとして活用することなどを盛り込んでいる。また、学校の教職員の人事について、広域人事を担保する制度と合わせて市町村教育委員会に人事権を極力移譲すべきだとしている。特に中核市を政令指定年並みの扱いにするなどして人事権を出来るだけ市町村教育委員会に移譲することとしている。

　第四に、教育委員会のあるべき姿についての基準や指針を国で定めて公表し、第三者機関による教育委員会の外部評価制度を導入すべきとしている。第五に小規模教育員会については、広域的に事務処理ができるよう教育委員会の統廃合を進めることとしている。

　これらの指摘を踏まえ、政府においては、教育再生会議の第一次報告を受けて平成19年の通常国会に地教行法の一部改正案を提出した。いわゆる教育3法である。

（4）教育再生会議第一部会の議論と改革案

　教育再生会議は平成19年1月24日第一次報告をとりまとめ、教育委員会制度の改革に向けて政府部内で法案の検討が始められていたが、教育再生会議内部ではさらなる教育委員会制度の改革が必要ではないかとの意見が残されていた。第一分科会副主査を務めてきた私は、第一部会としての教育委員会制度の抜本的見直しの案を検討してきたが、これは最終的には時間切れとなったのであるが、当時私が考えていた抜本的な改革案は次のようなものであった。それは、政府案にも一部取り入れられているが、第一には教育委員会の目的及び任務の明確化であり、教育委員会は地域の教育に全責任を負う機関として、その役割を認識し、透明度を高め、学校と連携を密にし、危機管理に迅速に対応し、地域住民にきちんと説明責任を果たさなければならないことを明確化することであった。また教育委員会と教育長の役割・権限・責任の明確化である。第二に特に教育委員長が教育委員の最年長者であるが故に選ばれたり、毎年持ち回りで選ばれるなど、真に委員長にふさわしい人が選ばれるのでなく、単に年功序列や毎年の持ち回りになるなど教育委員長の決定方法や役割が不明確であったことから、教育委員長の役割の明確化と、教育長及び教育委員に優秀な人材を確保すべきことを提言している。また、単なる名誉職でなく、真剣に自分の子供の教育に取り組んでいる現役の父母（保護者）を教育委員とし、真剣な議論を期待することとした。教育委員一人一人の活動状況が解るようにその活動状況を公表することとするなどの提言を行っている。第三には、真に教育員会の活性化を図るためには、自己点検評価を行い、その結果を公表することとするともに、外部の第三者から常に評価されるようにするため、第三者評価を導入してはどうかといった提言もしている。この第三者評価の仕組みなどについては、国の独立行政法人を活用する方法など引き続き教育再生会議で検討していくこととされたが、第一次安倍内閣の総辞職に伴い、時間切れとなってしまった。

この教育委員会を外部の目で見て、客観的な評価を行い、その結果を公表することで、教育委員会が自ら活性化に向けた努力をしなければならなくする外部評価制度の導入は、教育委員会の活性化が各方面から叫ばれながら、長い間改善できなかった教育委員会制度を抜本的に見直す一つの有力な考え方であると、私も考えてきたのである。ただ、複数の委員からなる教育委員会を、教育委員会そのものがレイマンによる外部評価委員会のような性格のものであり、それをさらに外部評価にかけることが、どれほどの意味を持つのか、なかなか短時間では結論の出ない課題であった。また別途、教育委員会の活性化は都道府県単位や人口の大きな都市ではある程度実現出来ており、活性化はどちらかと言えば小規模委員会の課題であったが、この問題も制度発足の当初から指摘され続けてきた課題であり、市町村自体の合併が大幅に進められる中で、市町村単位とは別の単位で教育委員会を設置しようとする動きはあまり存在せず、言うことは易しいが、実現はなかなか出来ない課題であったのである。

　第四に県費負担教職員の人事について、できるだけ市町村教育委員会や学校に人事の権限を移譲することであり、これは一部政府案に取り入れられている。さらに、国と都道府県、市町村教育委員会の関係については、地方分権の考え方を基本としつつも、法令違反や著しく適正を欠き教育本来の目的達成を阻害していると認めるときは、是正の勧告や是正の指示が出来るようにするなどの措置も検討することとした。また、文部科学大臣が都道府県などの教育長の任命に関与することなど、国の責任を明確化する必要があるなどの考えも示されている。

　究極的に教育委員会の活性化を図るためには、常時教育委員会の活動を把握し、評価する外部評価機関を常設のものとする案については、教育委員会自体が非常勤の教育委員によりなり立っている行政委員会であり、さらに教育委員会を監視する行政委員会を設置する必要性があるのかという議論や、屋上屋を架することにならないかといった不安があることも事実であろう。（教育委員会制度の抜本的見直しについて　**参考資料5（P196）**教育再生会議第一分科会報告　H19.2.5）

　これらの指摘を踏まえ、政府においては、教育再生会議の第一次報告及びその後の第一分科会報告さらには中央教育審議会の議論を受けて平成19年の通常国会に地教行法の一部改正案を提出した。いわゆる教育3法である。

（5）教育再生会議の議論を受けた地教行法の改正

　文部科学省は教育再生会議の報告を受けて、さらに中央教育審議会で議論した上で教育3法の改正を国会に提案したが、そのうちの地教行法の改正について、その概要は次の通りである。

①　地方教育行政の基本理念の明記

地方公共団体における教育行政は、教育基本法の趣旨にのっとり、国との適切な役割分担及び相互の協力の下、公正かつ適正に行われなければならないとする地方教育行政の基本理念を明記した。

②　教育委員会の責任体制の明確化

　教育委員会が責任をもって教育に関する事務を管理・執行するようにするため、教育長に委任できない事務を明確化した。すなわち、合議制の教育委員会はア　基本的な方針の策定、イ　教育委員会規則の制定・改廃、ウ　教育機関の設置・廃止、エ　教育機関の職員の人事、オ　活動の点検・評価、カ　予算等に関する意見の申し出でについては、自ら管理執行することとされ、教育長に委任することは出来ないこととされた。

③　教育委員会の活動の自己点検・自己評価

　効果的な教育行政の推進に資するとともに、住民への説明責任を果たしていくため、教育委員会が事務の管理・執行状況について点検・評価を行い、その結果に関する報告書を議会に提出し、公表することとされた。また点検・評価を行う際に、学識経験者の知見の活用を図ることが規定された。

④　教育委員会の体制の充実

　ア　市町村の教育行政体制の整備・充実

　人口規模が小さい市町村の教育委員会の事務局体制が十分でないことを踏まえ、教育委員会の共同設置や一部事務組合などの様々な方法を活用して、市町村における教育行政の体制の整備・充実を進めることとされた。都道府県教育委員会においては、活用できる制度の内容についての助言や、市町村間の連携に関する好事例の情報収集・提供を積極的に行っていく必要があるとされた。

　イ　市町村教育委員会の指導主事の設置の努力義務化

　人口規模が小さい市町村において指導主事の設置が進んでいないため、市町村教育委員会が指導主事の設置に努めることを明確化したもの。

　ウ　教育委員が教育行政において負う重要な責務を自覚するとともに、今回定めた地方教育行政の基本理念に即した運営が行われるよう意を用いなければならないことを規定した。また文部科学大臣及び都道府県教育委員会は、市町村の教育委員の研修を進めることとされた。

⑤　教育行政における地方分権の推進

　ア　教育委員の数の弾力化　地域の実情に合わせて、多様な地域住民の意向を教育行政に一層反映することができるように、原則は５人である教育委員の数を、条例で都道府県及び市の場合には６人以上の委員、町村の場合は３人以上の委員をもって組織することができることとした。

第3章　地方教育行政の組織及び運営に関する法律（地教行法）の制定

⑥　教育委員への保護者の選任の義務化

　現に子供を教育している保護者の意向が教育行政に適切に反映されるよう、努力義務であった保護者の教育委員への選任を義務化した。この保護者とは親権を行う者・未成年後見人のことを指すが、実際にその地域で教育を受けている子供をもつ保護者を選任することが望ましいとされている。従来から教育委員がともすれば名誉職的に考えられており、功成り名遂げた地域の名士や選挙の論功行賞で教育委員に選任された人々は年齢も高く、自分自身の子供の教育というより孫の教育ぐらいにしか教育問題をとらえておらず、真剣に地域の教育課題に取り組む姿勢が見られない傾向にあったが、父親や母親は自分の子供の教育について真剣に取り組む必要があるから、まさに教育委員会の活性化に取り組んでいただけるであろうとの期待を込めた改正である。

⑦　スポーツ・文化に関する事務の所掌の弾力化

　地域づくりの観点から、地域の実情や住民のニーズに応じて、条例でスポーツ・文化に関する事務を教育委員会でなく首長が管理・執行することができることとした。ただしスポーツのうち学校体育に関する事務や文化のうち文化財保護に関する事務は対象外として、従来通り教育委員会の所掌としている。

⑧　県費負担教職員の同一市町村内の転任

　県費負担教職員の人事について、同一市町村内の転任については、市町村教育委員会の意向を一層重視する観点から、市町村教育委員会の内申に基づき行うこととした。都道府県教育委員会は、都道府県内の教職員の適正な配置と円滑な交流に配慮して、市町村教育委員会の意向も踏まえつつ、人事異動に関し県費負担教職員の任用に関する基準を策定し、域内の市町村教育委員会に示す必要があるとされている。

⑨　教育における国の責任の果たし方

　高等学校教育において卒業に必要な科目の単位の未履修の問題が全国的に大きな問題となったこともあり、教育における国の責任の果たし方を改正した。

　今回の改正による「是正の要求」や「指示」の規定は、地方自治法に定める自治事務に対する関与の基本原則にのっとり、教育委員会が十分に責任を果たせない場合に、憲法で保障する国民の権利を守るため、文部科学大臣が必要最小限の関与を行うこととしたものである。

　「是正の要求」や「指示」を行ったときは、その内容を、教育委員の任命に責任をもつ地方公共団体の長や議会に通知することにより、当該地方公共団体において長が教育委員会に支援を行うなど適切に対処することを期待しているものである。地方教育行政を適正に執行するためには、教育委員会だけでなく、教育委員を任命する地方公共団体の長、同意を与える議会の役割が重要であり、地方公共団体が一体となった取組が求められている。

具体的な改正点は次の三点である。

　ア　教育委員会の法令違反や怠りによって、緊急に生徒等の生命・身体を保護する必要が生じ、他の措置によってはその是正を図ることが困難な場合、文部科学大臣は是正・改善の指示ができることとした。

　イ　教育委員会の法令違反や怠りによって、生徒等の教育を受ける権利が侵害されていることが明らかである場合、文部科学大臣は、講ずべき措置の内容を示して、地方自治法の「是正の要求」を行うこととした。

　ウ　上記の「指示」や「是正の要求」を行った場合、文部科学大臣は、当該地方公共団体の長及び議会に対してその旨を通知するものとした。

⑩　私立学校に関する教育行政

　知事は、私立学校に関する事務について、必要と認めるときは、教育委員会に対し、専門的事項について助言・援助を求めることができることとした。

　私立学校を所轄する知事部局において教育委員会とは異なり、指導主事のような専門的職員が十分確保されていないなどの実態があり、都道府県教育委員会が有する学校教育に関する専門的知識を、知事が活用できるようにしたものである。知事が教育委員会に助言・援助を求める場合には、知事は私立学校と協議するものとし、教育委員会が知事に助言・援助をする際には、私立学校の自主性を尊重するなどの配慮が必要とされる。知事部局においても、私立学校の法律上の義務の確実な履行を担保できるよう、学校教育についての専門的知識を有する職員を配置するなど、体制を充実させることが期待されている。

§ 第10　大阪府の教育基本条例問題について

（1）大阪府の教育基本条例問題—教育改革の発端としての学力調査結果の公表要求

　2008年大阪府知事となった橋下徹氏は、全国学力調査において大阪府の公立小中学校の児童生徒のテストの結果が全国47都道府県の中で最下位クラスに低迷しているとして、大阪市教委の責任を追求し、20年度の市町村別のテスト結果の公表を求めた。これに対し市教委の教育長などから反発の声が続出し、政治が強引に教育に介入するものだとして政治と教育の緊張をはらむ関係の幕開けであったとされている。（注9　白石裕　市町村教育委員会の展望と課題　首長主導改革と教育委員会制度　P31など）この知事の要求はショック療法の役割を担ったものであろう。

　一般的に教育委員会や学校は自分たちの地域や学校の学力調査の結果の公表に消極的である。その理由は、①学校格差が明らかになり児童生徒に悪影響を及ぼすとか、②学校の序列化をすすめることとなるとか③学校別の過度の競争を招く恐れがあるなどが挙げられている。学力低迷の責任を教育委員会や学校だけに押しつけることは問題であろうが、

—150—

全国悉皆調査で国費や公費を使って調査している以上、学力調査をある程度までは公表すべきではないかと私は考える。仮に調査の結果が思わしくなかった場合でも、それを反省材料として次の調査に向けて学力向上に取り組めばよいのであって、教育環境の改善や整備のための資料として活用し、教職員が頑張って教育環境を向上させていく材料にすれば良いのではないか。教育上の配慮を理由に平均点の公表を控えることはいかがなものかと思う。

　乱暴な議論であるが時として「教育委員会廃止論」や「教育委員会不要論」が叫ばれることがある。教育委員会制度は誰が責任者であるか曖昧であり、必要な決定・決断が迅速にできず、責任体制が曖昧だという主張は以前から首長を中心に根強くある。

　選挙で選ばれた首長が都道府県や市町村の行政の一環として「教育行政」についても首長部局のその他の行政と同じように必要な関与を行い、ある程度首長としての考えや政策を教育の分野でも反映させたいと考えるのは理解出来ないわけではない。

　ただ首長は、現在でも教育委員の任命を通して、予算の編成過程で財政権限を通じて教育委員会に強い影響力を行使している（白石裕　前掲書　P42）。そして現行制度の改善を通じて、改善の取組の中でよりよい教育行政を実現するための努力をすべきであって、いたずらに教育委員会廃止論を主張するだけでは説得力に欠けるのではないか。

　前述の白石裕氏も首長主導の教育統治では、教育の論理より行政の論理が優先されがちであり、政治判断的な教育論が一方的に推進されるだけになっては困るし、政治家である首長が選挙民に受けの良い教育政策を取り上げようとするかもしれない。またそのことが真面目に日夜努力している教育現場の士気を甚だしく喪失させる危険性もあり、やはり教育委員会制度を維持すべきであるとしている（同著　P43）。

　樋口修資氏も大阪における教育委員会制度の改革論は、地方政治における「劇場型首長」の登場と地方政治の「ポピュリズム化」を背景として大きな「政治―教育」問題を提起しているという。大阪における橋下徹市長の主張は、わが国の行政機構が仕事の役割分担を曖昧にし、決定権と責任の所在を分散させ、誰が決定権者か責任者なのかをはっきりさせない仕組みになっており、その典型例が「教育行政システム」であるとして教育委員会制度を批判する。（参考　橋下徹　堺屋太一　「体制維新―大阪都」文春新書　P211）平成23年9月に大阪府議会に提出された「大阪府教育基本条例案」では、教育行政からあまりにも政治が遠ざけられ……政治が適切に教育行政における役割を果たし、民の力が確実に教育行政に及ばなければならない」とし、教育基本法にいう教育の政治的中立とは教員組織と教育行政に政治が関与できないということではないと主張していた。（参考　樋口修資　前掲書　P57、北村亘　大阪府市における教育基本条例の成立過程　首長主導改革と教育委員会制度　P127など）

橋下氏は大阪府で犯罪発生率、失業率、生活保護率、離婚率などが全国的に高い割合であるとしてこれを「大阪問題」だとし、この大阪の低迷、大阪問題の解決には教育格差の解消による中間層の強化が重要であると指摘し、大阪復活には教育に力を入れるしかないと主張している（参考　橋下・堺屋　前掲書　P68）橋下氏は「今の教育委員会制度は教育の中立性を錦の御旗に、……半ば治外法権のような状態です。そして地方の教育委員会は、自らの首長、議会の言うことに耳を傾けませんが、文科省の言うことには全てビシッと聞くのです」と現状を批判、その上で方向性は政治が決めるべきだ。大阪府全体の大きな教育ビジョンは選挙の審判を受ける政治家が決めるべきだと主張している。（参考　橋下・堺屋　前掲書）

（２）大阪府橋下知事の指摘

　教育委員会制度に対する疑問や批判は従来からあったが、前述したように平成20年（2008年）、大阪府知事に就任した橋下徹氏は、教育委員会が適切に民意を反映していないとして、教育委員会を痛烈に批判し、教育委員会は不要であると主張した。しかし、教育委員会を廃止することは現行法上不可能であるため、大阪府の教育基本条例案を作成し、首長が教育目標を設定して教育委員会を知事の支配下に置くという方針を打ち出した。平成23年大阪府知事・市長のダブル選挙で教育基本条例制定を公約にして選挙に当選した。当初の教育基本条例案は、一　知事が教育委員会と協議して教育目標を設定する、二　府立学校の全校長を公募する、三　学力テストの学校別結果を公表する、四　保護者らの学校協議会が校長、教員を評価する、五　2年連続して最低の評価を受けた教員は分限処分とする等の内容であった。この教育基本条例案は、当初案では①条例で知事の権限を拡大できる、②政治家が教育に介入する恐れがある、③教育委員会の権限を実質的に縮小している、④知事が教育長を罷免できる、⑤学校評議会を校長が設置する、⑥校長が教員の任用に関与する、⑦教員の勤務評価を校長が行い、学校評議会も評価を協議する、⑧分限処分について適正手続きに違反するおそれがあるなど様々な点で問題があった。

　大阪府の基本条例案は、平成23年（2011年）9月に3本立ての条例案に変更され、24年（2012年）2月に「教育行政基本条例案」、「府立学校条例案」と「職員基本条例案」の3本が議会に提案され、同年3月に可決成立した。当初案にあった地教行法と抵触する部分は変更され、ぎりぎりのところで国の法律に明らかに違反するところはなくなり、知事と教育委員会が地教行法の規定する職務権限のもと、協力して教育の振興にあたることとされたのである。大阪市でも同様の条例が制定された。

第3章　地方教育行政の組織及び運営に関する法律（地教行法）の制定

（注1）市町村教育長について任期制、専任制、特別職化の3点をめざすべきだとの市町村側の要望については、特別職として当時の助役、収入役などと並んで待遇改善をしてほしいという市町村教育委員会の側の意見があるものの、財政問題があり、行政改革に逆行することと市町村の他の行政委員会とのバランスが崩れるとの意見が強く、自治省との折衝が困難であった。

（注2）教育委員会の活性化に関する教育助成局長通知（S62.12.16）**参考資料2（P189）**を参照されたい。

（注3）教育委員会に財政権がないことは地教行法の下でやむを得ないことであるが、私はこれが教育委員会の活性化を阻害する主たる要因とは思わない。教育長が予算折衝で能力を発揮し教育委員会の施策をしっかり遂行していけば活性化は可能だと思う。また公選制の方が任命制より就任意欲の高い委員を選出できる面はあると思うが、この点は弊害の方が多いと思われる。委員が非常勤であることは指摘のとおりである。

（注4）活性化を議論する場合、逆に教育委員会の形骸化が問題であり、これを克服するためには教委会議の形式化を解消するための改善策が重要であると考えられる。

（注5）教育委員の任命制については、いわゆる「民主的教育」を支持し発展させようとする側からは当初から批判が強かったとして、地教行法制定当時から反対の意見も出されていた。

準公選を求める中野区議会議長からは「公選制が廃止されたことで、地域住民が教育に対する自主性を失い、ひいては地方分権の弱体化をきたしている」として、旧教育基本法10条の「教育が国民全体に対し直接責任を負って行われるべきである」ことからして公選制が当然であると主張していた。

（注6、注7）地方分権推進委員会は文部省に対して何回かヒアリングを行い、今まで国段階で任命承認を行わなかった例はなく、任命承認制度を廃止しても特段の担保措置は必要ないのではないかなどの意見を出している。

（注8）さらに教育委員と兼任になれば、定年制の適用を受けないためより幅広い人材の選任が可能となることもメリットであろう。

（注9）大阪府知事が平成19年度・20年度の全国学力・学習状況調査で47都道府県の中で最下位クラスに低迷したことを受けて大阪市教委の責任として20年度の市町村別のテスト結果の公表を求める発言をした。これに対し市教育長たちから反発の声が続出した。市教委には知事の公表要求に従う義務はないが、知事は30人学級のための予算は付けないなどと発言した。

第4章　新しい教育委員会制度について

第1節　教育再生実行会議の第二次提言と中教審の議論について

§ 第1　教育再生実行会議の第二次提言

大津市の男子中学生の自殺事件

　平成24年2月、滋賀県大津市では自殺した男子中学生の遺族が、自殺がいじめによる
ものだとして、いじめた同級生と大津市を相手に損害賠償請求訴訟を提起した。この裁判
をめぐっては大津市教育委員会の実態把握が不十分であり、学校への指導も極めて不適切
であったことなどから、大津市教育委員会が厳しい世論の批判を浴びるという事態が発生
した。また大阪市の市立高校でバスケットボール部の生徒が自殺し、市教委の調査で部の
顧問教師の度重なる体罰事件が明らかになり、この体罰を市教委が見過ごしていたことな
どから、マスコミ等で全国的に教育委員会批判が数多く指摘されることとなった。学校を
指導し、管理する立場の教育委員会が形骸化しており、本来の仕事をしていないのではな
いかとの批判が高まってきたのである。

　教育再生実行会議は平成25年（2013年）4月15日に「教育委員会等の在り方につい
て」という第二次提言を提出した。その中で、先の教育再生会議で提言がなされ、教育委
員会制度に関する法律改正もなされたが、依然として問題が解決されていないとして教育
員会の存立意義を原点に立ち返って見直す必要があるとしている。

　第二次提言では、地方教育行政の権限と責任を明確にし、全国どこでも責任ある体制を
築くこととし、次のように述べている。すなわち、現行の教育委員会制度には、合議制の
執行機関である教育委員会、その代表者である委員長、事務の統轄者である教育長の間で
の責任の所在の不明確さ、教育委員会の審議等の形骸化、危機管理能力の不足といった課
題が依然として残っている（第二次提言）。そして、根本的な問題として、非常勤の委員
の合議体である教育委員会では、日々変化する教育問題に迅速に対応し、責任を果たして
いくにはおのずと限界がある、もちろん関係者のたゆまぬ努力と相互の緊密な意思疎通に
より、適切な教育行政が行われている地方公共団体があることも事実であるが、（優秀な
教育長や教育委員長がいて素晴らしい教育行政を行っている教育委員会もある）そういっ
た属人的な要素によるものでなく、全国どこの地域でも責任ある教育行政が可能となる体
制を制度として築く必要があるとしている（第二次提言）。他方、教育委員会制度は、戦
後一貫して、教育の政治的中立性、継続性、安定性を確保する機能を果たしてきた、新た
な体制においても教育内容や教職員人事等における政治的中立性等の確保は引き続き重要
であるとし、その上で、地方教育行政の権限と責任を明確にするため、地域の民意を代表

—154—

する首長が、教育行政に連帯して責任を果たせるような体制にする必要があるとして抜本的な改革案を提示した（第二次提言）。その要点は次の通りである。

①地方教育行政の責任体制を明確にするため、首長が任免を行う教育長が、教育行政の責任者として教育事務を行うよう現行制度を見直す。首長による教育長の任命・罷免には議会の同意を得ることとし、議会が教育長の資質・能力をチェックする。

②教育長を教育行政の責任者とすることで、教育委員会の性格を改め、その機能は、地域の教育のあるべき姿や基本方針などについて闊達な審議を行い、教育長に対し大きな方向性を示すとともに、教育長の事務執行状況をチェックする。

③政治的中立性等を確保するため、教育長が教育の基本方針や教育内容に関わる事項を決定する際には教育委員会で審議することとするなどの制度上の措置を講ずる。

④教育長が十分責任を果たすことが出来るよう、指導主事など専門職の配置充実など教育行政部門の体制を強化する。学校だけでは対応が困難な問題には、弁護士等の外部専門家による支援体制を整備し、教育予算の編成・執行や他部局との交流人事においても、首長と教育長の連携を一層強化する。

⑤教育長の資質・能力は極めて重要であり、強い使命感を持ち常に自己研鑽に励む人材が求められるとし、教育長に教育の専門的識見とマネジメント能力に優れた者を充てることができるよう、現職の教育長や教育長候補者の研修など「学び続ける教育長」の育成に国が一定の責任を果たす。

⑥教育委員には、広い視野を持ってわが国の将来を思い、未来を担う子供の育成を考え行動できる者を人選する、その際、保護者に加えコミュニティ・スクール・学校支援地域本部等の関係者、文化・芸術、スポーツなど各界で顕著な功績ある者の活用なども考慮する。

⑦上記の方針の下、新たな地方教育行政体制において、教育委員会で審議すべき事項とその取扱い、教育委員の任命方法、教育長の罷免要件等の詳細な制度設計については、今後、中央教育審議会においてさらに専門的に審議されることを期待する。その際、新たな教育行政組織の名称について、役割や機能が国民にわかりやすいものとなるよう配慮する必要がある。（教育委員会制度改革のイメージ　**参考資料7**（P200））

　なお書きで、合議制の執行機関としての教育委員会を維持しつつ、教育長を首長の任命とし、教育委員会規則の改廃や教職員人事は教育長に委任するなど、実態に合った制度の見直しをすべきであり、仮に教育委員会の性格を改める場合には、首長を教育行政の責任者とし、教育長を教育事務執行の責任者とすべきとの意見があったことを付記している。

　その他、責任ある教育が行われるよう、国、都道府県、市町村の役割を明確にし、権限の見直しを行うことや、地方教育行政や学校運営に対し、地域住民の意向を適切に反映することが提言されている。

教育再生実行会議の第二次提言では、従来の合議制の執行機関としての教育委員会の性格を改め、首長が任命する教育長が、地方公共団体の教育行政の責任者として教育事務を行うとしている。これは、教育委員会が執行機関であり、教育長がその補助機関であった従来の教育委員会制度を改め、教育長を教育行政の執行機関とし、教育委員会は地域の教育のあるべき姿や基本方針について教育長に大きな方向性を示すとともに教育長の教育事務の執行状況をチェックするための合議制の機関とするということである。教育委員会は、いわば教育行政の執行責任を負う教育長の職務執行状況を基本的方向性から監督し、チェックする緩やかな監督機関であり、その任命責任は首長が負うこととなる。教育行政についての権限と責任を教育長、教育委員会、首長が分担する制度であると言えよう。従来の教育委員会制度においては教育委員会に①執行権、②指揮監督権、③任免権があり、これら三つの権限に対して三つの責任が認められていた。すなわち①執行責任、②指揮監督責任、③任免責任である。この第二次提言では①の執行権と執行責任は教育長にあり、②の指揮監督権及び指揮監督責任は弱められた形で教育委員会に残るが、③の任免権及び任免責任は首長及び議会にあることとなる。この第二次提言では、行政委員会としての教育委員会は存在せず、教育長は首長の部下（補助機関）として教育行政を掌ることとなり、教育行政も一般行政と同じ形で首長の地方公共団体行政の一部門として扱われることとなるであろう。教育委員会は教育長の行う教育行政に対し、教育のあるべき姿や基本方針などについて大きな方向性を示すに止まり、教育長の教育事務の執行状況をチェックする機関に過ぎなくなる。すなわち教育委員会は審議会や監査委員会などのような機関となり、執行機関でも行政委員会でもなくなり、教育行政が政治的中立を確保するための歯止め的な役割しか担わないこととなる。第二次提言はこの新しい地方教育行政体制を築くに当たり、中央教育審議会に新しい教育委員会の審議事項、その取り扱い、教育委員の任命方法、教育長の罷免要件など詳細な制度設計は中教審で専門的立場から検討することを求めていた。

（1）第二次提言の問題点

　第二次提言は、行政委員会としての教育委員会を廃止し、教育行政を他の一般行政と同じく首長部局の一分野として取り扱うべきだとするものであったが、これに対しては①首長の権限が大きくなりすぎて、教育の政治的中立性が犯される危険性があるとして危惧する意見が強く存在していた。また②戦後60年以上続いてきたこれまでの教育委員会制度を根幹から改めることに対する不安や教育委員会関係者の根強い反対が大きく広がっていた。

　第二次提言でも「なお書き」で、合議制の執行機関としての教育委員会を基本的に維持しつつ、教育長を首長の任命によることとし、教育委員会規則の制定・改廃や具体的な教

第4章　新しい教育委員会制度について

職員の人事の決定は教育長に委任するなど、実態に合った制度の見直しをすべきであり、仮に教育委員会の性格を改める場合には、首長を教育行政の責任者とし、教育長を教育事務執行の責任者とすべきだとの意見があったことを付記している。

§ 第2　中央教育審議会の制度改革案（A案）と別案（B案）

（1）中教審における議論

　教育再生実行会議の第二次提言が出され、文部科学大臣は中教審に対し「今後の地方教育行政の在り方」について」諮問を行った。

　これを受けて中教審は教育制度分科会で審議を行い、平成25年10月、審議経過報告という形で審議の途中経過を報告しているが、その中で実際に教育にかかわる現場経験（教育委員、教育長、首長）のある中教審の委員からの意見を発表しており、その現場経験委員からの主な意見は次の通りであった。

　教育委員の意見では、おおむね現行制度に肯定的な意見が多かったが、問題点として非常勤の教育委員長が責任者というのは事務局から上がってくる情報にも限りがあり細かいことまで問われると違和感がある、教育長は常勤のプロであり、教育委員会が教育長を指揮監督するには限界があるといった意見が出ていた。教育長からも現行制度を肯定する意見が多かったが、教育委員会の審議事項が個別の人事や規則改正など、教育委員が議論しようとしても議論できない案件に多くの時間を費やしているとか、規模の小さい市町村では事務局体制が弱く指導主事も不足しており、国や県のバックアップが必要だといった意見が出ていた。これに対し、首長からは教育委員会は合議制で教育委員は非常勤であるため、機動性、弾力性に欠ける、継続性・安定性が言われるあまり、時代の変化への適応力や突発的事態への対応力に欠ける、非常勤の教育委員長が教育行政全般に権限や責任を持つことは、実際上困難だ、地方教育行政の大部分は文部科学省の細部にわたる学習指導要領の元で実施されており、政治的中立性や継続性・安定性が大きく損なわれるようなことはありえないといった意見が出されていた。また教育長について、現実には首長は教育委員を選ぶ際に当該委員を教育長にすることを前提に選んでおり、教育長を教育委員会が選任するというのも形骸化している、教育長任命に係る議会同意が得られず、任命がスムースに行えないケースが少なからずあるといった意見が出されていた。

（2）教育委員会制度改革をめぐる関係団体の提言（文部科学省調べ）

　また、教育委員会制度改革をめぐる様々な議論として、全国知事会や全国市長会、全国町村会からは教育委員会を選択制にするなど必置規制を緩和すべきとの意見が出されていた。これに対し、教育長関連の団体からは、全国町村教育長会は教育委員会制度の堅持・充実を、全国市町村教育委員会連合会からは教育委員会制度の維持・充実を求める意見が

—157—

出され、全国都道府県教育委員長協議会・教育長協議会からは現行制度の検証を十分に行うことと、各都道府県・市町村教委の意見を十分聴取し、尊重することなどの意見が出されていた。さらに中核市教育長会は現行の教育委員会制度を堅持し、首長からの政治的中立性を保つとともに、合議制を維持、その上で教育委員長と教育長を一体化して教育委員会を代表して責任を負う代表責任者（仮称）を首長が議会の同意を得た上で直接任命することとしてはどうか、また教育委員会の役割を基本的な方針や政治的に中立性に配慮すべき事項の決定と教育行政運営へのチェック機能とすることなどを提言している。

　中教審では、これらの意見も踏まえ、次の三つの視点から制度改正の検討を行っている。その3点とは①教育長及び教育委員会の権限と責任の明確化、②政治的中立性、継続性・安定性の確保、③首長の責任の明確化である。これらの視点から、中央教育審議会は制度改革案をとりまとめたが、その概要は次の通りである。（中教審答申「今後の地方教育行政の在り方について」H25.12.13）（中央教育審議会の教育委員会制度改革のイメージ　**参考資料8（P201））**

制度改革案（A案）

（1）教育委員会を従来の執行機関としての位置づけでなく「特別な附属機関」と位置づけ、教育委員会の審議すべき事項を限定し、①政治的中立性、継続性・安定性の確保、地域の教育のあるべき姿や教育の基本方針をじっくり議論できるようにすることとし、②教育委員は、一歩離れた立場から教育長の事務執行をチェックできるようにする。

（2）地方公共団体に、公立学校の管理等の教育に関する事務執行の責任者として、教育長を置く。教育長は、首長が定める大綱的な方針に基づいて、その権限に関する事務を執行する。首長が大綱的な方針を定める際には、その附属機関としての教育委員会の議を経るものとする。教育長の事務執行に関しては、首長の関与は、原則として大綱的な方針を示すにとどめる。これらの制度改革案については別途「制度改革案のイメージ」の図で示されていた。

別案（B案）

　これに対し、改革案では首長の影響力が強すぎるため、教育委員会の性格を改めた上で、執行機関として存続させ、教育長をその補助機関とする別案も示され、この案を支持する強い意見もあったとされている。別案の概要は別途「別案のイメージ」図で示されていた。この案では、教育委員会は大綱的な方針の策定を行うが、教育長に対する日常的な指示は行わず、教育長は委員の内から首長が議会の同意を得て任免し、教育事務執行の責任者となる。首長は教育条件の整備に関することを、教育委員会と協議して決定し、予算・議会の議案については首長が教育委員会の意見を聴くこととしている。

　中教審の答申は、いわば両論併記の形でもあり、制度改革案（A案）は地域の民意を代

表する首長の意向を教育行政により反映させることに重点を置いた改革案であり、首長が教育行政に連帯して責任を負う体制を設けることで優れており、文部科学省としては答申が示した改革案（A案）を中心にして議論を進めていきたいとの考えが示されていた。一方で教育の政治的中立性、教育行政の継続性・安定性の確保に一層留意した別案（B案）を支持する意見も多く、中教審答申はA案を中心としながらも、B案も併記されていた。

制度改革案（A案）の問題点

　A案については、教育再生実行会議の第二次提言の方向に沿って、教育委員会を執行機関でなく「特別な附属機関」として位置づけ、教育委員会の審議すべき事項を限定し、地域の教育のあるべき姿や教育の基本方針をじっくり審議することとし、教育委員会は教育長から一歩離れたところから教育長の事務執行をチェックすることとしている。教育委員会を執行機関でなくするということは、首長の所掌事務に教育行政を取り込み、首長の部下（補助機関）である教育長が、首長の意向を斟酌しながら教育行政を行うこととなり、事実上教育行政が首長の意向のままに左右される恐れがあり、政治的中立性の確保が困難となってしまう恐れがある。また教育委員会が事後的なチェック機関となり、監査委員会的な役割となってしまうので、首長や教育長の独走に果たして歯止めを懸けられるかどうか心配な場面も出てこよう。教育行政のあるべき姿や基本方向を議論するのみでは、教育委員会の議論が抽象的な議論に終始する恐れもあり、果たして熱心な議論が行われるかどうか心配でもある。特別な附属機関の役割があいまいであり、権限も縮小することから、教育委員会の活性化はあまり期待出来ないこととなってしまう恐れがある。また首長が選挙の結果交代する場合など、教育行政が継続性・安定性を保ちながら実施されるかどうかに不安が残る。

別案（B案）の問題点

　B案については、現行制度に近いものであり、教育委員会を執行機関として残すことで、政治的中立性の維持、継続性・安定性の確保などで現行制度の持つ良い面を維持できる反面、現行制度で問題となった教育委員会の危機管理体制が弱い面をどのように克服していくのか不分明である。非常勤の教育委員から成り立つ教育委員会にどこまで教育行政全体に責任が負えるのか、常勤の教育長の事務執行が適正を欠く場合、非常勤の委員の合議体である教育委員会がどこまで責任を持って対応出来るのかなどに不安を有している。

　なお中教審の審議の過程では①首長を地方教育行政の執行機関としつつ、教育の政治的中立性、継続性・安定性の確保のため、首長の指揮監督権から、教育内容や教員人事に関することを除く案や、②教育委員会を執行機関として存続させつつ、教育委員長と教育長を一体化させた「代表責任者（仮称）」を置き、責任体制の明確化を図る案や、③教育長を首長（執行機関）の補助機関としつつ、教育委員会をその性格を改めた執行機関とする

—159—

案など、様々な案が出されたとされている。

§ 第3　与党における検討と改正法案

　中教審の答申後、与党である自由民主党では教育委員会改革小委員会が設けられ、熱心な議論が行われてきた。さらにもう一つの与党である公明党では首長の権限強化には慎重論も多く、教育への権力介入を心配する声もあり、与党協議が何度も行われた。その結果、与党の教育委員会改革に関するワーキングチームで平成 26 年（2014 年）3 月 13 日に合意が成立した。政府はこの与党合意を基本として政府案を作成、国会に改正法案を提出した。

　この改正案では、総合教育会議の設置や、教育行政の大綱の策定を通じて、首長が教育行政に連帯して責任を負う体制を構築するという点で A 案の方向性を取り入れると同時に、政治的中立性の確保の観点から教育委員会を執行機関とするという点で B 案の方向性も取り入れており、その意味で中教審の答申の内容とも軌を一にするものであると説明されている。従来の教育委員会制度には、選挙で選ばれる首長との意思疎通、連携に課題があり、地域住民の意向を十分に反映できていないといった指摘があった。このため、今回の改正案では、総合教育会議の設置や大綱の策定を通じて首長が教育委員会と連帯して教育行政に責任を果たせる体制を構築することを目指すものであるとされる。一方で、教育委員会は、引き続き執行機関とし、教育の政治的中立性、継続性・安定性を確保することで首長と教育委員会の両者のバランスが取れたベストの案であるとの説明もなされていた。

第2節　新しい教育委員会制度の創設

　地方教育行政の組織及び運営に関する法律の一部改正

　前述したように、教育再生実行会議の第二次提言を受けて、中央教育審議会において具体的な制度改正の検討が行われ、さらに与党において議論を重ねた結果、平成 26 年（2014 年）3 月最終調整が行われ、政府案として地教行法の一部改正法案が国会に提出され、平成 26 年 6 月 13 日可決成立した。この平成 26 年の地教行法の改正は、昭和 31 年（1956 年）の本法の制定以来、約 60 年ぶりの抜本改正であり、従来の教育委員会制度の骨格は残しながら教育委員会の政治的中立性、継続性・安定性を担保しつつ、民意を代表する地方公共団体の長の意向が教育行政に反映できるよう、長による大綱の策定と総合教育会議の設置を定め、教育委員長と教育長を一本化した新「教育長」の設置により責任体制の明確化を図ることを目指した新しい教育委員会制度が創設されることとなった。新しい教育委員

—160—

会制度の主な内容は次のとおりである。

§ 第1　新しい教育長の任免と職務権限

① 新教育長の職務権限

　今回の改正では、教育委員会を引き続き執行機関としつつ、その代表者を新「教育長」とし、教育長は、教育委員会の会務を総理し、教育委員会を代表することとした。すなわち、従来の「教育委員長」の職務と、「教育長」の職務を併せ持つ、新しい「教育長」の職を作ったのである。従来の教育委員長は教育委員会を代表する立場で、教育委員会議を招集するとともに教育委員会議を主宰し、議長を務め、対外的に教育委員会を代表して委員長名で見解を発表し、委員会の決定事項を表示するなどの役割を果たしていた。しかしながら、教育委員長は身分が非常勤で、常時教育委員会事務局にいないため、いじめ、校内暴力などが発生した場合、緊急時の対応に問題があった。またレイマンである教育委員の代表であり、教育や教育行政の専門家でないため、教育委員会を代表する立場でありながら、教育委員会を代表して意見を発表する場合や、複雑な教育問題などに教育委員会の代表者としての説明を求められた場合に、十分な説明責任を果たすには困難があったと言わざるを得ない。教育委員長は若干名誉職的な扱いがされてきたこともあって、教育委員のうちの最年長者が教育委員長とされたり、毎年交代で教育委員長が選ばれるなどの慣例があったりして、真に教育委員会を代表する人材が選ばれていたとは言い難い面があったのである。さらに教育長と教育委員長との役割分担が世間ではわかりにくく、混同される場合もあって、誰が教育委員会の真の責任者なのか分かりづらいこともあった。

　総理するとは、旧教育委員長の「教育委員会の会議を主宰する」ことと、旧教育長の「教育委員会の権限に属するすべての事務をつかさどる」こと及び「事務局の事務を統括し、所属職員を監督する」ことを意味するものだとされている。教育委員長の職はなくなり、新教育長が会議を主宰し、委員会をまとめ、委員会を代表し委員会の事務を執行する責任者となる。教育長は委員会事務局の監督責任者でもある。教育長は、教育委員会の構成員ではあるが、委員ではない。教育長は常勤で、その任期は3年であり、長が議会の同意を得て任命する特別職の地方公務員である。教育長はその勤務時間及び職務上の注意力の全てをその職務遂行のために用い、当該地方公共団体がなすべき責を有する職務のみに従事しなければならず、教育委員会の許可なく私企業等の役員などの兼職・兼業をしてはならない。任期を長の4年より短い3年としたのは、長の4年の在任期間中1回は自らが教育長を任命できることを明確にし、また委員より任期を短くすることで、委員によるチェック機能と議会同意によるチェック機能を強化できることと、さらには教育行政について計画性を持って一定の仕事を行うためには3年は必要であることなどからであるとされる。

教育長は、執行機関である教育委員会の補助機関ではなく、教育委員会の構成員であり、代表者であるが、教育委員会は引き続き合議体の執行機関であるため、教育長は教育委員会の意思決定に基づき事務をつかさどる立場にあり、教育委員会の意思決定に反する事務執行を行うことはできない。従来は委員会と事務局の関係は、委員会は教育長がトップであった事務局を指揮監督し、教育長は委員会の全ての会議に出席し、議事について助言するという立場であった。教育長はレイマンで構成される教育委員会の会議に必ず出席し、専門的立場から助言することとされていたのである。一方で教育委員会は教育長の上司であり、教育委員会は教育長の職務執行について指揮し、命令し、職務上の監督を行っていた。ある意味で教育委員会と教育長及び事務局が相互にチェックする関係であったが、今回の改正でこの関係は大きく変化している。すなわち新教育長は教育委員会のトップであり、また「教育委員会の会務を総理する」ことから事務局も含めた教育委員会のトップであることから委員会と事務局のバランスも変わることとなる。常勤の新教育長が会議を招集することで深刻ないじめや校内暴力などが起きた場合でもスピーディーに対応できるようになり、危機管理への対応が適切になされることが可能となった。

② 　新教育長は首長が議会の同意を得て直接任免する

　新教育長は首長（都道府県知事・市町村長）が議会の同意を得て任命する。従来は教育委員のうちから教育委員会が教育長を任命していた。すなわち教育委員の任命は首長が議会の同意を得て行っていたが、教育長は教育委員会が任命していた。今回の改正で教育長の任免は直接、首長が行うこととされた。ただ従来でも教育長に任命される教育委員は教育行政に関する専門的な知識や技術が求められることから、あらかじめ教育長に任命されることを予想して教育委員の人選をしていたため、実態が大きく変わったわけではない。ただ、今回の改正で首長に教育長の任命権があることが明確になり、罷免についても同様であるため教育行政への首長の関与がより明確になったと言える。

　また、前述したように教育長の権限と責任は従来以上に大きくなり、ますます教育長に適材を選任することが重要になってくる。改正法では、新教育長は、勤務時間及び職務上の注意力の全てを職務の遂行のために用い当該地方公共団体がなすべき責めを有する職務にのみ従事することが求められている。さらに教育長は、自らの重要な職責を自覚するとともに、地教行法第1条の2に規定する基本理念および第1条の3に定める大綱に則して、かつ、児童生徒の教育を受ける権利の保障に万全を期して教育行政の運営が行われるよう意を用いなければならないこととされている。新しい教育長を選任するに当たっては首長に大きな責任があり、首長は、当該地方公共団体の長の被選挙権が有り（住所要件は求められていない）、人格が高潔で、教育行政に関し識見を有するもののうちから、議会の同意を得て任命することとなる。具体的には、人格が高潔で、教育委員会事務局職員や教職

第4章　新しい教育委員会制度について

員経験者に限らず、行政法規や組織マネジメントに識見があるなど、教育行政を行うにあたり、必要な資質を備えている人材を任用する必要がある。議会同意に当たっては、例えば候補者が所信表明を行った上で質疑を行うなど、丁寧な手続きを経ることが望ましいとされている。また、その資質・能力の向上は極めて重要であり、強い使命感を持ち、各種研修会への参加など常に自己研鑽に励む必要があるとされている。

§ 第2　合議制執行機関としての教育委員会の存続

（1）　教育委員会の職務権限

　教育委員会は合議制執行機関として存続し、職務権限は従来の規定と変更するところはない。地方自治法138条の2において、執行機関とは条例、予算その他の議会の議決に基づく事務及び法令、規則その他の規程に基づく当該地方公共団体の事務を、自らの判断と責任において管理し執行する機関であるとされている。教育委員会の職務権限も変更はなく、従来通りの職務権限を有している。すなわち第21条第1号から19号までに掲げる学校その他の教育機関の設置、管理、教育財産の管理、学校その他の教育機関の職員の任免その他の人事、学齢児童・生徒の就学、児童生徒等の入学、転学、退学、学校の組織編制、教育課程、学習指導、生徒指導及び職業指導、教科書その他の教材の取扱い、校舎その他の施設及び教具その他の設備の整備、教育関係職員の研修、教職員・児童生徒の保健・安全・厚生福利、教育機関の環境衛生、学校給食、社会教育、スポーツ、文化財の保護、ユネスコ活動、教育に関する法人、教育に関する調査・統計、広報、行政相談、およびこれら各号に掲げるもののほか区域内における教育に関する事務を管理し、執行する（地教行法21条）。

　教育委員会は、教育長及び委員をもって組織することとし、教育委員会の会議は教育長が招集し、会議の議事は出席者の過半数で決し、可否同数の場合は教育長の決するところによる。教育長は委員定数の三分の一以上の委員から会議に付議すべき事項を示して会議の招集を請求された場合には、遅滞なく招集しなければならず、また、教育委員会規則で定めるところにより、教育委員会から委任された事務又は臨時に代理した事務の管理執行の状況を委員会に報告しなければならない。教育長及び委員は、その職務の遂行に当たっては、地教行法第1条の2に規定する基本理念及び大綱に則して、かつ児童、生徒の教育を受ける権利の保障に万全を期して当該地方公共団体の教育行政の運営が行われるよう意を用いなければならない。法改正により、教育委員会の委員による教育長に対するチェック機能の強化を図るとともに、会議の透明化が求められており、議事録の作成と公表は努力義務であるが、原則として議事録を作成し、ホームページ等を活用し公表することが強く求められている。さらに、教育委員会議の開催時間や開催場所を工夫してより多くの住

—163—

民が傍聴できるようにすることが望ましい。委員の資格要件は従前通りであるが、委員には教育に対する深い関心や熱意が求められるところであり、例えばＰＴＡや地域の関係者、コミュニティ・スクールにおける学校運営協議会の委員、スポーツ・文化の関係者を選任したり、教育に関する高度な知見を有する者を含めるなど、教育委員会の委員たるにふさわしい幅広い人材を得ることが必要であるとされている（初等中等教育局長通知）。教育委員の数については、町村では条例で２名以上とすることが可能であるが、教育長の事務執行をチェックするという委員の役割に鑑み、可能な限り４名とすることが望ましいとされる。また、条例で委員を５名以上にすることが可能であり、多様な民意を幅広く反映させるためには５名以上とすることも積極的に考慮すべきとされている。

　教育委員会を合議制執行機関として維持するかどうかについては、厳しい議論があり、教育再生実行会議の第二次提言においては、教育委員会の性格を改め、執行機関でなく教育の基本方針や教育内容に関わる事項を審議する機関として首長が任免する新しい教育長のチェック機関としての役割が求められていた。これを受けた中央教育審議会の意見でも中教審が改革案（Ａ案）としたのは教育委員会を執行機関でなく、首長が、教育委員会の議に基づいて、教育行政についての大綱的な方針を策定するものとし、教育委員会は首長に勧告等を行うものの、特別な附属機関とされて、首長が任免する新教育長（首長の補助機関）に対し点検、評価、勧告等を行うだけの機関とする案であった。すなわち教育行政については首長を執行機関とし、その補助機関として首長が議会同意を得て任免する教育長を置くものである。この案では教育の政治的中立性が保たれるかどうか心配する意見もあり、中教審では、別案（Ｂ案）も提言していた。別案（Ｂ案）では、教育委員会を執行機関として残し、首長が議会同意のうえ任免する新教育長を教育委員会の補助機関とする案であるが、この案には教育長の事務執行が著しく適正を欠く場合などに非常勤の教育委員の合議体である教育委員会が最終責任者として本当に責任を取れるのかという問題に応えていないという指摘があったのである。さらに、その後の政府案を策定するまでの与党協議では、改革案（Ａ案）のままでは首長に教育行政の権限が集中してしまい、教育行政の政治的中立性、継続性、安定性が脅かされてしまうのではないかとの強い懸念が示され、最終的には政府案にあるように総合教育会議を法定し、首長が招集する総合教育会議（メンバーは首長と教育委員会、必要な場合有識者等も参加）において協議・調整して首長が大綱を策定することとし、執行機関としての教育委員会は存続させ、首長が議会同意を得て任免する新教育長（従来の教育委員長と教育長の両方の役割を担う）にある程度権限を集中させることとした。今回の改正は教育委員会の「責任の明確化」を目指すものであり、従来は教育委員会を代表する教育委員長と、実際の教育行政の執行の責任者である教育長と２人に権限が分散されており、教育委員会が非常勤の教育委員の合議による機関であっ

たため、責任の所在が不明確となっていた。また首長も従来は教育委員の選任の責任はあるものの、具体的な教育行政は合議制の行政委員会である教育委員会の所管とされていたため、首長は教育委員の選任と、予算の執行や教育財産の取得・処分、条例案の作成等でいわば間接的に教育行政に関与するのみであったが、今回の改正で首長の教育行政への参画・関与の権限は大幅に拡充されたこととなる。すなわち第一に首長の意向を教育行政により反映させるため、首長が直接に教育長を選び議会に同意を求めることとしたこと、また教育長の任期を3年とし、4年の任期を持つ首長が必ず一度は教育長を直接選べることとして、首長の意向をより教育行政に反映させやすくした。第二に教育行政の基本的方向を示す大綱の策定を首長の権限としたことである。また総合教育会議を設置し、首長と教育委員会が協議・調整を行う場をもうけ、その会議を首長が主宰することとして、教育行政における首長の権限を強化することとした。

§第3　影響力の大きくなった首長の職務権限

　前述したように、今回の改正は教育行政について首長の影響力をこれまでより強めることに力点が置かれている。すなわち、教育行政の責任の所在を明確にし、危機管理や緊急時の対応を適切に行い、地域の教育について地方公共団体の政策全体の中で明確な長期的方向性を打ち出すためには、教育行政について首長の関与をより強めるべきだとの意見が多かった。具体的な職務権限としては、議会の同意を得て、新しい教育長を直接任命（罷免）することとなるとともに、新たに地教行法第1条の3に定める「大綱の策定」が加わった。すなわち、地方公共団体の長は教育基本法第17条に規定する基本的な方針を参酌し、その地域の実情に応じ、教育、学術及び文化の振興に関する総合的な施策の大綱を定めることとされた。そして同条第2項で大綱を定め、又は変更しようとするときは、あらかじめ総合教育会議において協議するものとされている。さらに大綱の策定・変更は遅滞なく公表しなければならないこととされた。長の職務権限は大綱の策定の他、大学に関すること、幼保連携こども園、私立学校に関すること、教育財産の取得・処分、契約の締結および予算の執行に関することが第22条で掲げられている。

（1）首長が大綱を策定する

　今回の改正によって、地方公共団体の長に教育、学術、文化の振興に関する総合的な施策の大綱の策定が義務づけられた。すなわち、地教行法第1条の3で地方公共団体の長は、教育基本法17条1項に規定する基本的な方針を参酌し、その地域の実情に応じ、当該地方公共団体の教育、学術及び文化の振興に関する総合的な施策の大綱を定めることとされている。大綱を定め、又は変更しようとするときは、あらかじめ総合教育会議において協議するものとされており、長は大綱を定め、又は変更したときは、遅滞なく公表しなけれ

ばならない。従来であれば、このような大綱は教育委員会が定めるべきものであろうが、今回の改正で首長が定めることとされた。総合教育会議で教育委員会と協議・調整するにせよ、大綱を首長が策定することとされたことは大きな変更点であり、大綱の策定を通じて首長の意向を教育行政に反映させやすくなったことは事実であろう。教育行政についてもこれまでより首長の影響力が強まったと言わざるを得ない。

　大綱は、すでに教育委員会が策定している地域の教育振興基本計画の中に盛り込んでいる「目標や施策の根本となる方針」が大綱に該当するものだと説明されている。従って、すでに教育基本法第17条2項により、地域の教育振興基本計画を策定している場合は、首長が総合教育会議において教育委員会と協議・調整して、すでに定められている教育振興基本計画を大綱とみなすと判断した場合には、新たな大綱を定めなくとも良いとされている（施行通知）。なお、地教行法第1条の3第4項で大綱を定めることは、長に対して教育委員会が管理・執行する事務を長が管理・執行する権限を与えるものと解釈してはならないと定められている。大綱は、教育基本法に基づき策定される国の教育振興基本計画における基本的な方針を参酌して定められるが、その対象となる期間は4～5年程度と想定されている。

　大綱の主たる記載事項は、地方公共団体の判断に委ねられているが、主として、学校の耐震化、学校の統廃合、少人数教育の推進、総合的な放課後対策、幼稚園・保育所・認定こども園を通じた幼児教育・保育の充実、予算や条例等の地方公共団体の長の有する権限に係る事項についての目標や根本となる方針が考えられるとされている（局長通知）。大綱は教育行政に混乱を生じさせないため、総合教育会議で長と教育委員会が十分に協議・調整を尽くすことが求められる。この大綱は長及び教育委員会双方に尊重義務がかかるものである。なお、仮に、長が教育委員会と調整がついていない事項を大綱に記載したとしても、教育委員会は尊重義務を負うものではない。大綱には教科書採択の方針、教職員の人事の基準など長の権限に関わらないことについても、教育委員会が適切と判断して記載することは可能である。

　今回の地教行法の改正は、従来教育委員会まかせであった地方公共団体の「教育、学術、文化の振興に関する総合的な施策について、その目標や施策の根本となる方針を定める」ことを首長が行うというものである。もちろん大綱の内容は総合教育会議で長と教育委員会が十分に協議するものであるが、策定権限は長にあるので、実際上は長の意見が通りやすいと思われる。教育長及び教育委員の任免権を持つ首長の意向は法律、条例、学習指導要領や国の明確な方針、公正性、公平性や一般的な妥当性、合理性、バランス感覚、社会通念、常識などに反しない限り教育委員会としても正面切って反対できない場合が出てくるのではないか。選挙で地域住民の信頼を得て当選してきた首長としては、住民の意向を

第4章　新しい教育委員会制度について

踏まえ、自らの信念や考え方にのっとり大綱の方向性を総合教育会議で主張してくること
が想定され、教育関係者の意見と異なる場合も想定されるのである。ただし前述したよう
に教育委員会として調整のついていない事項を大綱に記載しても教育委員会はそれを尊重
する義務はない。執行権限は教育委員会にあるので、調整出来ていないことの事務の執行
は教育委員会が判断することとなる。

（2）首長が主宰する総合教育会議

① 総合教育会議は首長と教育委員会で構成される

　地方公共団体の長は、長と教育委員会により構成される総合教育会議を設ける。総合教
育会議は長が招集するが、教育委員会も協議の必要があると思料するときは、長に会議の
招集を求めることができる。総合教育会議は、教育に関する予算の編成・執行や条例提案
など重要な権限を有する長と教育委員会が十分な意思疎通を図り、地域の教育の課題やあ
るべき姿を共有して、より一層民意を反映した教育行政の推進を図ることをねらいとして
いる。

　総合教育会議は、地方公共団体の長と教育委員会という対等な執行機関同士による協
議・調整の場であり、地方自治法上の附属機関には当たらない。構成員は教育委員会であ
るから、教育委員会からは教育長及び全ての教育委員が出席することが基本であるが、緊
急の場合には長と教育長のみで総合教育会議を開くことも可能である。このような場合、
事前に教育委員会の方向性が意思決定されていたり、教育長に一任されている場合を除き、
総合教育会議では、教育長は一旦態度を保留し、教育委員会で再度検討した上で、改めて
長と協議・調整を行うことが必要であるとされている（施行通知）。

② 総合教育会議で協議・調整すべき事項

　総合教育会議で協議・調整すべき事項は次のような事項が考えられる。ア　大綱の策定
に関する協議、イ　教育を行うための諸条件の整備その他の地域の実情に応じた教育、学
術及び文化の振興を図るため重点的に講ずべき施策についての協議（重点施策の協議）、
ウ　児童生徒等の生命、身体に現に被害が生じ、又はまさに被害が生ずるおそれがあるな
どの緊急の場合に講ずべき措置についての協議（緊急措置の協議）、エ　並びにこれらに
関する構成員の事務の調整を行うこととされている。ここでいう「調整」とは、教育委員
会の権限に関する事務について、予算の編成・執行や条例提案、大学、私立学校、児童福
祉、青少年健全育成などの地方公共団体の長の権限に属する事務との調和を図ることを意
味し、「協議」とは、調整を要しない場合も含め、自由な意見交換として幅広く行われる
ものを意味するとされている。会議は長又は教育委員会が、特に協議・調整の必要がある
と判断した事項について協議・調整するものであり、教育委員会の所管する事務の重要事
項を全て総合教育会議で協議し、調整するという趣旨で設置するものではない。また、教

—167—

科書採択、個別の教職員人事など、特に政治的中立性の要請が高い事項については、協議題とすべきではないし、日常の学校運営に関する些細なことまで協議・調整出来るという趣旨でもない。

③　総合教育会議で協議・調整する事項の主なもの（例示）

ア　学校等の施設の整備、教職員の定数等の教育条件整備に関する施策（予算の編成・執行権限や条例の提案権を有する長と教育委員会の調整が必要な事項）

イ　幼稚園・保育所・認定こども園を通じた幼児教育・保育の在り方やその連携、青少年健全育成と生徒指導の連携、居所不明の児童生徒への対応、福祉部局と連携した総合的な放課後対策、子育て支援など長と教育委員会の事務の連携が必要な事項

ウ　児童生徒の生命身体に被害のおそれがある場合等の例として、いじめ問題により児童生徒の自殺が発生した場合や通学路で交通事故死が発生した場合などで再発防止のため

エ　児童生徒の生命身体の保護のための緊急事態として、災害発生で防災担当部局等と連携する場合、災害発生時の避難先等で授業や生活支援体制を構築するため福祉担当部局と連携する場合、犯罪等で公立図書館等の社会教育施設で関係者の生命身体に被害が生ずる恐れがある場合、いじめによる児童生徒の自殺などいじめ防止対策推進法のいう重大事態の場合など

　総合教育会議において調整が行われた場合、合意事項についてはお互いに尊重義務がある。また会議の公開と議事録の作成・公表については、いじめなどで個別事案において関係者の個人情報を保護する必要がある場合や情報公開することで公益を害する恐れがある場合などを除き原則として公開すべきであるとされる。また、総合教育会議は、協議を行うに当たって必要があると認めるときは、関係者又は学識経験者から、協議事項に関し、意見を聴くことができることとされている。

④　総合教育会議は首長が招集する

　長が招集するが、教育委員会の側から総合教育会議の開催を求めることもできる。会議の事務局は長の部局で行うことが原則であるが、教育委員会事務局に委任又は補助執行させることも可能である。

⑤　総合教育会議は原則公開で議事録も作成される

　総合教育会議は原則公開であり、協議・調整の結果や大綱について、民意を代表する議会に対する説明等を通じ、住民への説明責任や議会によるチェック機能が果たされることは重要である。

⑥　総合教育会議の設置で変わったこと

　従来の地教行法では、長は第24条各号に掲げる大学及び私立学校に関する事務、教育委員の任命や教育委員会の所管事項に関する予算の編成・執行、条例の提案などの権限を

有しており、一方で教育委員会は第23条で学校の設置・管理、教育課程、教職員人事など23条各号に掲げる教育に関する事務を管理・執行することとされており、地方公共団体の長と教育委員会の意思疎通が十分でないため、地域の教育の課題やあるべき姿を共有できていないという課題があった。また、首長が教育委員会の所管事項について意見を述べたり、批判すると教育の政治的中立性の面から問題とされるおそれがあり、首長としては遠慮して控えている場合が多かったが、いじめや体罰の結果児童生徒が自殺に追い込まれるような事件が起こり、首長と教育委員会の事務の分担関係による弊害が事件を深刻化させてきたのではないかという批判が起きていた。総合教育会議は選挙で住民に選ばれた首長の政治的リーダーシップを教育行政に活かすための方策として創設されたものである。一方で、教育は、教育基本法にも定められているように、人格の完成を目指し、学問の自由を尊重し、教育の政治的中立性を守りながら、個人の価値を尊重して、その能力を伸ばし、創造性を培い、自主、自律の精神を養っていく、きわめて精神的かつ崇高な営みであり、一地方政治家である首長の主張や意見で簡単に左右されてはならない側面を有している。首長の側もこの点を十分念頭に置きつつ、教育委員会と十分な意思の疎通を図り、教育の政治的中立性、継続性、安定性に配慮して、この会議を積極的に活用していく姿勢が求められている。総合教育会議で協議、調整すべき事柄は大まかに言って①大綱の策定、②重点施策、③緊急措置の3点が挙げられているが、これらの3点は地域の教育行政にとって重要な課題であり、特にいじめや校内暴力、災害の発生など児童生徒の生命・身体に被害が生ずるおそれがある場合など、緊急な課題に対して住民から迅速な対応が求められており、首長と教育委員会が連携・協力して迅速な対応を行うことが極めて重要である。従来から教育委員会は非常勤の教育委員から構成されており、特に緊急時の対応が批判される場合が多かったが、緊急事態が発生した場合、総合教育会議に首長が関わることで迅速な対応が可能となり、より一層民意を反映した教育行政を推進することが可能になったといえよう。また総合教育会議は首長が主宰するため、教育行政により首長の影響力が強まると考えられている。

§ 第4　その他

（1）国の関与の見直し

　教育委員会の法令違反や事務の管理執行に怠りがある場合において、児童生徒の生命身体に現に被害が生じ、又はまさに被害が生ずる恐れがあると見込まれ、その被害の拡大又は発生を防止するため、緊急の必要があり、他の措置によってはその是正を図ることが困難なときは、文部科学大臣は、教育委員会に対し指示することができることとした。（第50条）

（2）経過措置等

　この法律の施行の際現に在職する教育長（以下「旧教育長」という。）は、その教育委員会の委員としての任期中に限り、なお従前の例により在職することとしている。この旧教育長が在職する場合に教育委員長である者の当該委員長としての任期は、旧教育長の委員としての任期が満了する日において同時に満了することとした。従って、教育委員長の任期が旧教育長の任期より早く終了する場合には、その間、改めて教育委員長を選任する等の対応が必要である。また、教育委員は4年の任期である委員が、なるべく毎年一人ずつ交代することが望ましいため、旧教育長が委員でなくなることにより、この原則が守れなくなる場合が予想される。従って改正法施行から4年間の間は、一部の委員を4年より短い任期で任命することにより、各委員がなるべく異なる年に交代するよう調整する必要がある。

（3）事務局機能の強化

　教育委員会が期待されている役割を十分に果たすためには、教育委員会を支える事務局職員の資質能力をさらに向上させることが必要である。事務局職員は教育長及び委員が適切な判断を行えるよう、教育長及び委員に適切に情報を提供するよう努力しなければならない。教育委員会では、教職員経験者のみならず、教育行政の専門性を有する行政職員を計画的に育成するため、一般行政部局との人事交流や行政職員の長期間にわたる教育委員会事務局への配置など、適切な人材育成が行われる工夫が必要であり、また事務局職員に対する研修を充実させる必要がある。

　特に、小規模な教育委員会事務局においては、指導主事が配置されていないなど、事務体制が脆弱であるため、学校指導などが十分に行き届いていないことが課題となっており、都道府県教育委員会の小規模な教育委員会事務局に対する支援が求められている。

第3節　新しい教育委員会制度の課題

　本書のメインテーマである「教育委員会の活性化」は、行政委員会としての教育委員会が、その本来の任務である地方教育行政を、いかに地域住民の期待に応えて、生き生きと遂行し、地域の学校教育、社会教育、学術、文化、スポーツの振興を図っていくことが出来るかということにかかっている。

（1）レイマンコントロールの変貌

　教育委員会制度は第二次世界大戦後、アメリカの制度を模範としてわが国に導入された制度であった。今日社会は複雑化し、学校や家庭の状況も複雑になってきており、教育問題そのものが解決の難しい課題を抱えている。このようなときに、教育課題についてレ

イマンである教育委員にすべての責任を負わせることがそもそも適切な事柄なのであろうか。プロフェッショナルな人材を教育長以外にももっと教育委員に選任すべきではないか。危機管理に対応出来ないのも、レイマンの集合体である教育委員会だからではないのか？この際、教育委員の過半数を教育問題の専門家を集めることとしてはどうかという意見もある。すなわち、レイマンコントロールという発想を捨てて、複雑・高度化してきた教育上の諸課題に適切に対応するためには、専門家集団によるプロフェッショナルな教育行政に転換すべき時代が来ているのではないかとも考えられる。

　新しい教育委員会制度においては、教育長が従来の教育委員長と教育長の立場を兼ねることとなった。新しい教育長は教育や教育行政のプロフェッショナルであり、教育や教育行政の専門的立場から政策を立案し実行していくことが求められる。新新育長は教育委員会を代表し会議を主宰し教育委員会をまとめると同時に具体的な事務を執行する責任者である。この新教育長はプロフェッショナルリーダーシップを発揮しなくてはならないから、もはや合議体としての教育委員会の構成員すべてがレイマンとは言えないし、その意味で教育委員会はレイマンコントロールが完全に機能する組織体ではなくなったと言わなければなるまい。もちろん教育委員会の委員には、いわゆる第三者的な学識の高い、人格が高潔で、志の高い人材（レイマン）も合議制の教育委員会には必要であるが、もはや新しい教育委員会においてはレイマンだけで最終的にコントロールする状況ではなくなったのである。新教育長のプロフェッショナルリーダーシップがほかの委員たちによるレイマンコントロールに優先することとなったと言わざるを得ない。レイマンの意見に耳を傾け、その常識的判断を尊重すべきであろうが、少なくともレイマンにコントロールされる教育委員会から、レイマンの意見は尊重するが、実際の教育委員会の業務執行は新教育長のプロフェッショナルリーダーシップによって行動する教育委員会に変貌していくのではないかと私は考える。すなわち、教育長のプロフェッショナルリーダーシップと複数の教育委員によるレイマンコントロールとの総合的な調和が求められているのであろう。

　もともと、教育委員の選任については、その高齢化や名誉職化の問題があった。従来は教育委員が名誉職となったり、いわゆる名士として年齢の高いそれぞれの社会である程度成功した人しか教育委員に選ばれていない実情があった。そこでは直接その子女が学校教育を受けている世代の人が教育委員に少ないという現状があった。私は、若いころ教育長をした経験があるが当時から、自らの子供が小・中学校の学校教育を受けている世代の人を教育委員にすべきだという意見を強く持っていた。教育改革国民会議において、私は教育委員に自分の子供が現在義務教育で学んでいて、熱心に子供の教育に取り組んでいる、子供の教育に真剣に悩んでいるお母さんのような人を教育委員にすべきではないかということを問いかけ、子供の教育に責任と関心を持っている現役世代の人を委員に選ぶべきだ

ということを指摘したことがある。この考え方に賛同されて、法改正では、義務教育を受けている子供の父母を教育委員に入れることが望ましいという努力義務規定が設けられたのである。その後、教育再生会議において、この点をもっと進めて、むしろ義務付けすべきではないかと主張し、保護者を教育委員に入れることが努力義務から一歩進んで義務化されたのである。おそらくこの子育て現役の父母が一人か二人教育委員に加わることで教育委員会の議論は活発化し、また別の面から教育委員の平均年齢を引き下げる効果が出て来ているであろう。ちなみにカウンツの調査で1920年代の米国では、教育委員の半数は保護者でなければならないという思想があったとされており、そのことがレイマンコントロールの源泉となっていたという。

　新しい教育委員会制度では、教育長の権限は大きく、教育や教育行政、あるいは行政のプロが教育長に就任した場合、権限が大きいがゆえに独走し、独裁となってしまう危険もないとは言えない。その場合やはりレイマンである教育委員が新教育長の行き過ぎにブレーキをかけ合議制教育委員会のメリットを生かすことが必要な場合も出てくるであろう。新教育長は首長から選ばれ議会の同意を得ているので立場的には強いと思われるが、地域住民の期待に応えて素晴らしい教育行政を行っていくためには、常識人である他のレイマンの教育委員たちの意見に耳を傾けることを常に心がける必要があると思う。新教育長に真にふさわしい人材を得るとともに、教育委員にもふさわしい人材を選任すべきであることは言うまでもない。また教育委員の研修にも力をいれて地域住民の期待に応えられる教育委員会が構成されるよう努めなければならない。

　前述したように堀　和郎氏は教育行政のレイマンコントロールとは、「教育行政の官僚統制」に取って代わるべき仕組み、教育行政の主体における「官」から「民」への移行を意味するものであり、教育を職業としない、地域住民を代表する人々の合議を通して教育行政を行うという考えであり、「素人統制」というよりも「住民統制」と言うべき仕組みであり、文字通り、教育行政における「草の根民主主義」の表れに他ならないという。また、教育委員が非常勤であるのは、地域で日々生活する「民間人」として、住民を代表して住民ならではの目線で、教職という専門家の目には見えにくいものを捉える視点で、地域の教育思想を確認し実現する責務を負っているのだと主張する。そして、教育委員に求められる高い識見とは、単なる教養ではなく、地域の教育への情熱や関心に基づく地域の教育ニーズの発掘や政策的アイディアの提供を含むものだとする。そして「住民代表」としての複数の教育委員から構成される教育委員会の「合議」＝教育委員会議によって、自治体教育行政の意思決定が行われる仕組みをとっているのだとする。（もっとも、この議論を貫くとすれば、教育委員には住所要件を課すべきであるが、現行法は当該地方公共団体の長と同じく、地教行法では住所要件を課していない。）新しい教育委員会制度ではレ

—172—

イマンコントロールの考え方は変貌したというべきであるが、堀氏が言うように教育委員会としての合議制を活かすためには、教育委員が一堂に会する教育委員会議が、地域の教育問題を提起し、その解決に関する政策的アイディアを議論し合うフォーラムのような役割を持つことが重要だと思う。教委会議が単に事務局から提案された政策案を形式的に承認するだけの存在になってはならないとし、そして教委会議が政策フォーラムとして機能するためには、教育委員の人選が重要であることは言うまでもない。教育委員の選任が慎重に行われている教育委員会ほど、その会議が活発に行われている傾向があると前述した調査にも表れているのである。そして教育委員にふさわしい人材が地域に発掘できるためには、地域が一定程度「市民社会として成熟」していることが望ましいのである。

　澤利夫氏が言うようにもともとわが国の教育委員会制度は教育委員会法の時代において、公選制の教育委員で始まったのであるが、選挙で住民の民意を問うことで素人統制でも住民の意思を信託できることから、レイマンとプロフェッショナルとの調和、整合性がとられていた面がある。それが地教行法で教育委員の任命制と議会承認の制度となった時点で、本当にレイマンコントロールのままで良かったのであろうか。議会承認を必要とするから、首長は教育委員を学識経験のある有力者、人格識見の優れた人物、医師、大学教授、企業の経営者、校長経験者などそれぞれの世界で活躍してきた著名な人材を選び、議会承認の祭に問題を指摘されない、いわゆる世間的に信用できる人を候補に挙げる必要があったのである。そのことが、必然的に、レイマンとはいえそれぞれの世界で活躍してきた有力な人材すなわちある程度年配の落ち着いた信用出来る人たちを選ぶ必要から教育委員が高齢化してしまうこととなったのではないか。逆に安全な落ち着いた人物でそれぞれの分野で活躍している人材であることから、多忙であり、教育委員の仕事だけに専念出来ず、教育委員会の危機管理が不十分で 活性化出来ない要因にもなっていたとも言えるのではないか。レイマンコントロールは教育委員の選挙とセットで考えられた議論であり、その考え方を任命制の教育委員にも適用してきたため、教育委員会が常に活性化を求められなければならなくなってきた要因の一つになっているのではないかと私は考える。少子高齢化が進み、家庭の教育力や地域の教育力が低下してきている状況の中で、教育問題が複雑化してきている今日、レイマンの発想のみでは課題の解決は困難になってきていると思う。

（2）教育委員会の合議制執行機関としての役割

　教育委員会の活性化が唱えられるのは、教育委員会が合議制であるために権限と責任が不明確だからだという観点があった。執行機関とは、通常、議決機関の行った議決を執行する機関だとされているが、具体的に執行機関がどのような権限と所掌事務を有しているかは法令による授権の程度に依存するとされる。教育委員会は地方公共団体における教育、

学術及び文化に関する事務を担当する合議制の執行機関である。教育委員会の権限及び所掌事務は基本的には地教行法で定められているが、議決機関である国会や議会で定められた法律や条例の範囲内でその権限及び所掌事務について、地方における教育行政を執行していくこととなるが、執行機関である教育委員会はその行政事務を執行するに当たり、幅広い裁量権を有しており、その意思決定を慎重に行うために合議制を採用している。教育委員会が合議制の執行機関であるため、決定に時間を要し、その決定を常に合議で行っていくことは困難であるため、決定を実行する役割は、合議体の構成員や下部組織に委ねられることとなる。具体的には教育長に対し教育委員会規則において執行権の委任が行われることが多い。制度の発足以来、教育委員会の活性化が唱えられてきたのは、合議制執行機関である教育委員会がレイマンコントロールの原則を採用しているだけでなく、合議制であるが故に判断や決定を速やかに行えなかった点にある。委員が非常勤であるため、教育委員会会議を常時開催できないことや、レイマンであっても教育委員はそれぞれの分野における有識者であり、他の仕事を持っていることなどから緊急時に速やかに会議を開けないという実態がある。合議制であるため個人の偏った判断で一方に走ってしまう危険性は少ないが、その代わり敏速な対応がしにくかったのである。

　その点、今回の新しい教育委員会制度は常勤である教育長の権限を拡大し、教育長が教育委員会を主宰することとなった。この面で迅速な会議の招集、方針の決定が可能となり従来言われてきた危機管理への対応が遅すぎるとか責任の所在が不明確だという批判は少なくなるものと思われる。ただし、教育長に権限が集中するあまり、教育委員会が事後追認機関となってしまう恐れがあり、教育長と教育委員の連携を密接に保ち、教育長から教育委員への説明、情報共有を一層密接に行っていくことが重要となってくる。

（3）教育長のプロフェッショナルリーダーシップの重要性

　今回の改正でリーダーとしての教育長の役割は極めて大きくなる。堀和郎氏の市町村の教育長についての全国調査によれば、従来でもリーダーとしての教育長の特性が教育改革の推進にとって重要な要因であるとされていた。私もこの点は全く同感である。堀和郎氏は教育改革の推進に取り組む教育長に共通する特性として問題解決指向性や首長一体志向性が高いと同時に、地域の教育関係者と頻繁に接触・交流を図り、関係者と情報交換を繰り返しつつ、問題解決に対する協働意欲を喚起するリーダーシップが重要だとする。教育長には、その教育ビジョンにおいて、地域の教育の向かうべき方向性を示すような学校現場に向けた教育的リーダーシップのみならず、事務局の組織運営やスタッフのモティベーションを高める組織トップとしてのリーダーシップが求められる。さらに首長や議員、マスコミ、父母などとの接触・交流・交渉という政治的リーダーシップが求められている。

　教育長のプロフェッショナルリーダーシップを支える土台として教育委員会事務局の

第 4 章　新しい教育委員会制度について

存在は大きい。事務局が補佐機構として教育長のリーダーシップの発揮をどれだけ支えられるかが課題である。地域の教育問題を解決するための政策の企画立案能力の向上と学校に対する専門的支援能力の構築が必須であろう。平成 20 年（2008 年）の法改正で市町村教育委員会に指導主事を設置する努力義務が置かれたことは重要であるが、私の経験では教育委員会の事務局に優秀な人材を集めることが大切である。教育委員会事務局では本職が教員である管理主事や指導主事、社会教育主事などが重要な役割を果たしている。本職が教員であるこれらの職員は学校現場で教務主任や教頭、校長などを経験したベテラン教員であるが、学校教育の現場の経験が教育委員会の事務局でも大いに役立つのである。さらに体育・スポーツ行政や文化行政などにおいても体育や芸術文化の専門的知識を持った事務局職員の力は重要である。また教育委員会の事務局としては予算や財政、教育財産の管理や議会対策、住民対策などで首長事務局の職員との交流が盛んであるが、首長事務局の優秀な行政事務職員、官僚をどのように教育委員会にリクルートするかも重要である。首長部局との交流でも行政事務職員が教育委員会に出向させられた、首長部局の本庁から教育委員会事務局にいやいやながら配置換えさせられたと思われるようでは困る。首長部局のエースと呼ばれる人材が喜んで教育委員会への出向を希望するような状況を作り出すことが大切であろう。一般に教員出身者は教育委員会事務局への出向を喜んで、いわゆる栄転として扱われることが多いが、行政職員は必ずしもそうではない。首長部局のエースと呼ばれる行政職員が、希望して教育委員会事務局にどんどん入ってくるような職場の雰囲気を作ることも教育長の重要な職務である。私は北九州市の教育長として 3 年間働いた経験を持っているが、教育委員会の事務局職員にいかに優秀な市長部局の職員をリクルートするかが大きな課題であった。そして教育長が熱意を持って地域の教育課題に取り組み、政策目標を明確に掲げて仕事に取り組む姿勢を見せれば、市長部局の職員もついてきてくれることを実感している。

（4）首長と教育委員会とのパートナーシップ

　従来の地教行法では、地教行法第 23 条（現行第 21 条）で教育委員会の職務権限が規定されており、自治体教育行政に責任を有する機関は広義の教育委員会であった。しかし実は自治体の首長もまた、教育委員の任命、教育予算の編成・執行、教育関係の条例の提出といった教育行政に対する重要な権限と責任を有する教育行政機関としての性格を持っていたのである。すなわち、本来は従来の制度でも教育委員会と首長は教育政策についても連携・協働して地域の教育条件を向上させるために協力し合う必要があったのである。従来の制度であっても首長にとって、専門機関としての教育委員会があるからといって、教育行政に対する無関心は許されない、自治体トップとしての責任上、地域の教育問題に無関心で、教育行政に対してリーダーシップを発揮しないことは許されなかったのである。

—175—

しかし、従来はともすれば、戦後の自治体教育行政の展開においては、教育委員会制度があり「教育行政の独立」という考え方があり、文部科学省—都道府県教育委員会—市町村教育委員会という「縦割りの系列の下でのきめ細かな教育行政」が行われていく中で、多くの自治体において首長と教育委員会の連携・協働が効率よく行われてこなかったことも事実である。市町村レベルでは、両機関における連携・協働の欠如が支配的になってしまっていたのである。

　教育の政治的中立を確保すべきという主張や教育を政治から切り離すべきとの主張が教育行政研究者の間で強調され、首長の側にも慢性的財政不足などもあり首長の側に教育政策への魅力や誘因が欠けていたことや、教育問題が自治体の政策課題となりにくいことなどから教育行政に首長の側が無関心になっていたことは事実であろう。

　しかし、今回の新しい教育委員会制度においては、首長は教育長を議会の同意を得て任免し、首長と教育委員会がメンバーである総合教育会議を首長が招集する。そこでは、大綱の策定に関する協議を行い、教育のための諸条件の整備や地域の実情に応じた教育、学術、文化の振興を図るための重点施策などを協議することとなった。その意味で、地域の教育問題について首長は総合教育会議で教育委員会と議論し大綱を定める権限を持つこととなったのである。

　首長にとっても、教育委員会との連携・協働は極めて重要な課題となったのである。

　首長自身が教育問題についても責任があることを自覚し、地域の教育問題解決を自らの職務の一部として明確に位置づける必要がでてきたのである。これまでのように教育委員の任命権者としてだけの責任を果たすだけでなく、教育長も直接首長が議会の同意を得て任免するのであるから、今までのようにただ教育委員会を座視するのでなく、首長が率先して教育問題の解決へ乗り出すスタンスをとる必要があり、教育予算の配分、教育委員の行動に対するモニター、教育委員会の政策に対する財源配分を通じてのサポートとチェックなど様々な関与を前向きに行っていかなければならない。優れた教育長を任命することで首長は自治体の教育政策をかなりの程度コントロールできることとなったのである。一方で教育委員会側も教育長が首長に働きかけ、首長と頻繁に接触・交流し、教育情報を提供し、その教育関心を高め、問題解決への協働意欲を喚起することが求められる。首長部局の行政も福祉行政やまちづくりなど喫緊の課題が多く、首長が自治体トップとして学校教育などの問題を直接抱え込むのは困難であるし、また首長も教育行政機関として教育委員会が蓄積してきた教育（行政）専門的ノウハウを無視することはできないが、教育長や教育委員会と連携して教育問題の解決のための首長としての努力を行っていかなければならない。首長は全体の立場から教育長や教育委員会を温かく見守り、財政面で必要なサポートも行って総合教育会議などの場で、教育委員会が一定の自律性を持って問題解決を図っ

ていくことをサポートすべきなのである。

第4節 　教育委員会の活性化から教育行政の活性化に

（1） 教育委員会の活性化については、旧文部省時代から永年の課題であった。私自身、政令指定都市北九州市の教育長として昭和60年7月から63年6月まで3年間勤務し、教育委員会のあるべき姿、教育長としての望ましい在り方などを自分自身の体験を通して、考え実行してきたつもりである。当時、私が実践してきたことは次のような事柄であった。この基本的な考え方は新しい教育長の立場からしても、なお何らかの役に立つと信じているので記してみたい。

○1 　教育長がしっかりしていれば、教育委員会の活性化は出来る

　教育委員会は合議制の行政委員会である。それであるが故に、教育委員は非常勤であり、常時教育委員会事務局には勤務していない。教育委員の常勤化は文部省時代検討したことはあるが、常勤とすれば各市町村、都道府県で5（4）人ずつ公務員の数が増えることとなり、行政改革の流れに逆行し、とても世間の理解はえられない。また常勤とすると現在の教育委員の多くは本来の業務を持っており（医師、大学教授、会社役員等）常時勤務できない状況にあると思われる。教育委員会事務局としても、5人の教育委員が毎日職場に来てあれこれ指示したり、いろいろ調査などを依頼されると対応出来ないのが現状であろう。こういった状況からは、教育委員を常勤化するよりも、緊急時にいつでも教育委員会を招集できるようにすることと、教育委員会事務局の長である教育長に人材を得ることの方が現実的であると考えられる。教育長にふさわしい人材を得ることが出来れば、教育委員会の活性化は出来るのではないか。私自身、教育長として勤務してみて、わずか3年間ではあったが教育長の仕事は面白く、やりがいがあり、精一杯頑張ることで地域の教育を良くする方向に導くことが出来ると確信している。教育委員会を活性化させるために、当時私が考えたことは次のようなことであった。第一に責任者である教育長が第一線に立って教育行政を行うということである。官僚主義が蔓延している組織で問題となるのは、最も大切なことであっても組織にとって都合の悪い場合には、トップの教育長が出てこないで、事務的な責任者に対応を任せ、教育長は厳しい場面から逃げることだ。

　いじめや校内暴力、学校の不祥事などの危機管理が求められる場面において、多くの学校や教育委員会はまじめで小心な先生たちが多いせいか、教育長や校長といった責任者が前面に出てこないで、結果的に対応を誤り、最終的に学校や教育委員会不信を招いてしまうことが多い。困難な課題に直面した場合、トップである責任者が問題から逃げないで説明責任を果たし、問題点を隠さないで、ウソをつかず誠実に対応することがもっとも大切

—177—

なことである。責任者が問題点から逃げて、真相を隠して、嘘をつくというのが、もっとも社会から信頼されないやり方となってしまうのである。

　私は①逃げない、②隠さない、③嘘をつかないということを人生のモットーとしているが、教育長として教育委員会が厳しく追及されるような事件が起きた場合（例えば学校のプールの事故で児童生徒の命に関わるような事故が起きた場合）、一般的にはマスコミに教育長はすぐには出てこないで、指導課長あたりが対応する例が多いのだが、私はこのような時にこそ教育長が出てきて説明責任を果たすべきだと考えている。苦しいときに逃げないできちんと説明責任を果たすことこそが、トップとしての役割であり、そのために教育長がいるのだと考えていた。二つ目の隠さないということも、組織にとって都合の悪いことを世間では当面隠しておいて、ほとぼりが冷めるまで静かに隠蔽するということが良くある。都合の悪いこともオープンにしてマスコミや世間の批判を仰いだ上で、政策として最善の方法をとることこそが重要なのである。間違った判断をして、行政が良くない方向に向かったとしたら、住民に大変な迷惑をかけることとなるし、早めに事実関係をオープンにしておけば、それに対する対応策も出てくるし、行政としての判断材料も数多く出てきて、結果的に大事に至らないですむ可能性もある。問題がいろいろあることを早めに提示しておけば、最終的に結論を出す場合に選択肢も増えてくるのだ。当初から問題点を明らかにしておけば、最終的に行政が批判されるような事態にならない可能性も出てくるのである。三つ目のウソをつかないというのは行政官として私は骨身にしみて体験して来ている。世の中には最初にマスコミなどから問題点や矛盾点を指摘され、とっさに応えられずに、とりあえずウソをついてごまかそうとしてしまう場合が多いように思う。本当のことを言えば、社会的に批判され現在の地位も危ないこととなりかねないからと、当面時間を稼いで、そのうちに委員会を作ったり、各方面から調査して、本当のことを言えば良いのだと周囲も助言したり、部下も上司に嫌われないため、当たり障りのない対応をして時間稼ぎをすることがあるのだ。この場合、最初のウソは、そんなに大きな問題ではなくても、次に問題がまた出てきて、つじつまを合わせるためにさらにウソをつかざるを得ず、ますます問題は大きくなってくる。最初の時点で、ウソをつかないで直ちに謝罪して対応策を講じれば、最悪の事態は避けられていたかも知れないのに、ウソをついて、それをごまかすためにさらにウソをつくという繰り返しで、ある時点からはさらにマスコミなどの追及が厳しくなってきてもはや収集できない状態になってしまうことが、たびたび起きている。小さなウソが最終的にはそのポストを辞任するしかない事態まで広まってしまうことは良くあることなのだ。教育委員会がいじめ問題や校内暴力などの緊急事態に対応する場合、①逃げない、②隠さない、③嘘をつかないということは、私の意見としては非常に重要なことだと思う。

○２　首長と教育長・教育委員との信頼関係の重要性

　教育委員会は従来から知事部局、市町村長部局とは距離を置いており、教育長は首長の直接の部下ではない。しかし教育委員会の行政を行っていく上で、首長部局とは密接な連携を図る必要がある。特に文化やスポーツの行政や予算を必要とする学校の新設、統廃合等の場合には、教育委員会だけの議論でなく、財政当局や首長と緊密な連携を図っていく必要があるであろう。

　教育長が首長といろんな場で接触し、良い人間関係を構築出来ていれば、首長部局の教育委員会への支援も円滑に行われるであろうし、教育長が都道府県や市町村の財政状況や政治的、社会的状況を十分把握できていれば教育行政をより円滑に進めることが出来るであろう。教育長が首長と良い関係を構築して、信頼関係を築いていれば多くの問題は良い方向に向かうであろう。新しい制度では首長が教育長を議会の同意を得て任命することとなっており、教育長が首長や首長部局の幹部とよりよい人間関係を築いていることは大切な要素だと思う。教育委員会の活性化を図るためには、教育長と首長の良い関係を維持することと同様に、教育委員と首長の間の連携を緊密にすることも重要である。教育委員一人一人が教育行政の課題に関心を持ち、積極的に地域の教育課題に対応していくことも重要である。教育委員の研修を充実させ、その時々の教育上の重要課題を理解してもらうと共に、その解決に向けて教育委員それぞれが努力していくことが大切である。文部科学省の実施している「新教育委員会制度への移行に関する調査」において、新しい教育委員会制度の下で、総合教育会議において首長と教育委員会が話し合うことで教育政策が充実し具体的な成果が上がったという事例がいくつか挙げられている。（好事例を私の責任でいくつか要約してみた。）

＜総合教育会議の成果や首長部局との連携の強化で成果を上げた事例＞

・総合教育会議でＩＣＴの模擬授業を行うことで首長部局との予算協議がスムースに行われ、タブレットとデジタル教科書の予算が認められた。またＡＬＴの確保と英語教員の資質能力を議論したことでＡＬＴ増員や海外派遣予算が認められた。

・総合教育会議が設置されたことで、確実に施策決定のスピードが上がった。

・教育委員会だけでは対応が困難なことについて首長部局との問題の共有化が図られた。

・首長と直接話し合い予算事項などについて議論できることで、教育委員の意識が高くなった。

・子育て全般について話し合うことで、福祉部局と連携した就学前教育や障害児保育等を充実することができた。

・全国学力・学習状況調査と関連付け、子供の学力を把握するための独自の調査を実施するなど学力向上施策の充実が図られた。

・首長部局と連携した学校における危機管理体制の構築ができた。

・校長による裁量予算の創設など各学校の創意工夫を支援できるようになった。

○3　教育委員会が活性化されるための要件

　教育委員会の活性化が永年言われてきたのは、教育委員会が行政委員会であり、複数の教育員で成り立っていて、個別の教育委員が責任を問われることがなく、また、勤務の形態も非常勤であるため、緊急の事態に対応しづらい面があることが挙げられる。今回の教育再生実行会議及び中央教育審議会の提言や答申を受けて、政府は教育委員会制度の抜本的な改正に踏み切ったのであるが、この改正は従来の教育委員長と教育長を一本化した新しい教育長を設置することで、教育行政の第一義的な責任が「教育長」であることを明確化し、その教育長を首長が直接任命することで、首長の任命責任を明確化したものである。また、新教育長は常勤であるから、教育行政において緊急時には、速やかに教育委員会議を招集し、危機管理の責任を適切に果たすことが出来る。また、すべての地方公共団体において総合教育会議が設置され、首長と教育委員会の意思疎通が格段に便利になり、行政の最終的な責任者である首長が教育委員と話し合うことで首長と教育委員会が教育政策の方向性を共有し、一致して地域の教育問題に対応していくことが可能になった。いままで教育についてはあまり口を出さない方が良いのかなと考えていた首長が、公の場で教育政策についても議論することが可能となり、予算や議会対策などで大きな権限を持つ首長が総合教育会議を通じて意見を言い、教育問題についての認識を共有できることとなった異議は大きい。一方で教育委員会は、引き続き執行機関として存続することとなり、総合教育会議の場で首長と議論することで、予算の権限を持つ首長がどう考えているか理解しやすくなり、より意思の疎通が図られることとなる。さらに最終的には教育委員会に権限が残されているので、政治的中立の確保も図られている。また教育に関する大綱を首長が策定することで、地方公共団体としての教育政策に関する方向性が明確になったと言えよう。

○4　新制度の下で今後の教育委員会（教育委員）の果たすべき役割

　新しい教育委員会制度の下で、教育委員会（及び教育委員）が生き生きと本来の役割を果たしていくためには、今後どのようにしたら良いのだろうか。小川正人氏は、合議制執行機関としての教育委員会の役割を、教育長の行う事務執行のチェック・評価だけに矮小化させてはいけない（参考　小川正人　「2014 地教行法改正と「新」教育委員会をめぐる課題　地方教育行政法の改定と教育ガバナンス」三学出版　P100）とし、教育長に委任すべきでない事項については教育委員会議で議論して決定・承認していくというルールを明確化すべきだとする。

　一人一人の教育委員が、その本来の役割である地域住民の代表として、父母の教育要求を公正・公平に受け止め、自分たちの地方教育行政にこれら住民の意向を適切に反映させ

第4章　新しい教育委員会制度について

ることこそが教育委員会議の本来の役割であると思う。新しい教育委員会（教育委員）の
果たすべき役割として、私なりに次のような提案をしてみたい。

　　＜これからの教育委員会会議の活性化を目指すために＞

①教育委員会会議の議題を整理し、教育委員が議論できないような形式的な規則改正や事
務処理的な内容の議事案件をできるだけ少なくし、学校の統廃合や長期的な学校配置のあ
りかたなど教育上の重要案件について教育委員が真剣に議論に参加できるような課題を時
間をかけて議論できるようにする。

②教育委員と住民・保護者、教育関係者との意見交換や一般の地域住民の意見を聴く機会
を増やすため、一日教育委員会や学校訪問、社会教育施設・体育施設訪問、スポーツ施設
視察、臨時会など多様な会議や施設視察などを開催する。

③教育委員会議の議論の内容をできるだけ公開し、透明性を高めて地域住民や議会、マス
コミに情報発信していく。教育委員会のホームページを充実させ、積極的な情報発信を行
う。

　また、教育委員会の自己点検・評価結果をホームページで公表していくとともに、各教
育委員一人一人の主張や行動・活動状況をできるだけ公表していく。

④教育委員それぞれが広く住民の教育要求をくみ上げ、地域の教育問題を住民とともに話
合い、考えていく時間を増やし、学校運営協議会のメンバーやＰＴＡ、地域のボランティ
ア、児童相談所の関係者などとも積極的な意見交換を行う。

⑤教育委員が教育委員会や学校の教育相談窓口の教職員と対話する機会を設け、住民の教
育相談の内容について共通理解を持つ。

　地域住民は学校教育には大きな関心を持っており、いじめの防止、校内暴力への対応、
学力の向上、指導力不足の教員対策、学校での部活動やクラブ活動（スポーツや芸術文化
活動）の状況など様々な教育問題について教育委員会の情報を詳しく知りたがっている。
できるだけ教育委員と地域住民との対話の機会を増やすとともに教育委員会の側から情報
を公開し、議会にも報告し、行政の透明性を確保し、教育委員会の各般の施策について住
民の理解と協力を求めていくことが重要であろう。

○5　新しい教育委員会制度のもとで　「教育委員会の活性化から教育行政の活性化へ」

　新しい教育委員会制度では、教育長の役割は飛躍的に高まったが、一方で教育委員会の
役割は教育長へのチェック機能が強化されるとともに、会議の透明化が一層求められるこ
ととなっている。教育委員会は引き続き、執行機関としての性格は維持されているが、新
教育長が教育委員会の会務を総理し、教育委員会の代表者となったことに伴い、その役割
は教育長の行う教育行政へのチェック機能が重要となってきている。教育委員の3分の1
以上から会議の招集の請求が出来るとともに、教育委員会規則で定めるところにより、教

—181—

育長に委任された事務の管理・執行状況を教育長が報告する義務を負うこととなる。レイマンコントロールの原則は大きく変貌しているがその基本は維持されており、教育の専門家ではない一般の住民の意向を教育行政に反映させていく仕組みは変わっていない。教育長以外は非常勤の委員で構成される委員会の多数決で意思決定を行う仕組みは従来通りであり、教育委員の職業等に偏りが生じないように配慮すべきことも従来通りである。教育委員に有能な人材を確保し、研修の充実などで教育委員の資質・能力の向上を図っていく必要がある。新しい制度では、教育委員会の役割は、むしろ教育長の業務執行をチェックし、レイマンコントロールの仕組みを活用して望ましい教育行政の方向を示すことに重点が置かれることとなる。すなわち、改正法の趣旨は、長い間言われ続けてきた「教育委員会の活性化」から首長、教育長、教育委員会が協力しあって行う「教育行政の活性化」に代わっていくものと私は考える。これからは、教育委員会会議の活性化はもちろん重要な課題であるが、非常勤の委員で構成される教育委員会の活性化よりも、地域住民にとっては「教育行政の活性化」が求められているのであり、その方向に明確に舵を切ったと言えるであろう。教育長の職務は極めて重要になったものであり、また、首長と協力して「総合教育会議」の議論を実りあるものにし、「大綱」を真に地域の教育を振興できるものにして、地域住民に信頼される地方教育行政が行われることこそが今回の教育委員会制度の大改革の目標なのである。教育委員会廃止論や教育委員会不要論の意見にも真剣に耳を傾けながら（その厳しい意見は「教育行政の活性化」を目指す上で大いに参考となるのである。）、廃止論や不要論が再び出されないように「地方教育行政の活性化」に首長も教育長も教育委員も真剣に取り組んでほしいと願っている。

参考文献

青木栄一　　　『地方分権と教育行政』　勁草書房　2013

青木栄一　　　「独立性からみた地方教育行政の制度設計上の論点」　自治総研通巻 432 号 2014

青木栄一・大畠菜穂子　「教育委員会の活性化？」『教育と文化』67 号　2012

天城勲　　　　『教育法規解説』　第一法規　1971

天城勲・犬丸直　「教育委員会法」木田　宏監修『証言　戦後の文教政策』1987

市川昭午　　　『大阪維新の会「教育基本条例」何が問題か？』教育開発研究所　2012

市川昭午　　　『教育基本法改正論争史』　教育開発研究所　2009

市川昭午　　　『臨教審以後の教育政策』　教育開発研究所　1995

市川昭午　　　「分権改革と教育委員会制度」西尾　勝・小川　正人編『分権改革と教育行政』2000

伊藤和衛　　　『公教育の理論』　教育開発研究所　1988

伊藤正次　　　『日本型行政委員会制度の形成』　東京大学出版会　2003

上原貞雄　　　『教育行政学』　福村出版　1991

大畠菜穂子　　『戦後日本の教育委員会』　勁草書房　2015

大畠菜穂子　「教育委員会と教育長の権限関係」東北大学大学院教育学研究科研究年報　第 60 集・第 1
　　　　　　　号　2011

岡田佐織　　　「行政委員会としての教育委員会」　東京大学大学院教育学研究科教育行政　学研究室紀
　　　　　　　要　第 23 号　2003

小川正人　　　『市町村の教育改革が学校を変える』岩波書店　2006

小川正人　　　「「素人」教育委員会と教育長の役割・権限関係の見直し」「教育学研究」第 80 巻第 2 号
　　　　　　　2013

小川正人　　　「教育委員会制度の改革課題」規制改革・民間開放推進会議第 6 回教育 SW ヒアリング
　　　　　　　2006

兼子仁　　　　『教育法（新版)』　有斐閣　1978

兼子仁　　　　『教育法学と教育裁判』　勁草書房　1969

河野和清　　　『新しい教育行政学』　ミネルヴァ書房　2014

河野和清　　　『現代教育の制度と行政』　改訂版　福村出版　2017

河野和清　　　『市町村教育委員会制度に関する研究』　福村出版　2017

木田宏　　　　『教育行政』　有信堂　1982

木田宏　　　　『逐条解説　地方教育行政の組織及び運営に関する法律』第三次新訂　2003
　　　　　　　第四次新訂　2015

黒崎勲　　　　『教育行政学』　岩波書店　1999

小松茂久　　　『教育行政学』　昭和堂　2013

小松茂久　　　「アメリカ地方教育委員会の行政責任」『日本教育行政学会年報』9 号　1983

小松茂久　　　「アメリカ現代地方教育統治の再編と課題」早稲田教育評論第 25 巻第 1 号

相良惟一　　　『新版教育行政学』　誠文堂新光社　1987

相良惟一　　　「教育長はどうあるべきか」『文部時報』868 号　1950

佐藤俊一　　　「地方行政委員会に関する一考察」『法学新報』112 巻 7・8 号　2006

佐藤幸治　　　『憲法』（新版）　青林書院　1990

佐藤晴雄　　　『現代教育概論』　第一次改訂版　学陽書房　2003

塩野宏　　　　『行政法Ⅲ』　第四版　有斐閣　2012

塩野宏　　　「行政委員会制度について―日本における定着度」『日本学士院紀要』59 巻 1 号　2004

下村哲夫　　『教育法規』　教育管理職セミナー　第 2 巻　第一法規　1988

白石裕　　　「教育委員会制度の改革と教育のローカル・ガバナンス」　早稲田大学大学院教育学研究科
　　　　　　紀要　第 19 号　2009

新藤宗幸　　『教育委員会―何が問題か』　岩波書店　2013

杉村敏正　　『行政法講義総論（上）』　有斐閣　1967

杉村敏正　　『法の支配と行政法』　有斐閣　1970

園部逸夫　　「京都府教育長問題の背景と問題点」ジュリスト No. 418　1969

高階玲治　　『教育基本法の改正で教育はどう変わるか』　ぎょうせい　2007

高橋寛人　　『危機に立つ教育委員会』　クロスカルチャー出版　　2013

竹内俊子　　「行政委員会制度としての教育委員会」『日本教育法学会年報』8 号　1979

坪井由実・渡部昭男　『地方教育行政法の改定と教育ガバナンス』　三学出版　2015

永井憲一　　『教育法学』　エイデル研究所　1993

中嶋哲彦　　『教育委員会は不要なのか』岩波書店　2014

中谷彪　　　『アメリカ教育行政学序説』　泰流社　1988

日本教育行政学会　『年報・9　教育委員会の課題』　教育開発研究所　1983

日本教育行政学会研究推進委員会　『首長主導改革と教育委員会制度』　福村出版 2014

日本教育行政学会研究推進委員会　『地方政治と教育行財政改革』　福村出版 2012

早田幸政　　『教育制度論』　ミネルヴァ書房　2016

菱村幸彦　　『教育行政』　ぎょうせい　1997

平原春好　　『教育行政学』　東京大学出版会　1993

平原春好　　「教育における地方分権とその可能性」　帝京大学文学部紀要教育学 27　57 － 92　2002

広渡清吾　　『比較法社会論研究』日本評論社　2009

堀和郎・柳林信彦　　『教育委員会制度再生の条件』　筑波大学出版会　2009

堀内孜・小松郁夫　『現代教育行政の構造と課題』　第一法規　1987

松井一麿　　『地方教育行政の研究』　多賀出版　1997

真淵勝　　　『行政学』　有斐閣　2009

三上昭彦　　『教育委員会制度論』　エイデル研究所　2013

村上祐介　　『教育委員会改革　5 つのポイント』　学事出版　2014

村上祐介　　『教育行政の政治学』　木鐸社　2011

村上祐介　　「教育委員会改革からみた地方自治制度の課題」『自治総研』430 号 2014

文部省　　　『学制百年史』帝国地方行政学会　1972

文部科学省地方教育行政研究会　『Q&A　改正地方教育行政法』　ぎょうせい　2014

文部科学省　　『諸外国の教育行財政―7 か国と日本の比較』ジアース教育新社　2013

文部省教育助成局地方課　『教育委員会月報　平成 3 年 11 月号』　1991

文部省地方課法令研究会　『教育関係行政実例集』　改訂新版　学陽書房　1976

柳瀬良幹　　『行政法教科書』　改訂版　有斐閣　1966

柳瀬良幹　　「行政委員会制度と教育委員会」『教育委員会月報』28 巻 7 号　1976

矢野裕俊　　「地方教育行政における教育委員会と首長の関係」　武庫川女子大学「教育学研究」第 80 巻
　　　　　　第 2 号　2013

レイモンド E　キャラハン　中谷彪・中谷愛　訳『アメリカの教育委員会制度と教育長』　晃洋書房
　　　　　　2007

参 考 資 料

参考資料1　教育改革に関する第二次答申

臨時教育審議会
昭和61年4月23日

第4部　教育行財政改革の基本方向　第2節　地方分権の推進
（2）教育委員会の使命の遂行と活性化

　　近年の校内暴力、陰湿ないじめ、いわゆる問題教師など、一連の教育荒廃への各教育委員会の対応を見ると、各地域の教育行政に直接責任を持つ「合議制の執行機関」としての自覚と責任感、使命感、教育の地方分権の精神についての理解、自主性、主体性に欠け、21世紀への展望と改革への意欲が不足していると言わざるを得ないような状態の教育委員会が少なくないと思われる。教育委員会制度の本来の目的と精神に立ち返り、この制度に期待されている役割と機能を正しく発揮するためには、教育委員会の権限と重い責任を再確認し、生き生きとした活動を続けている教育委員会の優れた経験を交流し合い、一部の非活性化してしまっている体質を根本的に改善していくことが不可欠である。

　　このような観点に立ち、①教育委員の人選、研修、②教育長の任期制、専任制（市町村）の導入、③苦情処理の責任体制の確立、④適格性を欠く教員への対応、⑤小規模市町村の事務処理体制の広域化、⑥知事部局等との連携など、について具体的な改革を進めることを通じ教育委員会の活性化を図る。

　教育の地方分権の精神に基づき、「地方教育行政の組織及び運営に関する法律」にのっとり各都道府県、市町村等に設置されている各教育委員会は、公立学校、図書館、博物館、公民館、研修施設等の教育機関の設置・管理・廃止など当該地域の教育行政全般に関して最も重い責任を直接に負うところの合議制の執行機関である。このことは、各教育委員会が、第一に、それぞれの地域の教育行政が直面している具体的・日常的課題、学校・図書館等の実情や児童・生徒・父母等をはじめとする地域住民の教育上の意見・批判・要望などに精通し、第二に、それぞれの地域の教育行政に関する意思決定、管理、執行につき実質的な当事者能力と機敏な行動力、明確な責任感を持ち、第三に、それぞれの地域の特性を考慮して、個性豊かな、各地域住民に密着した教育行政を推進するだけの自主性、主体性を持っていなければならないということを意味する。

　しかしながら教育委員会は、最近の一連の教育荒廃問題への対応等に見られるように、制度として形骸化していたり、活力を失ってしまっているとことも少なくなく、制度本来の機能を十分に果たしているとは言い難い。その原因としては、

（ア）戦後、教育における地方自治への大きな転換があったにもかかわらず、依然として、戦前の国から与えられた教育という意識が教育関係者の間に根強く残存し、自分のことは自分の責任で，身近な事は身近な機関の責任で処理するという自治意識が未成熟

なため、制度の本旨が十分に生かされていないこと、

（イ）教育界、学校関係者の間に、身内意識が強く、「教育上の配慮」という大義名分もあって問題を公開して処理しない閉鎖的な体質と上からの判断や指示を待つ画一主義的な体質が働きがちであること、また、教育には安定性や連続性が必要であることとも関連して改革に対して消極的な面が見られたこと、

などが指摘されよう。

戦後40年を経過した現在、教育委員会制度の歴史的経験を冷静に踏まえて、この制度を真に再生し、活性化させるための国民的合意の確立が必要である。これを基礎として、当面次のような諸方策を取ることが必要である。

①教育委員の人選、研修

教育委員には、人格が高潔で、教育、学術、文化に関して、識見を有し、教育行政に深い関心と熱意を有する人材が求められるものであり、各都道府県、市町村においては、より一層教育委員としてふさわしい者の選任に努める必要がある。その際、委員の構成上のバランスについて、例えば、若い人材や女性の積極的登用等について配慮し、また、必ずしも地域に人材が見つけられない場合には、地域外からの登用を図ることなどを考慮するとともに、あわせて、教育委員の待遇の改善への努力が望まれる。

また、レイマンである教育委員が教育行政の運営に関して、適切な判断と決定を行うためには、現行制度の理念、当面する教育および教育行政の諸課題に対する深い理解と知識や教育行政の当事者としての自覚が必要である。このため、教育委員の研修の在り方などについて改善・充実を図る必要がある。

②教育長の任期制、専任制（市町村）の導入

教育委員会の活性化のためには、教育長に適材を得ることが極めて重要であり、このため、人事の在り方について配慮を求める。

市町村の教育委員会では、教育委員の中から教育長が選ばれる仕組みになっているが、レイマンである教育委員と教育行政の専門家である教育長とが、それぞれの職務を適切に分担し、調和ある運営が行われるという制度の本旨を生かしながら、教育委員会全体としてその機能を十分発揮し得るようにするためには、教育および教育行政に関する識見と経験を有する者が、一定期間教育長の職にあり、これに専念することが望ましい。教育長に適材を得るための方策に関し、教育長の資質・要件、専任化、都道府県教育委員会の教育長も含めた任期制の導入、教育長の任命承認制度の得失等を総合的に検討する必要がある。

③苦情処理の責任体制の確立

教育委員会は、父母、地域の意向や要望、苦情を適切に反映するため、例えば教育委員が地域に出向いて懇談会を開催するなど、広報広聴活動について格段の充実を図る必要がある。この点に関しては、とくに学校等における教育活動の現状などを地域住民に公表する姿勢がより一層求められる。

また、教育委員会は教育に関する各種の苦情や相談を積極的に受け付け、各種の苦情処理、教育相談活動などとの連携を図りながら、迅速かつ的確な対応を行うための仕組みを、例えば、中学校区単位で、設けるなどの工夫が講じられる必要がある。

なお、教育に関する苦情等の処理などに関しては、直接の市町村教育委員会で必ずしも適切な解決が図られない場合に、関係機関に改善等を指導・助言する組織等を都道府県教育委

員会に設けるなどの工夫が望ましい。

④適格性を欠く教員への対応

多くの教員が真摯に日々の教育に努力しているなかにあって、教員の職に必要な適格性を欠く者がいることは、児童・生徒に与える影響の重大性を考えれば、放置できない問題である。

このような教員の職に必要な適格性を欠く者については、適切な分限処分等の措置が行われることが必要である。

このためには、都道府県教育委員会の任免権、市町村教育委員会の内申権、校長の具申権がそれぞれの責任の下に有機的な連携をもち、本来の機能が発揮されることがまず肝要である。

これに関連して、都道府県教育委員会は、すでに置かれている健康審査会等の機能の充実など、様々な仕組みについて工夫に努める必要がある。その際、地域の実情に即し、必要に応じ、都道府県教育委員会が、教育専門家、法律家、医師などの幅広い分野の学識経験者を構成員とし、教育の職に必要な適格性を欠く者について、都道府県教育委員会がとるべき措置を調査・審議し、意見を提出する機能をもつ、諮問機関を設置することも考えられる。

なお、非行などにより懲戒処分の対象者とみられる教員に対し、厳正かつ早急な措置が責任をもってなされなければならないことは言うまでもない。

⑤小規模市町村の事務処理体制の広域化

人口規模が小さく、教育委員の適材が得にくく、かつ事務局スタッフも弱体である市町村では、活性化がとくに問題となる。この問題については、市町村の合併がなされることによって解決される面もあるが、当面、それぞれの市町村において事務局体制の充実を図るなど自主的努力によって自らを活性化していく必要がある。このため、地域の実情に応じ、地方自治法に定める事務組合、教育委員会の共同設置等の共同処理制度の活用、都道府県教育委員会の教育事務所等との連携などにより事務処理体制の広域化を図ることが有効であり、国および都道府県もこれに積極的に協力、援助を行う必要がある。

⑥知事部局等との連携

教育委員会の職務とかかわる様々な教育・文化関連行政が、各都道府県の知事部局等において進められている。例えば、高等学校以下の私立学校に関する行政は、都道府県知事が所轄することになっているが、公立学校に係る行政と私立学校に係る行政のより一層の連携を図るためには、知事部局とのより緊密な協力関係が必要である。生涯学習体系への移行の観点からも、教育委員会は様々な行政分野との連携を進める積極性が求められよう。

参考資料2　教育委員会の活性化について（通知）

文教地第 50 号
昭和 62 年 12 月 16 日

各都道府県・指定都市教育委員会・
各都道府県知事・各指定都市市長あて

文部省教育助成局長通知

教育委員会の活性化について

臨時教育審議会は第二次答申（昭和 61 年 4 月 23 日）において、「教育委員会の使命の遂行と活性化」について改革提言を行ったところであり、文部省としては、この答申を受け、各都道府県教育委員会等に対し通知（昭和 61 年 6 月 13 日付け文教地第 125 号「臨時教育審議会『教育改革に関する第二次答申』について」）するとともに、関係者の協力を求め、その具体化のための検討を進めてきました。

その結果、教育委員会は、今日、学校教育の充実はもとより、生涯学習体制の整備を図ること、社会の変化や関連する行政課題へ積極的に対応することなどについて大きな役割が期待されており、教育委員会が今後このような期待される役割、機能を十分果たし、その使命を遂行するためには、教育委員会の組織及び運営に関し、左記のような点について改善を加え、教育委員会の活性化を図ることが重要であると考えます。

つきましては、貴職におかれては、左記事項の趣旨を踏まえて、教育委員会の組織及び運営の改善・充実に努められるよう、格段の御配慮をお願いします。

その際、別添の教育委員会の活性化に関する調査研究協力者会議報告「教育委員会の活性化について」（昭和 62 年 12 月 4 日）の内容を十分参考とされるようお願いします。

なお、臨時教育審議会の答申において提案された教育長の専任化（市町村）、任期制等、制度の改正に係る事項については、別途、文部省において検討中の段階であることを申し添えます。

おつて、各都道府県教育委員会にあっては、貴管下の各市町村関係機関に対して、このことを通知し、趣旨の徹底を図るようお願いします。

記

一　教育委員の選任、研修等

教育委員は当該地域の教育行政全般について責任を負う合議制の執行機関を構成する一員であり、その職務は極めて重要なものであることにかんがみ、教育委員の選任等については、次の点に留意する必要があること。

（一）　教育委員の選任

各地方公共団体の長においては、教育委員の選任に当たって、教育行政に深い関心と熱意を有する教育委員にふさわしい人材の確保に努めること。

その際、教育委員の構成については、比較的年齢の若い人や女性の登用に留意するとともに、教職経験者に偏することなくより多様な人材の確保に意を用いること。また、教育委員に広く適材を求める観点に立つて、当該地方公共団体に住所を有する者にこだわらず、多様な人

材の確保にも配慮すること。

なお、国立大学の教官からも教育委員に登用できるようにする方向で、文部省において検討中であること。

（二）　教育委員の研修、待遇

ア　教育委員が教育行政の運営に関し、適切な判断と決定を行うためには、教育委員として当面する教育行政の課題等に関する深い理解と知識を有することが必要であり、このため、教育委員の研修について一層の改善・充実を図ること。特に、新任の教育委員に対する研修の実施や研修内容の充実について一層の改善を図ること。

イ　各地方公共団体の長においては、教育委員の待遇の重要性にかんがみ、その一層の改善に努めること。

二　教育長の選任等

教育長は、教育委員会が適切な機能を果たす上で、極めて重要な責任を有する職であり、教育委員会の活性化のためには、教育長に適材を得ることが特に重要であることにかんがみ、教育長の選任等については、次の点に留意する必要があること。

（一）　教育長の選任

ア　各教育委員会においては、教育長の選任に当たつて、教育長の資質、要件として、何よりもすぐれて高い専門性が求められるものであり、教育長は教育に関して専門的な識見を有することはもとより、行政的にも練達した人材の確保に努めること。

イ　各都道府県教育委員会においては、前記の教育長に必要とされる資質、要件を考慮して、あらかじめ、市町村教育委員会教育長の任命承認の基準を示すなど、任命承認制の適切な運用に努めること。

ウ　特に、市町村の教育長に適材を得る方策については、各市町村において検討を行い様々な配慮を行うことが必要であること。その際、例えば、市町村からの要請に基づき県の教育委員会が適材を市町村の教育長として派遣するなど、優れた実績をあげている方法も参考にすること。

（二）　教育長の在任期間

各教育委員会においては、長期の計画の下に一貫性、安定性が要請される教育行政の特質にかんがみ、教育長が計画的、継続的に職務を遂行できるよう、教育長の在任期間について配慮すること。

（三）　教育長の待遇

教育長の職務と責任の重大さにかんがみ、教育長の待遇は特別職のそれに相当すべきものであり、各地方公共団体の長においては、教育公務員特例法第17条第2項の規定の趣旨を踏まえ、教育長の待遇の改善に配慮すること。特に、市町村教育委員会教育長については、既に、昭和47年5月31日付け文初地第316号「市町村教育委員会教育長等の待遇改善について」をもつて、助役ないし少なくとも収入役に劣らない待遇の改善方を求めたところであるが、今日なお相当多くの市町村において必ずしも十分な待遇がなされてない実態にかんがみ、関係者において、より一層の改善に努めること。

三　教育委員会の運営等

教育委員会が合議制の執行機関として、その役割と責任を十分果たすためには、教育委員会の運営等について、次の点に留意する必要があること。

（一）　教育委員会の運営

ア　教育委員会の会議については、教育委員会が今日の様々な教育課題に迅速かつ的確に対応できるよう、定例会はもとより、臨時会や委員協議会などの方式を積極的に活用すること。

イ　教育委員会の会議においては、教育に関する基本方針の決定等、長期的、計画的な教育行政の課題に積極的に取り組むこと。

（二）　都道府県教育委員会から市町村教育委員会に対する指導等

ア　都道府県教育委員会においては、市町村教育委員会が地域の実態に即した特色ある教育行政を主体的、積極的に展開していくことができるよう、各市町村教育委員会に対して必要な指導、助言、援助を行うこと。

この場合、都道府県教育委員会は、個々の行政課題に係る指導、助言、援助のみならず、各市町村教育委員会の行財政運営全般について、必要な指導等を行うことが重要であること。

イ　都道府県教育委員会から市町村教育委員会に対する指導、助言、援助の在り方に関し、特に、市町村立学校に対する指導等については、市町村教育委員会を経由し、あるいは市町村教育委員会と共同で行うことが重要であること。

（三）　適格性を欠く教員への対応

ア　適格性を欠く教員の問題は、基本的には教育委員会自らが責任をもつて対処すべき事柄であり、都道府県教育委員会及び市町村教育委員会は、任命権者、服務監督権者としての責任において、適切に対応すること。

イ　この場合、都道府県教育委員会、市町村教育委員会、学校は、相互の連携と継続的な関係資料の整備に努めるとともに、特に、教育委員会においては、教育に対するカウンセリング機能の充実等、教員の心の健康管理にも積極的に取り組むこと。また、各都道府県教育委員会においては、教員の分限処分等が教職としての適格性の観点から適切に行われるよう、健康審査会の整備充実や指定医制度の改善等に一層努めること。

四　事務処理体制の在り方

今日、教育委員会の事務局、とりわけ市町村教育委員会の体制が十分とは言えない現状にあることにかんがみ、事務処理体制の在り方について、次の点に留意する必要があること。

（一）　事務処理体制の充実

ア　事務処理体制の充実のため、当面、指導主事、社会教育主事等の専門的教育職員の配置促進、首長部局との人事交流の推進、教育委員会事務局と教育機関との連携強化などの措置を積極的に講じること。

イ　共同で処理する方が適切な事務については、事務処理体制の広域化を進めること。

この場合、事務の性格に応じて、一部事務組合や協議会などの方式を採用するとともに、このような制度上の方式によらなくとも、近隣の市町村教育委員会相互の協力の下に、共催等の方法により実際上共同処理を積極的に進めること。

（二）　事務処理の効率化

教育委員会の事務局体制の改善、充実のためには、事務処理の効率化を図り、予算及び人員の効果的な配分を行うことも重要であること。

五　地域住民の意向等の反映

教育委員会は、今後教育に関する父母、地域住民の多様な要望や意向を的確に把握し、それを教育行政に反映させていく機能を充実させることが重要であることにかんがみ、地域住民

の意向等の反映について、次の点に留意する必要があること。

（一）　広報・広聴活動の充実

ア　地域住民の意向等を的確に把握するために、教育委員会の委員は教育行政の当事者であることの自覚をもち、委員による学校や地域の計画的な視察、地域別の教育懇談会の開催等により、広聴活動の充実を図ること。

イ　教育委員会は、各種の広報媒体を活用し、学校における教育活動の状況や教育委員会が行つている施策等を地域住民や父母に周知させるなど、広報活動の充実を図ること。

（二）　教育相談・苦情処理体制の整備

いじめなど教育上の諸問題について、問題の早期発見、早期解決を図るという観点から、教育相談や苦情処理を行うための組織、体制の整備を図ること。

この場合、学校のみならず、教育委員会や教育センターに責任をもつて問題を処理できる機能を備えた相談窓口を設置するなど、教育相談体制の整備、充実を図るとともに、児童相談所など各種の苦情処理・相談機関と連携し、教育上の諸問題に迅速、的確、かつ総合的に対応できるようなネットワーク作りに努めること。

六　首長部局等との連携

教育委員会は、地域全体の教育、学術、文化、スポーツの振興を図るという総合的な視点に立つて、主体的に首長部局等との連携強化に努め、効率的かつ整合的な行政の推進を図ることが必要であり、このため首長部局等との連携については、次の点に留意する必要があること。

（一）　生涯学習体系移行への積極的対応

教育委員会は、生涯学習体系への移行に向けて、地域住民の多様な学習ニーズや地域の教育課題を的確に把握し、これらに積極的に応えることができるよう、民間の教育関連産業も含め生涯学習の総合的な振興を図る必要があり、このため、首長部局等との連絡調整の場を設置するなど、主体的、積極的に首長部局等との連携協力に努め、社会教育、文化、スポーツ等の施策について、企画調整機能の充実を図ること。

（二）　公立学校行政と私立学校行政との連携

ア　今日、公立学校行政と私立学校行政との連携をより一層強化し、公教育全体の総合的展開を図ることが必要であり、教育委員会は地域の教育全体の振興を図る観点から関係部局とのより緊密な連携協力を図りつつ、私立学校をも視野に入れた総合的な教育行政を推進すること。

イ　このため、地域の実情に応じて、例えば、私立学校事務を教育長に補助執行させることや公私立学校間の連絡調整の場の設置など、関係部局との連携協力の体制を整備するとともに、教育委員会は私立学校の要請に応じて、教育課程、生徒指導等についての指導、助言を行うことや、私立学校の教員の研修、私立学校の児童生徒の健康管理等について助言、協力を行うことなどにも配慮すること。

（三）　教育予算の充実

各地方公共団体の長においては、地方教育行政の組織及び運営に関する法律第29条に定める意見聴取制度の趣旨に則って必要な教育予算の確保に配慮すること。

各教育委員会としても、意見聴取制度の運用について改善・工夫等を行い、教育予算の充実に努めること。

参考資料3　地方分権一括法による教育における団体自治の強化について

文科大臣の地方公共団体の長・教委に対する権限
（分権一括法前後の比較）H13.8.29

分権一括法前		分権一括法後
教育長の任命承認制 【大臣→県・政令市】 （旧地教行法16②）	廃止 →	廃止
機関委任事務の指揮監督 【大臣→長・教委】 （旧地教行法55）	廃止 →	機関委任事務の廃止により、大臣の指揮監督は廃止
（国の地方への一般的な関与は法定されていなかった）	関与の法定 →	技術的な助言・勧告 【大臣→長・教委】 （地方自治法245の4） 資料の提出要求 【大臣→長・教委】 （地方自治法245の4）
措置要求 【大臣→長・教委】 （旧地教行法52） 発動の要件：○法令違反　○著しく適正を欠きかつ教育本来の目的達成の阻害を認めるとき	他の行政分野同様に見直し →	是正の要求 【大臣→長・教委】 （地方自治法245の5） 発動の要件：○法令違反　○著しく適正を欠きかつ明らかに公益を害していると認めるとき
指導・助言・援助 （※必ず行うものとする） 【大臣→長・教委】 （旧地教行法48）	一部変更	指導・助言・援助 （※必要に応じて行う） 【大臣→長・教委】 （地教行法48）
調査、資料・報告の提出 【大臣→長・教委】 （旧地教行法53,54）	変更なし	調査、資料・報告の提出 【大臣→長・教委】 （地教行法53,54）

○教育長の任命承認 地教行法第16条 2 都道府県に置かれる教育委員会は、文部大臣の承認を得て、教育長を任命する。		（規定の削除）
○機関委任事務 地教行法第55条 地方自治法第150条の規定は、教育委員会が管理し、及び執行する教育に関する事務のうち、国の機関として管理し、及び執行するものについて準用する。 地方自治法第150条 普通地方公共団体の長が国の機関として処理する行政事務については、普通地方公共団体の長は、都道府県にあっては主務大臣、市町村にあっては都道府県知事及び主務大臣の指揮監督を受ける。		（規定の削除）
○技術的な助言・勧告、資料の提出要求 （規定なし）		地方自治法第245条の4 各大臣又は都道府県知事その他の都道府県の執行機関は、その担任する事務に関し、普通地方公共団体に対し、普通地方公共団体の事務の運営その他の事項について適切と認める技術的な助言若しくは勧告をし、又は当該助言若しくは勧告をするため若しくは普通地方公共団体の事務の適正な処理に関する情報を提供するため必要な資料の提出を求めることができる。
○措置要求・是正の要求 地教行法第52条 文部大臣は、地方自治法第246条の2の規定（※内閣総理大臣の措置要求）にかかわらず、地方公共団体の長又は教育委員会の教育に関する事務の管理及び執行が法令の規定に違反していると認めるとき、又は著しく適正を欠き、かつ、教育の本来の目的達成を阻害しているものがあると認めるときは、当該地方公共団体の長又は教育委員会に対し、その事務の管理及び執行について違反の是正又は改善のため必要な措置を講ずべきことを求めることができる。		地方自治体法第245条の5 各大臣は、その担任する事務に関し、都道府県の自治事務の処理が法令の規定に違反していると認めるとき、又は著しく適性を欠き、かつ、明らかに公益を害していると認めるときは、当該都道府県に対し、当該自治事務の処理について違反の是正又は改善のため必要な措置を講ずべきことを求めることができる。
○指導・助言・援助 地教行法第48条 地方自治法第245条第1項又は第4項の規定によるほか、文部大臣は都道府県又は市町村に対し、都道府県委員会は市町村に対し、都道府県又は市町村の教育に関する事務の適正な処理を図るため、必要な指導、助言又は援助を行うものとする。		地教行法第48条 地方自治法第245条第1項又は第4項の規定によるほか、文部科学大臣は都道府県又は市町村に対し、都道府県委員会は市町村に対し、都道府県又は市町村の教育に関する事務の適正な処理を図るため、必要な指導、助言又は援助を行うことができる。

参考資料

参考資料4　教育改革国民会議の17の提言を受けた地教行法の一部改正の概要

（H14.1.11 施行）

1　地方公共団体の長は、教育委員の任命に当たっては、年齢、性別、職業等に著しい偏りが生じないよう配慮するとともに、委員のうちに保護者（親権者及び未成年後見人）が含まれるよう努めなければならない。

2　教育委員会議は公開する。（ただし人事案件等で出席委員3分の2以上の多数で議決したときは非公開にできる。）

3　教育委員会は、教育行政に関する相談に関する事務を行う職員を指定し、公表する。また、教育委員会の職務権限規程等に教育行政に関する相談について明記する。

4　市町村教育委員会は、校長から任免その他の進退に関する意見の申出があった県費負担教職員について都道府県教育委員会に対し内申を行うときは、当該校長の意見を付するものとする。

5　県費負担教職員を免職し、引き続き都道府県の職への採用
（1）都道府県教育委員会は、市町村の県費負担教職員（教諭、養護教諭、助教諭、養護助教諭及び講師に限る。）で次のいずれにも該当するものを免職し、引き続いて当該都道府県の常勤の職（指導主事、校（園）長、教員の職を除く）に採用することができる。
　　①児童生徒に対する指導が不適切であること。
　　②研修等必要な措置が講じられてもなお児童生徒に対する指導を適切に行えないと認められること。
（2）事実確認の方法その他（1）の県費負担教職員が上記①及び②に該当するかどうかを判定するための手続き等については都道府県の教育委員会規則で定める。

6　その他所要の改正を行う。

参考資料5　教育委員会制度の抜本的見直しについて

教育委員会制度の抜本的見直しについて
〜地方教育行政の組織及び運営に関する法律の改正の方向性〜

（教育再生会議第一分科会 H19.2.5）

1　教育委員会の目的及び任務の明確化
・教育委員会の目的及び任務（役割、責務）を明確にするため、教育委員会は国の定める大綱的基準や指針に従い、地域の教育に全責任を負う機関として、その役割を認識し、透明度を高め、学校と連携を密にし、危機管理に迅速に対応し、地域住民にきちんと説明責任を果たさなければならない旨を明確化する。

2　教育委員会と教育長との関係及びそれぞれの役割・権限の明確化
・教育委員会と教育長との関係、及び、教育委員会、教育長それぞれの役割、権限、責任を明確化する。
・教育委員会は、教育長はじめ事務局職員に優秀な人材を確保するとともに、その専門性を高め、その資質の向上を図るものとする。

3　教育委員について
・教育委員の職務、果たすべき役割を明確化する。
・教育委員の数を5（6）人に固定せず、都道府県、市町村の規模等を勘案し弾力化できるようにする。
・教育委員長の持ち回り互選を改めるため、教育委員長の役割を明確にし、真に委員長にふさわしい人物が一定期間委員長に選任されるようにする。
・教育委員会は毎年、教育委員一人一人の活動状況を公表することとする。
・教育委員に保護者である者が必ず含まれるようにする。

4　教育委員会の自己点検評価の実施と第三者評価の導入
・各教育委員会は毎年度自己点検評価を実施し、その結果を公開するものとする。
・都道府県、政令指定都市に非常勤の外部有識者等からなる教育委員会外部評価委員会を置くことなどにより、都道府県教育委員会、政令指定都市教育委員会の第三者評価を実施する。
・都道府県教育委員会は、上記の教育委員会外部評価委員会の活用などにより、政令指定都市以外の域内の教育委員会の第三者評価を行う。

5　小規模市町村教育委員会について
・人口5万人以下の小規模市町村には原則として教育委員会の共同設置を求めるものとし、また、それ以外の市町村についても、市町村の判断により共同して教育委員会を設置する

ことを妨げないこととし、広域的に事務を処理できるよう、教育委員会の統廃合を進める。

6 市町村教育委員会・学校への権限の委譲

・上記5の共同設置を進めつつ、県費負担教職員の人事については、各市町村教育委員会に一定の人事に関する権限を委譲することとする。 この場合、都道府県教育委員会が、全県的な観点から人事に関し調整を行う制度を設けるよう留意する。

・都道府県教育委員会は、県費負担教職員の人事について、市町村教育委員会及び校長の意見をあらかじめ聞き、それに十分配慮しなければならないこととする。

・学校についても、教職員の人事についての校長の権限を強化するため、市町村教育委員会は、校長の意見具申を尊重することとする。

7 国と都道府県教育委員会、市町村教育委員会等との関係

・教育委員会制度は、地方分権の考え方が基本であることは言うまでもない。 ただし、各教育委員会などの事務処理が法令の規定違反、又は著しく適正を欠き教育本来の目的達成を阻害していると認めるときは、文部科学大臣は是正のための勧告を行い、なお改善がみられない場合には是正の指示を行うことができることとする。

・なお、文部科学大臣が都道府県・政令指定都市教育長の任命に関与することなど、固の責任を明確化する必要があるとの考えも示された。

8 国における学校、教育委員会の第三者評価機関について

・国が都道府県教育委員会・政令指定都市教育委員会の第三者評価を行う仕組みについては、学校評価の仕組みと合わせて、固の独立行政法人を活用することなどを含め、教育再生会議において引き続き検討する。

（注）

　この案は第一分科会としての改正の方向性を示したものに過ぎない。教育再生会議の第一次報告等を受けた地教行法の一部改正は**参考資料6**に示したとおりである。

参考資料6　教育再生会議の第一次報告等を受けた地教行法の一部改正

§ 第1　教育再生会議の第一次報告等を受けた地教行法の一部改正

（H 20.4.1 施行）

1　教育委員会の責任体制の明確化

（1）地方教育行政の基本理念を明記する。

（2）合議制の教育委員会は、①基本的な方針の策定、②教育委員会規則の制定・改廃、③教育機関の設置・廃止、④職員の人事、⑤活動の点検・評価、⑥予算等に関する意見の申し出については自ら管理執行することを規定する。

（3）教育委員会は学識経験者の知見を活用し、活動状況の点検・評価を行うこととする。

2　教育委員会の体制の充実

（1）市町村は近隣の市町村と協力して教育委員会の共同設置等の連携を進め、教育行政の体制の整備・充実に努めることとする。

（2）市町村教育委員会は指導主事を置くように努めることとする。

（3）教育委員の責務を明確化し、国・都道府県が教育委員の研修等を進めることとする。

3　教育における地方分権の推進

（1）教育委員の数を弾力化し、教育委員への保護者の選任を義務化する。

（2）文化・スポーツの事務を首長が担当できるようにする。

（3）県費負担教職員の同一市町村内の転任については、市町村教育委員会の内申に基づき、都道府県教育委員会が行うこととする。

4　教育における国の責任の果たし方

（1）教育委員会の法令違反や怠りによって、緊急に生徒等の生命・身体を保護する必要が生じ、他の措置によってはその是正を図ることが困難な場合、文部科学大臣は是正・改善の「指示」ができる旨の規定を設ける。

（2）教育委員会の法令違反や怠りによって、生徒等の教育を受ける権利が侵害されていることが明らかである場合、文部科学大臣は、講ずべき措置の内容を示して、地方自治法の「是正の要求」を行う旨の規定を設ける。

（3）上記の「指示」や「是正の要求」を行った場合、文部科学大臣は、当該地方公共団体の長及び議会に対してその旨を通知する。

5　私立学校に関する教育行政

知事は、私立学校に関する事務について、必要と認めるときは、教育委員会に対し、学校教育に関する専門的事項について助言・援助を求めることができる旨の規定を設ける。

（施行期日）平成 20 年 4 月 1 日

参考資料

§ 第2　教育職員免許法及び教育公務員特例法の一部改正

1　教員免許更新制の導入（教育職員免許法）（H21.4.1 施行）

（1）教員免許状の有効期間

　①免許状及び特別免許状に 10 年間の有効期間を設ける。

（2）有効期間の更新

　①免許状の有効期間は、その満了の際、申請により更新することができる。

　②免許管理者は、免許状更新講習を修了した者等について、免許状の有効期間を更新する。

　③災害その他やむを得ない事由があると認められる場合には、有効期間を延長できる。

（3）施行前に授与された免許状を有する者の取り扱い

　①施行前に授与された免許状を有している教員等は、10 年ごとに免許状更新講習を修了
　　したことの確認を受けなければならない。

　②講習を修了できなかった者の免許状は、その効力を失う。

2　指導が不適切な教員の人事管理の厳格化（教育公務員特例法）（H20.4.1 施行）

（1）指導が不適切な教員の認定及び研修の実施等

　①任命権者は、教育や医学の専門家や保護者などの意見を聴いて、「指導が不適切な教員」
　　の認定を行う。

　②任命権者は、指導が不適切と認定した教員に対し、研修を実施しなければならない。

　③指導改善研修中の教員は、免許状更新研修を受講できない。（教育職員免許法）

（2）研修終了時の認定及び措置

　①任命権者は、研修終了時に、教育や医学の専門家や保護者などの意見を聴いて、指導の
　　改善の状況について認定を行う。

　②任命権者は、研修終了時の認定において、指導が不適切であると認定した者に対して、
　　免職その他の必要な措置を講ずる。

3　分限免職処分を受けた者の免許状の取り扱い（教育職員免許法）

　①教員が、勤務実績が良くない場合やその職に必要な適格性を欠く場合に該当するとして
　　分限免職処分を受けたときは、その免許状は効力を失う。

参考資料7　教育再生実行会議第二次提言「教育委員会制度等の在り方について」

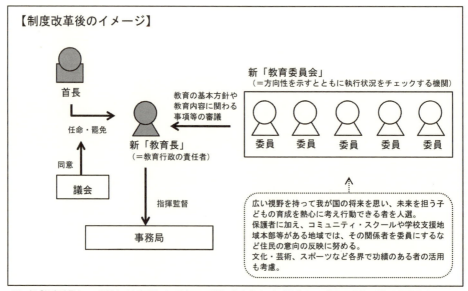

参考資料

参考資料8 中央教育審議会の教育委員会制度改革のイメージ

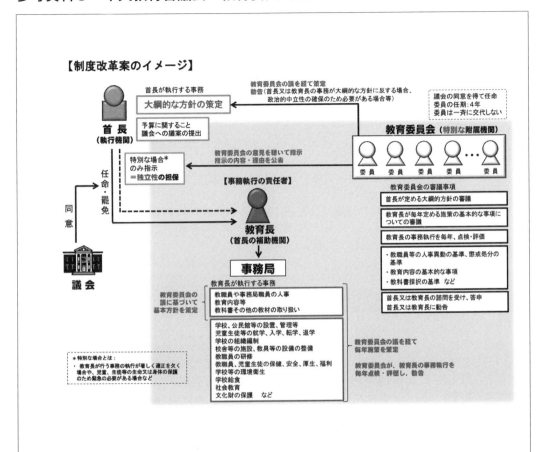

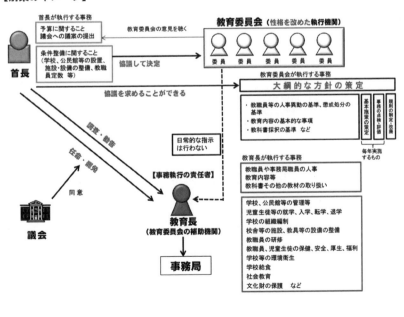

参考資料９　地方教育行政の組織及び運営に関する法律の一部を改正する法律について(通知)

26 文科初第 490 号
平成 26 年 7 月 17 日

各都道府県知事
各都道府県教育委員会
各指定都市市長
各指定都市教育委員会　殿

文部科学省初等中等教育局長

地方教育行政の組織及び運営に関する法律の一部を改正する法律について（通知）

　このたび、「地方教育行政の組織及び運営に関する法律の一部を改正する法律（平成 26 年法律第 76 号）」（以下「改正法」という。）が、本年 6 月 20 日に公布され、平成 27 年 4 月 1 日から施行されることとなりました（別添 1 及び別添 2）。

　今回の改正は、教育の政治的中立性、継続性・安定性を確保しつつ、地方教育行政における責任体制の明確化、迅速な危機管理体制の構築、地方公共団体の長と教育委員会との連携の強化、地方に対する国の関与の見直し等制度の抜本的な改革を行うものであります。

　改正法の概要及び留意事項は下記のとおりですので、関係する規定の整備等事務処理上遺漏のないよう願います。

　都道府県教育委員会におかれては、域内の市町村長及び市町村教育委員会に対して、本改正の周知を図るとともに、適切な事務処理が図られるよう配慮願います。

　なお、改正法は、関係資料と併せて文部科学省のホームページに掲載しておりますので、御参照ください。また、関係する政令の改正については、追ってこれを行い、別途通知する予定ですので、あらかじめ御承知おき願います。

記

第一　新「教育長」について

1 改正法の概要
（1）新「教育長」の任命等
①教育長は、当該地方公共団体の長の被選挙権を有する者で、人格が高潔で、教育行政に関し識見を有するもののうちから、地方公共団体の長が、議会の同意を得て、任命することとしたこと。（改正後の地方教育行政の組織及び運営に関する法律（以下単に「法」という。）第 4 条第 1 項）
②教育長の任期は、3 年としたこと。（法第 5 条第 1 項）
（2）新「教育長」の職務及び服務
①教育長は、教育委員会の会務を総理し、教育委員会を代表することとしたこと。（法第 13 条第 1 項）
②教育長は、教育委員会の委員長に代わり、議会の審議に必要な説明のため議長から出席を求められたときは、議場に出席しなければならないこととしたこと。（改正法による改正後の地方自治法第 121 条）
③教育長は常勤とし、その勤務時間及び職務上の注意力の全てをその職責遂行のために用い、当該地方公共団体がなすべき責を有する職務にのみ従事しなければならないこととしたこと。（法第 11 条第 4 項及び第 5 項）また、教育委員会の許可を受けなければ、営利を目的とする私企業を営むことを目的とする会社その他の団体の役員その他人事委員会規則で定

—202—

参考資料

める地位を兼ね、若しくは自ら営利を目的とする私企業を営み、又は報酬を得ていかなる事業若しくは事務にも従事してはならないこととしたこと。（法第11条第7）

（3）新「教育長」の代理

　教育長に事故があるとき、又は教育長が欠けたときは、あらかじめその指名する委員がその職務を行うこととしたこと。（法第13条第2項）

2 留意事項

　今回の改正は、教育委員会を引き続き執行機関としつつ、その代表者である委員長と事務の統括者である教育長を一本化した新「教育長」を置くことにより、迅速な危機管理体制の構築を図ることを含め教育行政の第一義的な責任者を明確化することとしている。

（1）新「教育長」の任命等

①現行の教育長が教育委員会の委員の一人であるのに対し、新「教育長」は教育委員会の構成員であるが、委員ではないこと。

②現行の教育長は、任命に議会同意を必要とする教育委員会の委員として特別職の身分を有するとともに、併せて教育委員会が任命する教育長として一般職の身分を有するものであったが、新「教育長」は、地方公共団体の長が議会の同意を得て任命する職であることから、特別職の身分のみを有するものとなり、法律に特別の定めがある場合を除くほか、地方公務員法は適用されないこと。

③新「教育長」は、「教育行政に識見を有するもの」のうちから任命することとされているが、これは教育委員会事務局職員や教職員経験者に限らず、行政法規や組織マネジメントに識見があるなど、教育行政を行うにあたり、必要な資質を備えていれば、幅広く該当するものであること。

④教育長の任命の議会同意に際しては、新「教育長」の担う重要な職責に鑑み、新「教育長」の資質・能力を十全にチェックするため、例えば、候補者が所信表明を行った上で質疑を行うなど、丁寧な手続を経ることが考えられること。

⑤新「教育長」の任期については、（1）地方公共団体の長の任期（4年）よりも1年短くすることで、地方公共団体の長の任期中少なくとも1回は自らが教育長を任命できること、（2）教育長の権限が大きくなることを踏まえ、委員よりも任期を短くすることで、委員によるチェック機能と議会同意によるチェック機能を強化できること、（3）計画性を持って一定の仕事を行うためには3年は必要と考えられることから、3年とするものであること。

（2）新「教育長」の職務

①新「教育長」の職務について規定する法第13条第1項の「教育委員会の会務を総理」するとは、改正前の地方教育行政の組織及び運営に関する法律（以下単に「現行法」という。）における委員長の職務である「教育委員会の会議を主宰」すること（現行法第12条第3項）並びに現行法における教育長の職務である「教育委員会の権限に属するすべての事務をつかさどる」こと（現行法第17条第1項）及び「事務局の事務を統括し、所属の職員を指揮監督する」こと（現行法第20条第1項）を意味するものであること。

②新「教育長」は、執行機関である教育委員会の補助機関ではなく、教育委員会の構成員であり、代表者であることから、教育委員会による教育長への指揮監督権は法律上規定されていないが、教育委員会は引き続き合議体の執行機関であるため、教育長は教育委員会の意思決定に基づき事務をつかさどる立場にあることに変わりはなく、教育委員会の意思決定に反する事務執行を行うことはできないものであること。

（3）新「教育長」の代理

①新「教育長」は教育委員会の構成員となり、かつ代表者となることから、その代理は教育委員会事務局職員の中からではなく、委員の中から選任することとしたこと。

②職務代理者が行う職務のうち、具体的な事務の執行等、職務代理者が自ら事務局を指揮監督して事務執行を行うことが困難である場合には、法第25条第4項に基づき、その職務を教育委員会事務局職員に委任することが可能であること。

③新「教育長」の職務代理者たる委員は、法律上教育長の権限に属する一切の職務を行うも

のであるが、その場合でも、教育長の身分に関する規定は適用されず、服務については法第12条が適用されるものであること。

（4）新「教育長」の資質・能力の向上

新「教育長」は、教育行政に大きな権限と責任を有することとなるため、その資質・能力の向上は、極めて重要であり、強い使命感を持ち、各種研修会への参加など常に自己研鑽に励む必要があること。

第二　教育委員会について

1 改正法の概要

①教育委員会は、教育長及び委員をもって組織することとしたこと。（法第3条）

②教育委員会の会議は教育長が招集し、教育委員会の会議の議事は出席者の過半数で決し、可否同数のときは教育長の決するところによることとしたこと。（法第14条第1項及び第4項）

③教育長は、委員の定数の三分の一以上の委員から会議に付議すべき事件を示して会議の招集を請求された場合には、遅滞なく、これを招集しなければならないこととしたこと。（法第14条第2項）

④教育長は、教育委員会規則で定めるところにより、教育委員会から委任された事務又は臨時に代理した事務の管理及び執行の状況を教育委員会に報告しなければならないこととしたこと。（法第25条第3項）

⑤教育長は、教育委員会の会議の終了後、遅滞なく、その議事録を作成し、これを公表するよう努めなければならないこととしたこと。（法第14条第9項）

⑥教育長及び委員は、その職務の遂行に当たっては、法第1条の2に規定する基本理念及び大綱に則して、かつ、児童、生徒等の教育を受ける権利の保障に万全を期して当該地方公共団体の教育行政の運営が行われるよう意を用いなければならないこととしたこと。（法第11条第8項、第12条第1項）

2 留意事項

今回の改正においては、新「教育長」が教育行政に大きな権限と責任を有することとなることを踏まえ、教育委員会の委員による教育長のチェック機能を強化するとともに、住民に対して開かれた教育行政を推進する観点から、会議の透明化を図ることとしている。

（1）教育委員会の委員による教育長に対するチェック機能の強化

①改正後においても、教育委員会は合議制の執行機関であるため、その意思決定は、教育長及び委員による会議において、出席者の多数決によって決せられるものであり、委員の役割が引き続き重要なものであること。

②改正法における委員の側からの教育委員会会議の招集の請求や教育長に委任した事務の執行状況に関する報告の規定は、委員による教育長の事務執行に対するチェック機能を強化するという観点から、設けられたものであること。

③法第14条第2項における「遅滞なく」とは、請求があれば直ちに招集するという意味ではないが、一般的には、教育長は次の定例会より前の合理的な期間内に教育委員会会議を招集する必要があること。

④教育長による報告の在り方については、各教育委員会の実情に応じ、委員によるチェック機能を発揮できるよう、報告の時期や対象となる事項について、教育委員会規則において、適切に定める必要があること。

⑤教育委員会は、必要に応じて、教育長に委任する事項についての方針を定めることや、委任した事務について教育長から報告を求め、教育委員会で議論し、必要に応じて事務の執行を是正し、又は委任を解除することが可能であること。

（2）会議の透明化

改正法において教育委員会会議の議事録の作成及び公表を努力義務にとどめた趣旨は、職員数が少ない小規模な地方公共団体における事務負担等を考慮したものであるが、原則として、会議の議事録を作成し、ホームページ等を活用して公表することが強く求められること。

また、教育委員会会議の開催時間や場所等の運営上の工夫を行うことにより、教育委員会会議をより多くの住民が傍聴できるようにすることが望ましいこと。

（3）委員の責任と資質・能力の向上

①改正後においても、委員は、執行機関の一員であり、教育委員会の重要事項の意思決定を行う責任者であるという意識を持ち、教育委員会における審議を活性化するとともに、教育長及び教育委員会事務局のチェックを行うという役割を従来以上に果たすことが期待されること。また、このような職責を担う委員の資質向上のため、各委員への研修の充実が期待されること。

②法第11条第8項及び第12条第1項は、深刻ないじめや体罰の問題など、児童、生徒等の教育を受ける権利に関わる問題の発生を防止することの重要性を踏まえ、教育長及び委員は教育を受ける権利の保障に万全を期して、教育行政の運営を行う必要がある旨を法律に明記することとしたものであること。

また、この規定は、職務遂行に当たっての留意事項について、訓示的に規定したものであり職務上の義務を課すものではないので、当該規定に反したとしても、罷免事由である「職務上の義務違反」とすることはできないこと。

（4）委員の任命

①改正後においても委員の資格要件は変更していないが、委員には、単に一般的な識見があるというだけではなく、教育に対する深い関心や熱意が求められるところであり、例えば、ＰＴＡや地域の関係者、コミュニティ・スクールにおける学校運営協議会の委員、スポーツ・文化の関係者を選任したり、教育に関する高度な知見を有する者を含めるなど、教育委員会の委員たるにふさわしい幅広い人材を得ることが必要であること。

②また、同様の観点から、改正後の委員の数については、町村及び町村のみが加入する組合においては、条例で定めるところにより、2名以上とすることが可能であるが、教育長の事務執行をチェックするという委員の役割に鑑み、可能な限り4名とすることが望ましいこと。

さらに、各地方公共団体の条例で定めるところにより、委員を5名以上とすることも可能であり、委員数の上限は法律上定められていないことから、教育委員会が行う施策について多様な民意を幅広く反映させる等のため、委員の数を5名以上とすることも積極的に考慮されるべきこと。

③なお、保護者委員の選任が、平成20年度より法律上の義務とされていることから（現行法第4条第4項（法第4条第5項））、保護者委員を任命していない教育委員会においては、速やかに選任する必要があること。

（5）自己点検・評価の活用

教育委員会が、効果的な教育行政の推進を図り、地域住民への説明責任を果たす観点から、平成20年度より、教育委員会は、毎年、自らの活動状況の点検及び評価を行うことが法律上の義務とされていることから（現行法第27条（法第26条））、実施していない地方公共団体においては、速やかに実施する必要があること。

また、すでに実施している地方公共団体においては、点検及び評価の客観性を確保する観点から、法律において、教育に関し学識経験を有する者の知見の活用を図るものとされている趣旨に鑑み、学識経験者として、保護者や地域住民の意見も聴くこととするなど、更なる改善を図ることも考えられること。

（6）その他

教育委員会における審議を活性化し、地域住民の民意を十分に反映するためには、「教育委員会の現状に関する調査」（文部科学省実施）の調査項目となっている学校や教育委員会事務局に寄せられた意見の教育委員会会議における紹介、アンケートの実施、公聴会や意見交換会の開催、所管施設の訪問等の取組が有効であることから、これらの機会を積極的に設ける必要があること。

<u>第三　大綱の策定について</u>

1 改正法の概要

①地方公共団体の長は、教育基本法（平成18年法律第120号）第17条第1項に規定する基本的な方針を参酌し、その地域の実情に応じ、当該地方公共団体の教育、学術及び文化の振興に関する総合的な施策の大綱を定めるものとすることとしたこと。（法第1条の3第1項）

②地方公共団体の長は、大綱を定め、又はこれを変更しようとするときは、あらかじめ、総合教育会議において協議するものとすることとしたこと。（法第1条の3第2項）

③地方公共団体の長は、大綱を定め、又はこれを変更したときは、遅滞なく、これを公表しなければならないこととしたこと。（法第1条の3第3項）

④法第1条の3第1項の規定は、地方公共団体の長に対し、法第21条に規定する事務（教育委員会が管理し、執行する事務）を管理し、又は執行する権限を与えるものと解釈してはならないものとしたこと。（法第1条の3第4項）

2 留意事項

地方公共団体の長は民意を代表する立場であるとともに、教育行政においては、大学及び私立学校を直接所管し、教育委員会の所管事項に関する予算の編成・執行や条例提案など重要な権限を有している。また、近年の教育行政においては福祉や地域振興などの一般行政との密接な連携が必要となっている。これらを踏まえ、今回の改正においては、地方公共団体の長に大綱の策定を義務付けることにより、地域住民の意向のより一層の反映と地方公共団体における教育、学術及び文化の振興に関する施策の総合的な推進を図ることとしている。

（1）大綱の定義

①大綱は、地方公共団体の教育、学術及び文化の振興に関する総合的な施策について、その目標や施策の根本となる方針を定めるものであり、詳細な施策について策定することを求めているものではないこと。

②大綱は、教育基本法に基づき策定される国の教育振興基本計画における基本的な方針を参酌して定めることとされている。「参酌」とは参考にするという意味であり、教育の課題が地域によって様々であることを踏まえ、地方公共団体の長は、地域の実情に応じて大綱を策定するものであること。

③国の第2期教育振興基本計画（平成25年6月14日閣議決定）においては、主に第1部及び第2部のうち成果目標の部分が、大綱策定の際に参酌すべき主たる対象となること。

④大綱が対象とする期間については、法律では定められていないが、地方公共団体の長の任期が4年であることや、国の教育振興基本計画の対象期間が5年であることに鑑み、4年～5年程度を想定しているものであること。

⑤法第1条の3第4項は、教育委員会が今回の改正後も引き続き執行機関であることから、大綱に記載された事項を含め、教育委員会の所管に属する事務については、自らの権限と責任において、管理し、執行すべきものであり、地方公共団体の長が有する大綱の策定権限は、教育委員会の権限に属する事務を管理し、執行する権限を地方公共団体の長に与えたものではないことを確認的に規定したものであること。

（2）大綱の記載事項

①大綱の主たる記載事項は、各地方公共団体の判断に委ねられているものであるが、主として、学校の耐震化、学校の統廃合、少人数教育の推進、総合的な放課後対策、幼稚園・保育所・認定こども園を通じた幼児教育・保育の充実等、予算や条例等の地方公共団体の長の有する権限に係る事項についての目標や根本となる方針が考えられること。

②大綱は、教育行政における地域住民の意向をより一層反映させる等の観点から、地方公共団体の長が策定するものとしているが、教育行政に混乱を生じることがないようにするため、総合教育会議において、地方公共団体の長と教育委員会が、十分に協議・調整を尽くすことが肝要であること。

③地方公共団体の長が、教育委員会と協議・調整の上、調整がついた事項を大綱に記載した場合には、法第1条の4第8項により、地方公共団体の長及び教育委員会の双方に尊重義

—206—

務がかかるものであること。なお、会議で調整した方針に基づいて事務執行を行ったが、結果として大綱に定めた目標を達成できなかった場合については、尊重義務違反には該当しないこと。

④地方公共団体の長が、教育委員会と調整のついていない事項を大綱に記載したとしても、教育委員会は当該事項を尊重する義務を負うものではないこと。なお、法第21条（現行法第23条）に定められた教育に関する事務の執行権限は、引き続き教育委員会が有しているものであることから、調整のついていない事項の執行については、教育委員会が判断するものであること。

⑤教育長及び教育委員には、法第11条第8項及び第12条第1項において、大綱に則った教育行政を行うよう訓示的に規定しているものの、調整がついてない事項についてまで、大綱に則して教育行政の運営が行われるよう意を用いなければならないものではないこと。

⑥大綱には、地方公共団体の長の権限に関わらない事項（教科書採択の方針、教職員の人事の基準等）について、教育委員会が適切と判断して記載することも考えられること。

⑦都道府県教育委員会は、市町村立学校に設置される県費負担教職員の人事や研修を行う権限を有し、法第48条に基づき、市町村に対し、必要な指導、助言、援助を行うことができるものであることから、そのような権限の範囲内で、都道府県の大綱において、市町村立学校等に係る施策について記載することは可能であること。

⑧全国学力・学習状況調査の結果の公表については、その実施要領により、市町村教育委員会は、それぞれの判断に基づき、当該市町村における公立学校全体の結果や当該市町村が設置管理する学校の状況を公表することが可能であり、都道府県教育委員会がこれらの結果を公表することについては、当該市町村教育委員会の同意が必要とされている。このため、域内の市町村における公立学校全体の結果や市町村が設置管理する学校の結果の公表について、市町村教育委員会が当該市町村の大綱に記載してもよいと判断した場合には、大綱に記載することもあり得ると考えられる一方、都道府県の大綱に記載する事項としては馴染まないものと考えられること。

ただし、全国学力・学習状況調査の公表の是非ではなく、学力向上の観点から都道府県が実施する各種施策については、⑦で示したとおり、大綱に記載することが可能であること。

（3）地方教育振興基本計画その他の計画との関係

①地方公共団体において、教育基本法第17条第2項に規定する教育振興基本計画その他の計画を定めている場合には、その中の目標や施策の根本となる方針の部分が大綱に該当すると位置付けることができると考えられることから、地方公共団体の長が、総合教育会議において教育委員会と協議・調整し、当該計画をもって大綱に代えることと判断した場合には、別途、大綱を策定する必要はないこと。

②新たな地方公共団体の長が就任し、新たな大綱を定めた場合において、その内容が既存の教育振興基本計画等と大きく異なるときには、新たな大綱に即して、当該計画を変更することが望ましいこと。

第四　総合教育会議について

1改正法の概要

（1）会議の設置、構成員等

①地方公共団体の長は、総合教育会議を設けるものとすることとしたこと。（法第1条の4第1項）

②総合教育会議は、地方公共団体の長及び教育委員会により構成することとしたこと。（法第1条の4第2項）

③総合教育会議は、地方公共団体の長が招集することとしたこと。また、教育委員会は、協議する必要があると思料するときは、総合教育会議の招集を求めることができることとしたこと。（法第1条の4第3項及び第4項）

（2）会議における協議事項、協議・調整事項

総合教育会議においては、（1）大綱の策定に関する協議、（2）教育を行うための諸条件

の整備その他の地域の実情に応じた教育、学術及び文化の振興を図るため重点的に講ずべき施策についての協議、及び（3）児童、生徒等の生命又は身体に現に被害が生じ、又はまさに被害が生ずるおそれがあると見込まれる場合等の緊急の場合に講ずべき措置についての協議、並びにこれらに関する構成員の事務の調整を行うこととしたこと。（法第1条の4第1項）

（3）調整の結果の尊重義務

　総合教育会議においてその構成員の事務の調整が行われた事項については、当該構成員は、その調整の結果を尊重しなければならないこととしたこと。（法第1条の4第8項）

（4）会議の公開と議事録の作成及び公表

①総合教育会議は、個人の秘密を保つため必要があると認めるとき、又は会議の公正が害されるおそれがあると認めるときその他公益上必要があると認めるときを除き、公開することとしたこと。（法第1条の4第6項）

②地方公共団体の長は、総合教育会議の終了後、遅滞なく、総合教育会議の定めるところにより、その議事録を作成し、これを公表するよう努めなければならないこととしたこと。（法第1条の4第7項）

（5）その他

①総合教育会議は、協議を行うに当たって必要があると認めるときは、関係者又は学識経験を有する者から、当該協議すべき事項に関して意見を聴くことができることとしたこと。（法第1条の4第5項）

②総合教育会議の運営に関し必要な事項は、総合教育会議が定めることとしたこと。（法第1条の4第9項）

2　留意事項

　今回の改正は、総合教育会議を設置することにより、教育に関する予算の編成・執行や条例提案など重要な権限を有している地方公共団体の長と教育委員会が十分な意思疎通を図り、地域の教育の課題やあるべき姿を共有して、より一層民意を反映した教育行政の推進を図ることとしている。

（1）会議の位置付けと構成員

①総合教育会議は、地方公共団体の長と教育委員会という対等な執行機関同士の協議・調整の場であり、地方自治法（昭和22年法律第67号）上の附属機関には当たらないものであること。

②地方公共団体の長及び教育委員会は、総合教育会議で協議・調整し、合意した方針の下に、それぞれが所管する事務を執行することとなること。

③総合教育会議の構成員は、地方公共団体の長及び教育委員会であり、教育委員会からは、教育長及び全ての委員が出席することが基本と考えられるが、緊急の場合には、地方公共団体の長と教育長のみで総合教育会議を開くことも可能であること。

④緊急の場合に、教育委員会から教育長のみが出席する場合には、事前に対応の方向性について教育委員会の意思決定がなされている場合や教育長に対応を一任している場合には、その範囲内で、教育長は調整や決定を行うことが可能であると考えられるが、そうではない場合には、総合教育会議においては一旦態度を保留し、教育委員会において再度検討した上で、改めて地方公共団体の長と協議・調整を行うことが必要であること。

（2）会議における協議事項、協議・調整事項

①法第1条の4第1項における「調整」とは、教育委員会の権限に属する事務について、予算の編成・執行や条例提案、大学、私立学校、児童福祉、青少年健全育成などの地方公共団体の長の権限に属する事務との調和を図ることを意味し、「協議」とは、調整を要しない場合も含め、自由な意見交換として幅広く行われるものを意味するものであること。

②総合教育会議は、地方公共団体の長又は教育委員会が、特に協議・調整が必要な事項があると判断した事項について協議又は調整を行うものであり、教育委員会が所管する事務の重要事項の全てを総合教育会議で協議し、調整するという趣旨で設置するものではないこと。

③総合教育会議においては、教育委員会制度を設けた趣旨に鑑み、教科書採択、個別の教職員人事等、特に政治的中立性の要請が高い事項については、協議題とするべきではないこ

—208—

と。

④一方、教科書採択の方針、教職員の人事の基準については、予算等の地方公共団体の長の権限に関わらない事項であり、調整の対象にはならないものの、協議することは考えられるものであること。

⑤総合教育会議において、協議し、調整する対象とすべきかどうかは、当該予算措置が政策判断を要するような事項か否かによって判断すべきものであり、少しでも経常費を支出していれば、日常の学校運営に関する些細なことまで総合教育会議において協議・調整できるという趣旨ではないこと。

（3）会議における協議事項、協議・調整事項の具体的な例

①法第1条の4第1項第1号に該当する事項として想定されるものは、例えば、以下のようなものが考えられること。

　　学校等の施設の整備、教職員の定数等の教育条件整備に関する施策など、予算の編成・執行権限や条例の提案権を有する地方公共団体の長と教育委員会が調整することが必要な事項

　　幼稚園・保育所・認定こども園を通じた幼児教育・保育の在り方やその連携、青少年健全育成と生徒指導の連携、居所不明の児童生徒への対応、福祉部局と連携した総合的な放課後対策、子育て支援のように、地方公共団体の長と教育委員会の事務との連携が必要な事項

②法第1条の4第1項第2号における「児童、生徒等の生命又は身体に現に被害が生じ、又はまさに被害が生ずるおそれがあると見込まれる場合」に該当する事項として想定されるものは、例えば、以下のようなものが考えられること。

・いじめ問題により児童、生徒等の自殺が発生した場合

・通学路で交通事故死が発生した後の再発防止を行う必要がある場合

③また、法第1条の4第1項第2号における「等の緊急の場合」に該当する事項として想定されるものは、児童、生徒等の生命又は身体の保護に類するような緊急事態であり、例えば、以下のようなものが考えられること。

・災害の発生により、生命又は身体の被害は発生していないが、校舎の倒壊などの被害が生じており防災担当部局と連携する場合

・災害発生時の避難先での児童、生徒等の授業を受ける体制や生活支援体制を緊急に構築する必要があり、福祉担当部局と連携する場合

・犯罪の多発により、公立図書館等の社会教育施設でも、職員や一般利用者の生命又は身体に被害が生ずる恐れがある場合

・いじめによる児童、生徒等の自殺が発生した場合のほか、いじめ防止対策推進法（平成25年法律第71号）第28条の重大事態の場合

（4）協議・調整した結果の尊重義務

　総合教育会議において調整が行われた場合とは、地方公共団体の長及び教育委員会が合意した場合であり、双方が合意をした事項については、互いにその結果を尊重しなければならないものであること。なお、調整のついていない事項の執行については、法第21条（現行法第23条）及び法第22条（現行法第24条）に定められた執行権限に基づき、教育委員会及び地方公共団体の長それぞれが判断するものであること。

（5）会議の公開と議事録の作成及び公表

①総合教育会議における議論を公開し、住民への説明責任を果たすとともに、その理解と協力の下で教育行政を行う趣旨を徹底するため、会議は原則として公開するものであること。非公開とする場合は、例えば、いじめ等の個別事案における関係者の個人情報等を保護する必要がある場合や、次年度の新規予算事業に関する具体的な補助金の額や対象の選定等、意思決定の前に情報を公開することで公益を害する場合等が想定されるものであること。

②今回の改正において総合教育会議の議事録の作成及び公表を努力義務にとどめた趣旨は、職員数が少ない小規模な地方公共団体における事務負担等を考慮したものであるが、原則として、会議の議事録を作成し、ホームページ等を活用して公表することが強く求められること。

（6）その他
①会議の招集
　総合教育会議は、地方公共団体の長が招集するものであるが、教育委員会の側から総合教育会議を招集を求めることも可能であり、教職員定数の確保、教材費や学校図書費の充実、ＩＣＴ環境の整備、就学援助の充実、学校への専門人材や支援員の配置等、政策の実現に予算等の権限を有する地方公共団体の長との調整が特に必要となる場合には、教育委員会の側からも積極的に総合教育会議の招集を求めることができるものであること。
②会議の事務局
　総合教育会議の運営にあたり必要となる、開催日時や場所の決定、協議題の調整、意見聴取者との連絡調整、議事録の作成及び公表等の事務は、地方公共団体の長が総合教育会議を設け、招集するとしていることに鑑み、地方公共団体の長の部局で行うことが原則であること。なお、地方自治法の規定に基づき、各地方公共団体の実情に応じて、総合教育会議に係る事務を教育委員会事務局に委任又は補助執行させることが可能であること。
③総合教育会議における意見聴取者
　法第１条の４第５項において、意見を聴くことができる関係者又は学識経験者とは、大学教員や、コミュニティ・スクールにおける学校運営協議会の委員、ＰＴＡ関係者、地元の企業関係者等が想定されるものであること。
④会議の具体的運営
　総合教育会議の運営に関し必要な事項は、法第１条の４第９項により、総合教育会議の構成員である地方公共団体の長と教育委員会の協議の結果、双方の合意をもって決定されるものであること。具体的には、地方公共団体の長による招集手続、協議題の提示及び決定方法、総合教育会議の事務局を担当する部署、議事録の作成及び公表に係る実施方法、非公開とする議題についての指針等が想定されるものであること。
⑤議会に対する説明
　総合教育会議における協議の結果や大綱について、民意を代表する議会に対する説明を通じ、住民への説明責任や議会によるチェック機能が果たされることは重要であること。

第五　国の関与の見直しについて

1改正法の概要
　教育委員会の法令違反や事務の管理及び執行に怠りがある場合において、児童、生徒等の生命又は身体に現に被害が生じ、又はまさに被害が生ずるおそれがあると見込まれ、その被害の拡大又は発生を防止するため、緊急の必要があり、他の措置によってはその是正を図ることが困難なときは、文部科学大臣は、教育委員会に対し指示することができることとしたこと。（法第50条）
2留意事項
　法第50条の改正は、現行法における指示の要件を拡大して国の関与を強化しようとするものではなく、いじめ自殺等の事件発生後においても、同種の事件の再発を防止するために指示ができることを明確にすることを趣旨として行うものである。

第六　経過措置等について

1改正法の概要
（1）この法律の施行の際現に在職する教育長（以下「旧教育長」という。）は、その教育委員会の委員としての任期中に限り、なお従前の例により在職することとしたこと。（改正法附則第２条第１項）
　　　この場合、現行法第２章等の関係規定はなおその効力を有することとしたこと。（改正法附則第２条第２項）
（2）（1）により旧教育長が在職する場合に、教育委員会の委員長である者の当該委員長としての任期は、現行法第12条第２項の規定にかかわらず、旧教育長の委員として

の任期が満了する日（当該満了する日前に旧教育長が欠けた場合にあっては、当該欠けた日。）において満了することとしたこと。（改正法附則第2条第3項）

（3）新「教育長」の任命のために必要な行為は、改正法の施行の日前においても行うことができることとしたこと。（改正法附則第3条）

（4）施行の日から4年を経過するまでの間に任命される委員の任期は、法第5条第1項の規定にかかわらず、当該委員の任期の満了の期日が特定の年に偏ることのないよう、1年以上4年以内で当該地方公共団体の長が定めるものとしたこと。（改正法附則第4条）

（5）その他所要の規定の整備を行ったこと。

（6）改正法は、一部の規定を除き、平成27年4月1日から施行することとしたこと。（改正法附則第1条）

2 留意事項

（1）改正法における経過措置

①新「教育長」の任命

　現行法の下で任命された旧教育長は、施行の日以後であっても、委員としての任期が満了する日までの間は、在職するものとしていること。この場合には、教育委員会の委員長に係る規定等、現行法の一部の規定がなお効力を有するものとしていることから、委員長の任期が満了した場合には改めて委員長を選任する等、適切な対応を行う必要があること。

②委員長の任期

　改正法の施行の日以後、旧教育長が在職している場合であって、当該教育長が委員として任期満了（辞職、罷免等により欠けた場合を含む。）となった場合には、教育委員会の委員長である者の当該委員長としての任期も、同時に満了するものであること。

③新「教育長」の任命に係る準備行為

　新「教育長」の任命のために必要な行為について規定した改正法附則第3条の施行日は、公布の日（平成26年6月20日）であることから、新「教育長」の任命に関し必要となる議会同意等については、公布の日から行えるものであること。

④施行日以後新たに任命する委員の任期

　教育委員会の委員については、制度創設時に、最初に任命される委員の任期は、2人は4年、1人は3年、1人は2年、1人は1年とする特例が設けられており（現行法附則第8条）、原則として教育委員会の委員は一斉に交代しない仕組みとなっている。

　新制度においても教育行政の継続性・安定性を確保する観点からは、任期が異なる教育長を除き、4年の任期である委員が、なるべく毎年一人ずつとなるように異なる年に交代することが必要であるが、旧教育長が委員でなくなることにより、ある年には交代する委員がいないが、ある年には2人の委員が交代するという場合も想定される。このため、施行の日から4年間の間に、一部の委員を4年より短い任期で任命することにより、各委員がなるべく異なる年に交代するよう調整する必要があること。

（2）事務局機能の強化

①職員の資質向上

　教育委員会が期待されている役割を十分に果たすためには、教育委員会を支える事務局職員の資質能力をさらに向上させることが必要であること。また、教育委員会事務局職員は、教育長及び委員が適切な判断を行えるよう、教育長及び委員に適切に情報を提供するよう努めなければならないものであること。

　さらに、教育委員会においては、教職員経験者のみならず、教育行政の専門性を有する行政職員を計画的に育成するため、一般行政部局との人事交流や行政職員の長期間にわたる教育委員会事務局への配置など、適切な人材育成が行われる工夫が必要であること。あわせて、各教育委員会においては、事務局職員に対する研修を充実させる必要があること。

②事務局体制の強化

　特に小規模な教育委員会の事務局においては、指導主事が配置されていないなど、事務体制が脆弱であるため、学校指導などが十分に行き届いていないことが課題となっているため、各都道府県教育委員会においては、小規模な教育委員会事務局の支援に取り組まれたいこと。

この際、「平成26年度文教関係地方財政措置予定及び東日本大震災関連の財政措置の状況について」（平成26年1月27日付文部科学省大臣官房会計課地方財政室、初等中等教育局財務課教育財政室事務連絡）において既に連絡したとおり、本年度の地方財政措置において、各道府県教育委員会における指導主事の地方交付税措置について、6名分（標準団体規模）を増員したことを踏まえ、例えば、教育事務所への指導主事の配置による市町村教育委員会への積極的な訪問や小規模な市町村教育委員会事務局への派遣等を通じて、積極的に市町村教育委員会を支援されたいこと。

　また、市町村教育委員会は、法第18条第4項後段の規定に基づき、県費負担教職員である教員を、その任命権者である都道府県教育委員会の同意を得て、当該市町村教育委員会の事務局に置く指導主事に充てることができることとなっている（地方教育行政の組織及び運営に関する法律施行令第4条第1項）ため、本制度（充て指導主事）の活用による指導主事の配置についても検討されたいこと。

③その他

　現行法第19条第8項（法第18条第8項）においては、教育委員会事務局の職員のうち、所掌事務に係る教育行政に関する相談に関する事務を行う職員を指定しなければならないこととされており、未だ当該職員を指定していない教育委員会においては、早急に指定すること。

参考資料10 新しい教育委員会制度の概要

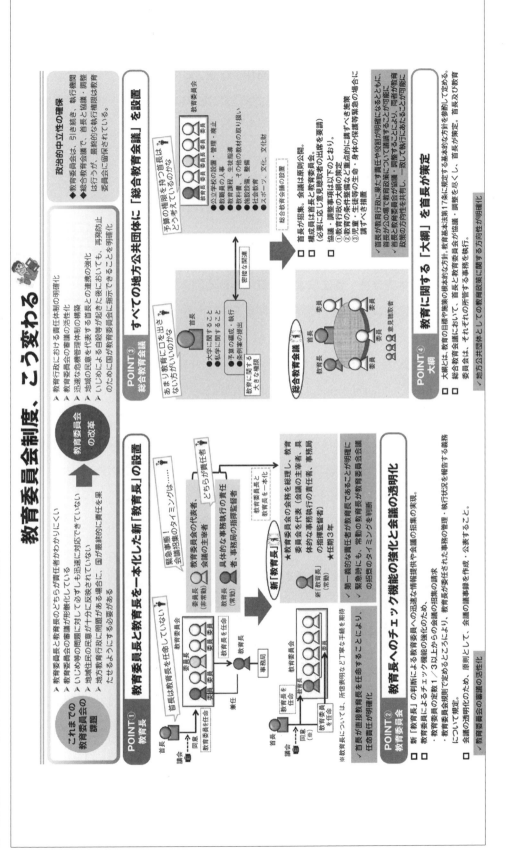

参考資料一覧

参考資料1　教育改革に関する第二次答申

出典：臨時教育審議会「教育改革に関する第二次答申（抄）第4部 教育行政改革の基本方向　第2節 地方分権の推進」昭和31年4月23日

参考資料2　教育委員会の活性化について（通知）

出典：文部科学省ホームページ「教育委員会の活性化について（通知）」昭和62年12月16日（http://www.mext.go.jp/b_menu/hakusho/nc/t19871216001/t19871216001.html）

参考資料3　地方分権一括法による教育における団体自治の強化について

出典：首相官邸ホームページ「教育委員会関連資料　地方分権一括法による教育における団体自治の強化　文科大臣の地方公共団体の長・教委に対する権限（分権一括法前後の比較）」（第4回学校再生分科会配布資料）　平成13年8月29日（https://www.kantei.go.jp/jp/singi/kyouiku/1bunka/dai4/siryou2-2.pdf）より一部抜粋して掲載

参考資料4　教育改革国民会議の17の提言を受けた地教行法の一部改正の概要

出典：文部科学省ホームページ「地方教育行政の組織及び運営に関する法律の一部を改正する法律の施行について」平成13年8月29日（http://www.mext.go.jp/b_menu/hakusho/nc/t20010829001/t20010829001.html）を要約して作成

参考資料5　教育委員会制度の抜本的見直しについて

出典：首相官邸ホームページ「教育委員会制度の抜本的見直しについて（概要）　地方教育行政の組織及び運営に関する法律の改正の方向」（教育再生会議第一分科会配布資料）平成19年2月5日（https://www.kantei.go.jp/jp/singi/kyouiku/1bunka/dai6/siryou1.pdf）

参考資料6　教育再生会議の第一次報告等を受けた地教行法の一部改正

出典：文部科学省ホームページ「地方教育行政の組織及び運営に関する法律の一部を改正する法律について（通知）」（http://www.mext.go.jp/b_menu/hakusho/nc/07081706.htm）「教育職員免許法及び教育公務員特例法の一部を改正する法律について（通知）」（http://www.mext.go.jp/b_menu/hakusho/nc/07081707.htm）を加工して作成

参考資料7　教育再生実行会議第二次提言「教育委員会制度等の在り方について」

出典：首相官邸ホームページ「教育委員会制度等の在り方について（第二次提言）　教育委員会制度改革のイメージ」（教育再生実行会議）　平成25年4月15日（https://www.kantei.go.jp/jp/singi/kyouikusaisei/pdf/dai2_1.pdf）より一部抜粋して掲載

参考資料8　中央教育審議会の教育委員会制度改革のイメージ

出典：中央教育審議会「今後の地方教育行政の在り方について（答申）（中教審第166号）」（検討資料）平成25年12月13日（http://www.mext.go.jp/component/b_menu/shingi/toushin/__icsFiles/afieldfile/2013/12/18/1342455_1.pdf）より一部抜粋して掲載

参考資料9　地方教育行政の組織及び運営に関する法律の一部を改正する法律について（通知）

出典：文部科学省ホームページ「地方教育行政の組織及び運営に関する法律の一部を改正する法律について（通知）」平成26年7月17日（http://www.mext.go.jp/component/b_menu/other/__icsFiles/afieldfile/2015/02/05/1349283_07_2.pdf）より一部抜粋して掲載

参考資料10　新しい教育委員会制度の概要

出典：文部科学省ホームページ「地方教育行政の組織及び運営に関する法律の一部を改正する法律（概要）」（http://www.mext.go.jp/component/b_menu/other/__icsFiles/afieldfile/2015/02/04/1349283_04.pdf）より一部抜粋して掲載

著者紹介
小野 元之（おの・もとゆき）

学校法人城西大学理事。元同志社大学及び元京都大学特任教授。
前日本学術振興会理事長、元文部科学事務次官。
京都大学法学部卒業後、昭和43年文部省入省。
昭和60年7月から北九州市教育委員会教育長。文部省教育助成局地方課長、官房長、文部事務次官を経て文部科学事務次官。教育行政の専門家として教育委員会制度や教育課程の改訂に詳しい。
文部科学省在籍中は事務次官として「ゆとり教育」の見直しを提言し、国立大学の法人化や初等中等教育の改革を推進。文部科学省退職後、（独）日本学術振興会理事長として学術の国際交流、大学改革の支援、科学研究費の改革に取り組む。

【略歴】
昭和60年7月〜63年6月　　　北九州市教育委員会教育長
昭和63年6月〜平成3年7月　　文部省教育助成局地方課長
平成9年7月〜12年6月　　　　同省官房長
平成12年6月〜13年1月　　　 文部事務次官
平成13年1月〜15年1月　　　 文部科学事務次官
平成15年2月〜23年9月　　　 日本学術振興会理事長

【賞罰】
レジオン・ドヌール勲章シュバリエ（フランス）
功労勲章大功労十字章（ドイツ）
瑞宝重光章（日本）

教育委員会の活性化
元文部科学事務次官　小野元之の直言

令和元年7月15日　　初版第一刷発行

著　者	小野 元之
発行人	佐藤 裕介
編集人	冨永 彩花
発行所	株式会社 悠光堂
	〒104-0045 東京都中央区築地 6-4-5
	シティスクエア築地 1103
	電話：03-6264-0523　FAX：03-6264-0524
	http://youkoodoo.co.jp/
デザイン	株式会社 キャット
DTP協力	松尾 真樹
印刷	明和印刷株式会社
製本	有限会社 中澤製本所

無断複製複写を禁じます。定価はカバーに表示してあります。
乱丁本・落丁本は発売元にてお取替えいたします。

ISBN978-4-909348-22-7 C3037
©2019 Motoyuki Ono, Printed in Japan